A ESCOLA DO HOMEM NOVO

FUNDAÇÃO EDITORA DA UNESP

Presidente do Conselho Curador
Herman Jacobus Cornelis Voorwald

Diretor-Presidente
José Castilho Marques Neto

Editor-Executivo
Jézio Hernani Bomfim Gutierre

Conselho Editorial Acadêmico
Alberto Tsuyoshi Ikeda
Célia Aparecida Ferreira Tolentino
Eda Maria Góes
Elisabeth Criscuolo Urbinati
Ildeberto Muniz de Almeida
Luiz Gonzaga Marchezan
Nilson Ghirardello
Paulo César Corrêa Borges
Sérgio Vicente Motta
Vicente Pleitez

Editores-Assistentes
Anderson Nobara
Henrique Zanardi
Jorge Pereira Filho

CARLOTA BOTO

A ESCOLA DO HOMEM NOVO

ENTRE O ILUMINISMO E A REVOLUÇÃO FRANCESA

Copyright © 1996 by Fundação Editora da UNESP

Direitos de publicação reservados à:
Fundação Editora da UNESP (FEU).

Praça da Sé, 108
01001-900 – São Paulo – SP
Tel.: (0xx11) 3242-7171
Fax: (0xx11) 3242-7172
www.editoraunesp.com.br
www.livrariaunesp.com.br
feu@editora.unesp.br

Dados Internacionais de Catalogação na Publicação (CIP)
(Câmara Brasileira do Livro, SP, Brasil)

Boto, Carlota
A escola do homem novo: entre o Iluminismo e a Revolução Francesa / Carlota Boto. – São Paulo: Editora da Universidade Estadual Paulista, 1996. – (Encyclopaideia)

Bibliografia.
ISBN 85-7139-128-9

1. Educação – Aspectos morais e éticos 2. Educação – História – Século 18 3. Escolas públicas 4. França – História – Revolução, 1789-1799 5. Iluminismo 6. Política e educação I. Título.

96-2793   CDD-370.9033

Índices para catálogo sistemático:

1. Educação: História: Século 18 370.9033
2. Século 18: Educação: História 370.9033

Este livro é publicado pelo
Projeto *Edição de Textos de Docentes e Pós-Graduandos da UNESP* –
Pró-Reitoria de Pós-Graduação e Pesquisa da UNESP (PROPP),
Fundação Editora da UNESP.

Editora afiliada:

SUMÁRIO

Prefácio   *11*

Introdução   *15*

1 A educação no debate iluminista   *21*

    O poder da educação na profecia iluminista   *21*

    A instrução como dispositivo de aperfeiçoamento social:
entre Diderot e Helvétius   *23*

    Nas pegadas do Emílio   *26*

    Enciclopédia: Prospecto e Discurso Preliminar   *32*

    O alcance político da obra pela sigla dos verbetes   *41*

    Educação, ensino e colégio: relação mestre e discípulo   *48*

    Da Enciclopédia à Revolução   *67*

2 Indagações pedagógicas da Revolução Francesa   *71*

    Direito e felicidade como álibis da Revolução   *71*

    Revolucionários por escrito   *77*

    Escola como prefácio do amanhã:
a Revolução que se ilumina   *96*

6   CARLOTA BOTO

3 Condorcet e a escola democrática   *109*

Duas vias para regenerar a humanidade; dois caminhos para pensar a educação   *109*

Condorcet e o enciclopedismo aplicado à história   *114*

4 A utopia jacobina de formação integral   *153*

A educação pública pelo signo da utopia   *153*

A arquitetura pedagógica de Lepeletier lida por Robespierre   *164*

5 A Revolução inconclusa   *189*

Bibliografia   *199*

A meus pais, com amor.
Aos meus amigos, pela fraternidade.

C'est exact, monsieur le professeur,
Je suis 'où' je ne suis pas
Et, dans le fond, hein, à la réflexion,
Être 'où' ne pas être
C'est peut-être aussi la question.

Jacques Prévert, "L'accent grave", *Paroles.*

PREFÁCIO

Na renovação da historiografia que ora se processa no Brasil, são assustadoramente raros os jovens pesquisadores que se debruçam sobre a História da Europa, da Ásia e de outras culturas e povos. Dificuldades no trato com as fontes documentais, mas também um certo comodismo misturado com traços de discreto chauvinismo, explicam o fato de não termos núcleos de pesquisa e centros intelectuais deveras voltados para a História Contemporânea Geral. Curiosa ambiguidade, pois se vive num momento em que, paradoxalmente, se proclamam a excelência e a necessidade da globalização, da internacionalização, da "internetização" e do cosmopolismo cultural. Ideologias...

A jovem historiadora e professora Carlota Boto logrou escapar dessa armadilha que aprisiona tantos talentos de sua geração. Firmando-se como pesquisadora de nossa História da Educação, da Cultura e das Mentalidades, não descurou Carlota Boto da necessária navegação pelas águas da História da Europa, à qual nossas vicissitudes estão inescapavelmente vinculadas.

Licenciada em Pedagogia e em História pela Universidade de São Paulo, Carlota Boto obteve o título de mestre em História e Filosofia da Educação pela FEUSP em 1990. Sua dissertação – *Rascunhos de escola na encruzilhada dos tempos* – versava sobre o discurso

12   CARLOTA BOTO

pedagógico da Primeira República no Brasil. Já ali se visualizava a preocupação com o tema da democratização do ensino público como alicerce de uma certa construção da nacionalidade.

Ao ingressar no programa de doutorado em História Social, sob minha orientação, vinculada ao Departamento de História da FFLCH–USP, Carlota Boto direcionou seu interesse para arquivos e bibliotecas portugueses, onde recorreu a fontes documentais e ao acervo bibliográfico, tendo em vista desvendar a problemática da história da educação e do ensino em suas raízes ibéricas, mediante a detecção de matrizes de pensamento que estão na base de formulações sobre a nacionalidade, lá e cá. Este trabalho de doutorado, sobre a escola primária em Portugal do século XIX, está ainda em fase de desenvolvimento.

Ideia de nação, ideia de cultura, forjadas nas salas de aula e nas cabeças dos educadores, políticos e professores do mundo luso-brasileiro, eis o objetivo central das pesquisas da promissora docente da Universidade Estadual Paulista (UNESP – Campus de Araraquara).

É nesse meio-tempo (entre o mestrado concluído e o doutorado por ser feito) que surge este notável ensaio. Com o objetivo de procurar no debate da França revolucionária as origens de um certo discurso, ainda atual, sobre a educação, a investigadora vai às fontes, mas não deixa de recorrer à bibliografia existente sobre o tema. Trata-se de trabalho de fôlego, descompromissado das atividades de obtenção de créditos e da burocracia que, por vezes, entorpecem – no Brasil como em Portugal – nossos cursos de pós-graduação. É um belo exercício de historiador, mas com um objetivo muito preciso: o de vistoriar momentos e atos fundadores da acepção de *escola pública*, que tanto marcaram os horizontes mentais de nossa modernidade ocidental e a cultura pedagógica daí advinda. Com efeito, o discurso da educação, até hoje, é bastante tributário do debate francês, desde o Iluminismo, mas fundamentalmente desde a Revolução Francesa, sobretudo no período curto, mas fecundo, da supremacia jacobina. Foi este, como se sabe, o ponto máximo da ideia de Revolução; a ruptura efetiva com arcaicas concepções educacionais e político-culturais do Antigo Regime. O tema, sem dúvida, é neste texto desenvolvido com argúcia e com o talento que somente grandes historiadores – que, por definição, devem ser excelentes escritores – possuem.

Nasce uma historiadora e este acontecimento deve ser saudado. Tanto mais quando se sabe que, em nosso país, vivemos aos solavancos; projetos incompletos, ideias fragmentadas e modismos educacionais que não lograram, por enquanto (grife-se *por enquanto*), impor-se no sentido de criar o *homem novo*, de que tanto falavam os revolucionários franceses, mas também "cubanos", como Ernesto Che Guevara, portugueses, como Vitorino Magalhães Godinho, ou brasileiros, como nosso querido Florestan Fernandes. Nessa perspectiva, chamo a atenção dos leitores para o segundo capítulo, no qual são iluminadas as discussões sobre o tempo presente. O estudo de Carlota Boto recupera o calor dos debates que firmaram no pensamento contemporâneo a *escola* como um dispositivo estratégico de divulgação da ciência, de formação do sentimento nacional e de percepção da regeneração da sociedade.

A formação da cidadania; a necessária competência republicana no campo das políticas públicas; a escolarização e a educação pública como valores fundantes da democracia; a discussão sobre a escola e os debates sobre o modelo de cidadão que se quer formar: tudo isso é revisitado pela historiadora paulista, com transparência e boa escrita raras entre profissionais de nossa historiografia atual. O convívio com Diderot, D'Alembert, Condorcet, Lepeletier e Robespierre talvez nos ajude, e às nossas lideranças educacionais e universitárias, a reencontrar, pela pista do passado, os caminhos perdidos do futuro.

Carlos Guilherme Mota
Instituto de Estudos Avançados
Universidade de São Paulo

INTRODUÇÃO

> *Un heureux événement a tout à coup ouvert une carrière*
> *immense aux espérances du genre humain; un seul instant a mis*
> *un siècle de distance entre l'homme du jour e celui du lendemain.*
> Condorcet, *Mémoires sur l'instruction publique.*

O tema da democratização do ensino público toca muito de perto o coração do educador. Talvez hoje a luta pela extensão das oportunidades escolares às camadas majoritárias da população, no que concerne tanto ao acesso quanto à permanência em uma escola pública de boa qualidade, signifique um tributo para com o próprio naufrágio de promessas democráticas efetuadas na origem do discurso liberal e, após duzentos anos, não cumpridas em países como o nosso. Nesse limiar de milênio, pode ser de alguma utilidade rastrear algo desse debate.

Por ocasião do bicentenário da Revolução Francesa, inúmeras obras foram editadas, tendo por objeto reconstituir a atmosfera política, social, econômica e mental daquele momento que tomou para si o signo de ruptura. Nesse sentido, ampliou-se consideravelmente a própria bibliografia sobre a pedagogia da Revolução. Em parte por esse motivo, no ano de 1990 (após defesa da Dissertação

16 CARLOTA BOTO

de Mestrado), propusemos à UNESP, como projeto de pesquisa para os três anos subsequentes, o estudo do debate pedagógico na França, do Iluminismo enciclopedista à Revolução. A atmosfera mental desse século XVIII francês teve incalculável repercussão no discurso republicano no Brasil, tanto no fim do Império quanto em toda a Primeira República. Indagar a herança desse nosso liberalismo foi o intuito deste texto.

Nossa intenção, desde o princípio, pautava-se pela finalidade de traçar os contornos do discurso educacional efetuado durante a Revolução Francesa, pelo diálogo ali mantido com o movimento da Ilustração. Nesse sentido, buscamos recorrer ao legado histórico do pensamento pedagógico iluminista, mediante análise dos verbetes da *Enciclopédia* acerca do tema. O século XVIII, na França, deslocaria o problema do ensino proporcionando-lhe, inclusive, uma primazia teórica que até então inexistia. Do Iluminismo à Revolução, vislumbra-se o surgimento de um espírito público no qual a pedagogia passa a ser a pedra de toque. Havia, sem dúvida, um Estado-nação a ser esculpido: o sentimento de pátria e a unificação linguística eram dispositivos imprescindíveis para tal empreendimento. A modernidade elegia a cidadania como referência e álibi para sustentação de uma sociedade que não equacionava as distâncias e desigualdades sociais. A cidadania, no entanto, exigia emancipação pelas Luzes, pela erradicação do suposto obscurantismo. Reivindicar uma escola única, laica e gratuita, universalizada para todas as crianças de ambos os sexos, significava conferir legitimidade ao prospecto de regeneração e de emancipação inscrito naquele período que presenciava o acelerar da história. Na percepção dos contemporâneos, dar substrato teórico à liberdade e suporte ideológico ao artefato da nação supunha, pois, conferir igualdade de oportunidades para que todos pudessem desenvolver os talentos que a natureza repartira. Por tal utopia revolucionária, creditou-se à instrução o ofício de palmilhar a arquitetura da nova sociedade. A escola – como instituição do Estado – deveria gerir e proteger a República.

"Escola, templo da República" é expressão dos atores revolucionários e pode ser, enquanto metáfora, apreendida em inúmeras vertentes. No decorrer deste estudo poder-se-á perceber certas tensões quanto ao lugar social reservado à escola, tensões que, por sua vez, são reproduzidas e multiplicadas em períodos posteriores que assumem a referência francesa no conteúdo, ainda que ocultando, muitas vezes, o cenário de produção desse discurso. Percorrer o universo simbólico de luta por uma educação democrática supõe identificar nossa herança em relação a esse momento privilegiado na história da humanidade que, exatamente por ter sido tomado pela posteridade como ruptura, representa inequivocamente um marco no lastro da memória coletiva. Identificar no passado o que nos soa contemporâneo pode significar estratégia apropriada para retomar para nós algumas das bandeiras nele deflagradas. No discurso político da educação, eu diria que pela voz desse passado é o presente que nos fala.

Quando, educadores, assumimos a defesa de uma escola universal, única, gratuita, obrigatória e laica, estamos reatualizando a plataforma democrática em sua gênese. Até certo ponto, sem recair na ilusão das origens, somos nós, ainda, educadores brasileiros deste final de século XX, tributários do ideário democrático da Revolução que consolida a política burguesa. Todavia, historicamente, o liberalismo não cumpriu as promessas equalizadoras de seus arautos. Reconhecendo a ilegitimidade do discurso liberal quando desacompanhado da promessa de emancipação pela trilha da instrução, a geração dos reformadores republicanos brasileiros, pelo símbolo da Escola Nova, empunhava a bandeira da democratização do ensino como alavanca prioritária de correção das desigualdades sociais. Desde então, e com frequência, a história da educação brasileira retoma o objeto da democratização da escola como a grande questão intelectual a se resolver. Reeditam-se aqui e ali as promessas liberais de emancipação humana pela via da cultura. Porém, as políticas públicas não acompanharam, e até hoje não o fazem, o discurso dos profissionais da educação. Aliás, historicamente, a educação tem sido sim, entre nós, assumida muito frequentemente como prioridade de campanhas políticas, sem, entretanto, haver correspondência entre a retórica do palanque e a ação efetivamente engendrada pelos poderes instituídos.

Recordar o debate francês significa qualificar-se, pelo suporte da memória, para a apreensão do discurso que, no Brasil, é sempre atualizado, até por jamais ter sido posto em prática pelos setores que nos governam. Nesse caminho, que vai do Iluminismo à

Revolução Francesa, ouviremos vozes que, por diferentes timbres, atuam em um campo de luta por uma sociedade mais igual, mais livre e mais fraterna. Em suma, a atualidade do tema parece-nos absolutamente evidente se formos capazes de observar alguns dos dilemas que afligem nossa história imediata.

Sendo estas notas preliminares, evidentemente, aquilo que se escreve por último, eu não poderia concluir sem agradecer a algumas pessoas que, durante o período de redação deste texto, foram fundamentais. O estímulo constante e o encorajamento para que eu trouxesse a público o trabalho que escrevi, devo ao meu orientador de Doutorado, Prof. Dr. Carlos Guilherme Mota, que sabe aliar espírito crítico e tolerância no processo da orientação dos rumos da pesquisa em História. O Prof. Mota desafia por princípio a si próprio e a seus discípulos, conclamando-nos para dialogar com as questões intelectuais de nosso tempo. Ao fazer isso, é exigente, porém aberto para a dinâmica do trabalho do "outro". Isso, entre nós, parece-me fundamental. O contato interpessoal é, portanto, antes de mais nada, fraterno e confiante. Ao Prof. Dr. José Mário Pires Azanha, devo uma certa filiação pedagógica, dado que foi sob sua orientação que o tema da democratização do ensino se tornou tão caro para mim. O Prof. Dr. Jorge Nagle, por sua vez, foi quem sugeriu, na análise rigorosa que fez de minha Dissertação de Mestrado, o estudo do pensamento francês, particularmente das ideias de Condorcet. O Prof. Dr. Roberto Romano, como orientador de Mestrado, conduziu-me a muitas das questões que busquei aqui desenvolver. Na verdade, o término deste texto aconteceu em 1993 e, nessa ocasião, eu já estava em Portugal, com bolsa do CNPq, com o propósito de efetuar pesquisa para a Tese de Doutorado. Por ser assim, de um certo modo, a orientação criteriosa e a compreensão amiga do Prof. Dr. Fernando Catroga foram também referências para o trabalho que aqui apresento. A probidade acadêmica e o rigor intelectual do Prof. Catroga serão sempre para mim um exemplo de inestimável valor. Este estudo, porém, não é uma tese, mas um ensaio, por cujas faltas e impropriedades só eu poderei responder. Pelas oportunidades acadêmicas que tive, agradeço o auxílio recebido da CAPES (bolsa PICD) e do CNPq (doutorado SWE em Portugal). Agradeço, ainda, as oportunidades de investigação que me foram oferecidas tanto pelo Instituto de História e

Teoria das Ideias da Faculdade de Letras quanto pela Biblioteca Geral da Universidade de Coimbra; e, de maneira muito especial, agradeço ao Departamento de Ciências da Educação e à Faculdade de Ciências e Letras UNESP, que têm por princípio investir na formação de seus docentes. Devo dizer, ainda, que, se não fosse a colaboração profissional e amiga de Isabel Lopes da Costa Peixoto (em São Paulo) e de José Alfaiate (em Coimbra), este texto não teria chegado à sua versão final. Agradeço também ao Castilho, à Cida e ao Fábio da Editora UNESP, que, no processo de transformação do texto em livro, foram particularmente cuidadosos.

Por fim, cabe abarcar algo de pessoal, de foro íntimo, que percorre o trabalho em pauta. A profissão acadêmica é, em si, profundamente solitária. Ao escrever um texto, sentimo-nos, por vezes, a dialogar com os mortos. Talvez por isso, a presença dos amigos e familiares seja tão importante. Algumas das pessoas que estiveram comigo neste percurso já se foram: o agradecimento fica implícito. Por sua vez, elencar os amigos pode revelar-se tarefa inglória, dado que, invariavelmente, eu me esquecerei de alguns. Eu não poderia, entretanto, sem ferir a consciência, deixar de nomear algumas pessoas que foram, no percurso, imprescindíveis, até porque – entre um sorriso, uma brincadeira e uma palavra amiga de encorajamento – participaram de momentos particularmente difíceis: Raul Fiker, Rui e Eugênia Cunha Martins e Ruth Maria Chittó Gauer. De qualquer modo, amizade não é algo que se agradece: retribui-se. Aos meus pais, o meu eterno reconhecimento porque aqui, sim, qualquer retribuição é, por definição, insuficiente. Pelo estímulo de minha mãe e pelo companheirismo de meu pai, eu agradeço sensibilizada. As minhas irmãs queridas, Anita e Nenê, amigas e cúmplices de momentos preciosos, e sempre únicos, recebam o meu afeto. Um beijo em meus sobrinhos, Luís Felipe e Luís Carlos, que "ilustram" a minha vida. E, finalmente, agradeceria ao Tazo, que, em tudo isso, era o mais puro dos amigos; talvez o irmão que eu não tive: o que a vida nos tirou, a lembrança eternizará.

1 A EDUCAÇÃO NO DEBATE ILUMINISTA

O PODER DA EDUCAÇÃO NA PROFECIA ILUMINISTA

A refutação de Diderot a propósito da obra de Helvétius intitulada *L'Homme* pode elucidar algumas das matrizes do pensamento iluminista francês a respeito do potencial transformador contido no ato de educar. Século de ilustração, as novas ideias produzidas nos diferentes domínios do conhecimento seriam filtradas, reelaboradas e apropriadas mediante múltiplas vertentes pelo contingente de leitores que a esses autores recorreriam. Ocorrerá, a partir de meados do século XVIII, uma intensificação do pensamento pedagógico e da preocupação com a atitude educativa. Para alguns filósofos e pensadores do movimento francês, o homem seria integralmente tributário do processo educativo a que se submetera. A educação adquire, sob tal enfoque, perspectiva totalizadora e profética, na medida em que, através dela, poderiam ocorrer as necessárias reformas sociais perante o signo do homem pedagogicamente reformado.

Ao pontuar a estratégia pedagógica como atividade prioritária no movimento e nas transformações vislumbradas para o tecido social, remete-se a questão para a própria origem cognitiva do ato de aprender. Das relações mestre e discípulo às determinações políticas do ato pedagógico, tudo isso seria considerado decorrente de um fator preliminar, concernente à identificação dos mecanismos propulsores do aprendizado humano. Com certeza, o debate educacional da Ilustração francesa no século XVIII é inevitavelmente tributário de Rousseau. O *Emílio* tornou-se mais do que um emblema, quase um paradigma do novo olhar lançado para a educação.

Buscaremos preliminarmente traçar os contornos desse debate, remetendo o problema pedagógico para os diversos territórios pelos quais ele se tornara objeto destacado do pensamento francês no século XVIII. O feixe teórico pode ser matizado por inúmeras perspectivas, o que nos levou a crer que a abordagem poderia recorrer a uma clivagem temática, ainda que não necessariamente cronológica. Por ser assim, iniciaremos por discorrer acerca da obra de Diderot – *Refutação de Helvétius* – redigida entre 1773 e 1775 –, para depois recorrer às premissas pedagógicas anteriormente traçadas por Rousseau em *Emílio* (1762); e, finalmente, perscrutar o movimento enciclopedista, tanto no que ele fala quanto no que cala sobre a educação. Nosso propósito é identificar não apenas as interlocuções e ressonâncias entre essas obras e seus autores, mas fundamentalmente as trilhas abertas para as diferenciadas possibilidades de recepção do texto e das novas representações criadas acerca da educação e da infância no século XVIII. Julgamos que, com a Revolução Francesa, serão acionados sinais de uma nova atmosfera mental por meio da qual virá à tona, mediante chave diversa, o problema pedagógico. Tributário das Luzes, porém radicalizando e rompendo com a pedagogia dos pensadores ilustrados, o movimento revolucionário criará – por assim dizer – novas dimensões político-sociais ainda a serem desvendadas. Certamente o modelo de escola naquele momento ensaiado constituirá referência obrigatória ao imaginário contemporâneo a propósito da educação democrática. Da Ilustração à Revolução, a pedagogia desloca-se do terreno filosófico para incursionar pela prática política, pelo lugar institucionalizado na escola propugnada; deixa de ser objeto privilegiado do indivíduo para ser concebida como direito e capacidade inerentes à espécie. Esse pressuposto – derivado do enciclopedismo – rompe radicalmente com a vertente individualista e elitizada preconizada pelos pensadores da Ilustração. O cimento teórico do Iluminismo dá origem a novas clivagens para a compreensão do problema. Advogar ou não a escola para todos foi, desde logo, estratégia política de matriz iluminista. Curioso, entretanto, é reconhecer que os iluministas não chegavam a este ponto. O presente estudo será, pois, uma tentativa de apreender as descontinuidades e deslocamentos que o objeto da educação apresentou, das luzes à Revolução.

A INSTRUÇÃO COMO DISPOSITIVO DE APERFEIÇOAMENTO SOCIAL: ENTRE DIDEROT E HELVÉTIUS

Surge em 1773 a obra póstuma de Helvétius, *L'Homme*, e que seria impiedosamente refutada pela mão de Diderot. Os argumentos defendidos por Helvétius em sua rede discursiva apresentam como tese precípua o condicionamento do homem aos hábitos e à educação. A harmonia social poderia ser, mediante tal enfoque, obtida do agenciamento pedagógico da sociedade. Helvétius é, sem dúvida, tributário de Locke e de uma determinada leitura do *Emílio* de Rousseau, bastante cara à época. Para Diderot, o homem não poderia ser tomado como um organismo tão integralmente amoldável. Em suma: se em Helvétius, a condição humana advém como tábula rasa, onde podem ser impressos os caracteres que se bem desejar, em Diderot a ação pedagógica não teria tão largo poder. A polêmica encetada pela *Refutação de Helvétius* constitui, de qualquer modo, um símbolo bastante preciso do vetor dialógico que caracterizava o debate iluminista a respeito da matéria.

Para Helvétius "sentir é julgar" e a dor e o prazer constituiriam os verdadeiros e irredutíveis princípios da ação humana. Diderot discorda dessa proposição, afirmando que o juízo – derivado da memória – requer a comparação entre duas ideias. Nessa medida, nem todos os seres sensíveis mostrar-se-iam capazes de proceder a julgamentos. O campo que Diderot pretende demarcar, desde logo, diz respeito à distinção entre o homem e o mundo da natureza pelas diferenças indeléveis dos próprios homens entre si. Haveria, segundo Diderot, um componente intrínseco ao caráter do ser humano; dotado da faculdade de comparar ideias e portanto de julgar, ao homem seria facultada a possibilidade de escolha. Esse poder volitivo, componente necessário da aventura do ser humano, traçaria um recorte intransponível quanto à singularidade do homem perante a imersão na natureza. Aqui Diderot aproxima-se de Rousseau, para quem o signo distintivo do homem seria a capacidade de opção, de desvio da norma prescrita. Entretanto, segundo Diderot, sua distância de Rousseau seria proporcional à sua radical divergência em relação ao texto de Helvétius.[1]

Entre Helvétius e Diderot a discórdia se acentua no tocante ao poder que o interesse e o acaso teriam para imprimir certas especificidades distintivas do gênero humano. No parecer de Helvétius, isso não seria objeto da natureza – que, segundo ele, é sempre a mesma. As inclinações e os talentos apresentar-se-iam como provenientes da força do acaso, do interesse e da educação. Em Diderot, tal perspectiva é inaceitável, já que haveria uma diferenciação matricial entre o gênio de cada indivíduo, determinante parcial de seu perfil, de seus talentos e do próprio estilo de cada um. Sob esse prisma, Diderot relativiza a confiança ilimitada no poder da educação, subjacente ao pensamento de Helvétius. A particularidade do feitio de cada criança estaria dada ao nascer. O exemplo oferecido para a refutação é simbolicamente decalcado da evidência: em uma escola sempre existem crianças esforçadas e atentas que, entretanto, nem por isso conseguem obter os melhores resultados. Contudo, há também os que, distraídos e inconstantes, são bem-sucedidos no percurso pedagógico. Daí concluir que a educação não poderia alterar substancialmente o dado da natureza. Entretanto, se para Helvétius todo homem nasce com espírito justo, para Diderot o espírito – este sim – é socialmente construído, não havendo quaisquer disposições naturais com propensão à justiça. O

---

1 "A diferença que há entre vós e Rousseau é que os princípios de Rousseau são falsos e as consequências verdadeiras; ao passo que os vossos princípios são verdadeiros e vossas consequências falsas ... Rousseau acredita que a sociedade age apenas no sentido de depravar o homem da natureza; vós acreditais que apenas as boas leis sociais poderão corrigir o vício original da natureza..." ("Refutation suivie de l'ouvrage d'Helvétius intitulé *L'Homme*", in DIDEROT, 1956, p.176.) (Todas as traduções do francês são nossas.)

justo espírito decorreria, no parecer de Diderot, do exercício humano perante as dimensões inerentes aos diversos talentos individuais. O mau uso do talento natural falsearia as disposições do espírito. Estas, por sua vez, seriam variadas de acordo com cada um. Daí não se poder supor – no parecer de Diderot – uma naturalização da justiça, até porque, se houvesse sido a natureza a oferecê-la, não seria da alçada humana a capacidade de subtraí-la.

Outra hipótese de Helvétius questionada por Diderot é a seguinte: "um homem suficientemente bem organizado é capaz de tudo".[2] Aqui, Diderot contrapõe sua própria recordação, dizendo: "eu não pude encontrar a verdade, apesar de tê-la buscado com mais rigor do que o que você exige".[3]

Seja como for, a refutação de Diderot a Helvétius tem por premissa, não o desacordo integral perante a perspectiva do autor, mas uma certa desconfiança quanto à proposição do poder ilimitado oferecido à educação. Ao final de seus comentários, Diderot recomenda a leitura da obra a seus contemporâneos, expressando seus votos no sentido de que os governantes, entre outras coisas, pudessem ser sensibilizados para a necessidade social de uma melhoria da educação pública.

Ao relativizar os absolutos preconizados por Helvétius, Diderot mantém-se fiel à trilha da Ilustração. Se a educação não pode ser tomada como fator proeminente da transformação, o autor reconhece no conhecimento adquirido uma estratégia de poder. Fiel ao espírito enciclopedista – ainda que pontue o campo da divergência –, Diderot ressalta no discurso o eco da vertente pedagógica que praticamente acompanhava o espírito da elite intelectual do século XVIII francês:

> Ele [Helvétius] diz: "A educação pode tudo. Diga-se: a educação pode muito ... Ele diz: Todos aqueles que compreendem uma verdade poderiam tê-la descoberto. Diga-se: alguns ... Ele diz: A instrução é a única fonte de diferença entre os espíritos. Diga-se: É uma das principais ... Ele diz: As mulheres são suscetíveis da mesma educação que os homens. Diga-se: Nós podemos educá-las melhor do que o fazemos".[4]

---

2 DIDEROT, op. cit., 1956, p.594.
3 Idem, ibid.
4 Idem, ibid., p.600-2.

NAS PEGADAS DO *EMÍLIO*

Rousseau, companheiro de viagem do movimento iluminista, não poderia ser com este confundido. Desconfiado do percurso adotado pelo gênero humano na rota da civilização, crítico dos progressos da razão humana por seu deslocamento da esfera da virtude, Rousseau dialoga com a Ilustração, legando-lhe inegavelmente rastros importantes. Mapear a política do século XVIII francês supõe uma incursão pelo pensamento rousseauniano. Por ser assim, compreender o âmbito público da mentalidade pedagógica esquadrinhada pelo Iluminismo exige algumas palavras sobre o *Emílio*, considerado por alguns a grande novela da educação. Pensar a formação da criança é, em Rousseau, identificar as especificidades do ser infantil. Entretanto, pensar a criança é também em Rousseau projetar o homem do amanhã. Detectando a necessidade de se buscar no homem a sociedade e, para compreendê-la, retomar o estudo do homem, Rousseau deseja primordialmente acoplar política, educação e ética. Publicado no mesmo ano do *Contrato social*, a primeira frase do *Emílio* demonstra a caracterização política da sociedade civil: "Tudo é certo ao sair das mãos do Autor das coisas; tudo degenera nas mãos dos homens".[5]

A confiança depositada por Rousseau na tarefa pedagógica situa-se na esteira do fascínio expresso pelos enciclopedistas quanto à primazia dos talentos. Porém, Rousseau deslocará o enfoque, ao salientar a necessidade de regular o pensamento com o fito de procurar ver a criança em sua especificidade. Teórico da política, o autor do *Emílio* paradoxalmente criticará aqueles que norteiam a pedagogia exclusivamente à procura do homem social, do cidadão. Para Rousseau a instrumentalização do ofício educativo, as estratégias de conformar a sociedade mediante práticas de ensino institucionalizadas, fariam surgir modelos extemporâneos e em total desacordo com o objeto primeiro da utopia pedagógica: formar o homem, pela compreensão e orientação da criança que surge an-

---

5 ROUSSEAU, 1971, p.19.

tes dele. Na esperança transposta para o *Emílio* – novela da educação[6] – as palavras de Rousseau são remarcáveis:

> Pela ordem natural, sendo os homens todos iguais, sua vocação comum é o estado de homem; e quem quer que seja bem educado para esse, não pode desempenhar-se mal nos que com esse se relacionam. Que se destine meu aluno à carreira militar, à Igreja ou à advocacia, pouco me importa. Viver é o ofício que lhe quero ensinar. Saindo de minhas mãos, ele não será, concordo, nem magistrado nem soldado, nem padre; ele será primeiramente um homem.[7]

Planear a formação do homem requer, no entanto, aos olhos do autor, percepção da diversidade entre o tempo de ser criança e o tempo de ser adulto. Matizar a diferença parecia-lhe tarefa imprescindível, já que o índice de mortalidade infantil era bastante alto, conduzindo a algumas distorções procedentes da formação excessivamente rígida pensando em uma idade que poderia nunca ser alcançada. Advertindo para o risco dessa hipótese, Rousseau recomenda cuidados para com a boa conformação do corpo: "É necessário que os corpos possuam vigor para obedecer à alma: um bom servidor deve ser robusto. Eu sei que a intemperância excita as paixões; ela também extenua o organismo com o tempo ... Quanto mais frágil é o corpo, mais ele comanda; quanto mais ele for forte, mais obedecerá".[8]

Elegendo por premissa fundante a ideia de natureza humana, Rousseau dirigirá o prospecto da sua pedagogia norteado por esse *a priori* que, em si, conferiria sentido à história. Ao se referir à educação sensitiva, o autor retoma os preceitos de Locke, expressos já em seu tempo nos verbetes específicos da *Enciclopédia*. Explicitando seu contraponto entre a razão adulta e a razão sensitiva, *Emílio* deve ser compreendido não apenas pela voz do intelecto, mas, fundamentalmente, em um primeiro momento, pela linguagem dos gestos e dos movimentos do corpo que revelariam a percepção infantil. No parecer de Rousseau, seria um contrassenso

---

6 VIAL, 1931.
7 ROUSSEAU, op. cit., 1971, p.23.
8 Idem, ibid., p.31.

remeter a educação das crianças a formas de ver e compreender que fossem alheias à sua idade.

Dialogando com os arcaísmos do ensino em seu tempo, Rousseau demarca também sua distância dos enciclopedistas. Chamando atenção para a infância como forma particular de ser humano, Rousseau delimita o território do objeto que se propõe a analisar. Para tanto, havia que se referenciar pela explicitação de suas frontais divergências quanto aos procedimentos adotados à época para a formação das crianças. Sendo assim, diz o texto: "Que se pode pensar dessa educação bárbara que sacrifica o presente a um futuro incerto, que aprisiona a criança e principia por torná-la miserável, para prepará-la a distância para sabe-se lá qual felicidade, de que provavelmente ela jamais desfrutará?".[9] Rousseau declara sua indignação perante o modelo derivado da pedagogia jesuítica que conduzia o educando a um jugo pelo qual o tempo era preenchido mediante critérios tão rígidos quanto inúteis. O propósito do autor é delinear a demarcação entre o homem de natureza e o homem civil. A infância – natural por definição – principia desde cedo a ser degenerada pela nódoa de uma sociedade de máscaras e constrições. A espontaneidade seria vedada em um modelo de educação pautado pela vigilância do social sobre o natural. O custo disso seria, sem dúvida, a felicidade. Para Rousseau, pelo contrário, havia que se buscar no homem o homem e na criança a criança. Com maneiras próprias de olhar e de sentir, a infância seria, ainda, objeto a ser descortinado. Substituir o olhar infantil pela razão adulta seria perturbar a maturação natural exigida pela ordem do tempo. Desafiando a pedagogia tradicional em sua severidade, Rousseau apresenta um modelo alternativo, cujo sentido estaria inscrito, não apenas nas estratégias adotadas, mas nos próprios pressupostos diretores do modelo de ensino apregoado. Nesse sentido, continua o autor:

> A idade da alegria se passa em meio às lágrimas, aos castigos, às ameaças, à escravidão. Tormenta-se o infeliz para seu bem; e não se vê a morte a ser chamada e que vai assenhorar-se desse triste cenário. Quem sabe quantas crianças perecem vítimas da sábia extravagância de um pai

---

9 ROUSSEAU, op. cit., 1971, p.54.

ou de um mestre? Felizes por escapar à sua crueldade, a única vantagem que elas tiram do mal cujo sofrimento lhes é imposto é a de morrer sem ter saudade da vida, da qual foram conhecidos apenas os tormentos. Homens, sejam humanos, é o vosso primeiro dever; e o sejam em todos os estados, em todas as idades, em tudo o que não seja estranho ao homem. Qual a sabedoria que pode haver para vocês, fora da humanidade? Amem a infância; favoreçam seus jogos, seus prazeres, seu agradável instinto. Quem de vocês nunca sentiu por vezes a perda dessa idade em que o sorriso está sempre nos lábios e na qual a alma está sempre em paz? Por que vocês querem suprimir desses pequenos inocentes o desfrute de um tempo tão curto que lhes escapa e de um bem tão precioso do qual eles não saberão abusar? Por que vocês querem cobrir de amargura e de dores esses primeiros anos tão rápidos que não voltarão para eles, assim como não podem regressar para vocês? Pais, vocês sabem o momento em que a morte chamará seus filhos? Não preparem o remorso suprimindo-lhes os poucos instantes que lhes são oferecidos pela natureza: assim que eles puderem sentir o prazer de ser, façam com que eles o aproveitem; façam com que, a qualquer hora que Deus lhes chamar, eles não morram sem ter antes desfrutado do prazer da vida.[10]

Por advertir seus leitores perante os paradoxos de sua obra, Rousseau revela a explicitação, o reconhecimento mesmo, da subjetividade nela contida. Poder-se-ia dizer que, desconfiando dos vértices norteados pela exclusividade da razão, Rousseau preconiza o primado do coração humano. *Emílio* é, antes de mais nada, uma obra que fala de afeto. A criança ali se pauta pela diretriz da emoção, componente da interioridade humana, que, ao fim e ao cabo, funde e confunde sentimento com pensamento. A obra pedagógica rousseauniana julga a educação da criança como uma ação continuada de estímulo ao amor pelo conhecimento. Nas palavras do autor: "não se trata mais de ensinar-lhe as ciências, mas de dar-lhe o gosto para amá-las e os métodos para aprendê-las, quando esse gosto estiver suficientemente desenvolvido. Esse é com certeza um princípio fundamental de toda boa educação".[11] Ao reconhecer os limites da inteligência humana, Rousseau reporta-se à relação intrinsecamente contraditória entre a razão e as paixões. Pela lógica de seu raciocínio, percebe-se que identificar o

---

10 Idem, ibid., p.54-5.
11 ROUSSEAU, op. cit., 1971, p.120.

campo da emoção como elemento interveniente da cognição humana supõe – como passo seguinte – o controle dos fatores emocionais pelo bom uso da racionalidade. A fraqueza do ser humano é apresentada como decorrência da contradição entre a força limitada e o infinito desejo. Nesse sentido, nossas paixões seriam fonte de fragilidade, na medida em que suporiam uma força maior do que aquela que nos é oferecida pela natureza. A razão, aperfeiçoada pelo sentimento, possibilitaria a faculdade de compreensão humana. Por meio da sucessiva comparação de ideias, a realidade desvelada poderia ser apreendida pelo indivíduo dotado da faculdade de julgar. Mas para Rousseau esse é um dispositivo bastante complexo decorrente da ação pedagógica engendrada, até porque "existe uma grande diferença entre o homem natural vivendo no estado de natureza e o homem natural vivendo no estado de sociedade. Emílio não é um selvagem relegado aos desertos; é um selvagem feito para habitar as cidades. É preciso que ele saiba lá encontrar seus meios de sobrevivência, tirar partido de seus habitantes e viver ainda que não como eles, mas ao menos com eles".[12]

Emílio é assim um espírito formado pelo contraponto com a Ilustração; educado não pelas Luzes, mas dirigido para poder adquiri-las. Na trilha de Montaigne, seria antes uma cabeça bem-feita. Instrução guiada pela e para a prática da virtude, nada do que é humano pode estar dela ausente. Por ter como sentimento inato o princípio de justiça, cuja expressão primeira é a piedade, o jovem Emílio é suposto – representante do gênero – como ser ativo e inteligente. Assim, capaz de meditar e refletir, a espécie humana seria, por definição, apta para distinguir entre o erro e a verdade; verdade esta consubstanciada na realidade e não na mente do indivíduo que julga. Aqui a pedagogia rousseauniana adquire nitidamente coloração política: sendo o homem autor e vítima do mal edificado pelo sistema do mundo que ele próprio criou, corrigir o erro exigiria reformular esses efeitos funestos do progresso da civilização. Alterar a desordem ética da esfera pública apresentar-se-ia como imperativo de vontade correlato ao desejo de erradicar os males individuais gestados na formação da personalidade huma-

---

12 Idem, ibid., p.145.

na. Educação e política enquadrar-se-iam como estruturas complementares de um mesmo objeto. Daí a grandeza da obra pedagógica de Rousseau quando interpelada pelos outros atores de sua época. Daí também sua capacidade de resistência ao tempo, bem como o reconhecimento público que valeram o exílio do autor. Na confluência entre o pensamento sobre a política e as meditações sobre educação, Rousseau revelaria o movimento pendular que induz a pensar a escola pelo signo do social. O desenrolar da revolução daria concretude a esse olhar, ainda que matizado pelo que a história traria de inédito. Mas, assim como a consciência individual age por opções, o percurso de identidade coletiva também tomaria por emblema a gestação de um novo homem, criteriosamente esquadrinhado para referendar o novo contrato que então se julgava firmar. Evidentemente, a dualidade intrínseca ao gênero humano iria repor algumas das hesitações com que se debatia o pedagogo do *Emílio*.

> Sentindo-me arrebatado, abatido por dois movimentos contrários, eu me dizia: Não, o homem não é apenas um: eu quero e eu não quero, eu me sinto simultaneamente escravo e livre; eu observo o bem, eu o amo e pratico o mal; eu sou ativo quando escuto a voz da razão, passivo quando minhas paixões me conduzem; e o meu pior tormento, quando sucumbo, é sentir que teria podido resistir ... Mas minha vontade é independente de meus sentidos; eu consinto ou eu resisto, eu sucumbo ou eu sou vencedor e eu sinto perfeitamente em mim mesmo quando eu faço o que sinto que de fato quis ter feito ou quando eu apenas cedo às minhas paixões. Eu tenho sempre o poder de desejar, não a força de executar. Quando eu me entrego às tentações, eu ajo sob o impulso de objetos externos. Quando eu recuso essa fraqueza, é porque estou a escutar minha vontade; eu sou escravo pelos meus vícios e livre pelos meus remorsos.[13]

Ao demarcar as fronteiras entre a cognição adulta e o aprendizado infantil, Rousseau remarca, na própria trilha dos enciclopedistas, a delimitação entre as ideias simples e as ideias complexas, entre a razão sensitiva e a faculdade de abstração. A pedagogia rousseauniana funda-se em uma discussão sobre o método e sobre

---

13 ROUSSEAU, op. cit., 1971, p.194-5.

32   CARLOTA BOTO

o contorno do homem a ser ensaiado. *Emílio* é o fruto da sociedade civil, deverá atuar em meio à corrupção e, no entanto, apresenta-se como o representante da espécie em seu potencial de virtude. Educação capaz de driblar a própria ordem pública, a pedagogia do *Emílio* é o ensaio fundante que corrobora o intenso papel ocupado pelo ato de educar no imaginário social do Século das Luzes francês. Trata-se ainda de um recorte individual, de um corpo teórico com pretensão de rigor científico, mas pode-se já nele entrever a correlação desse universo mental quanto ao pensamento de transformação na e pela educação.

A Revolução Francesa, cujos ruídos não podem fugir ao reconhecimento de Rousseau, falará em nome de preceitos e princípios políticos expressos no *Contrato social*. Justificando-se sempre em nome da vontade geral, os líderes revolucionários apresentam-se como portadores históricos de premissas teóricas que os antecedem. Daí talvez a pretensão e a ilusão de universalidade entre os atores daquele cenário. Conferindo solidez a conceitos e expressões, os revolucionários recriam a rede discursiva de Rousseau. Por essa estratégia, falar em nome da Revolução seria – por definição – chamar-se de humanidade, tomar para si o signo da virtude. Por esta orientação, os debates pedagógicos do movimento francês recriam também a atmosfera mental desse sopro enciclopedista, mediante a qual o ato de formar as novas gerações poderia coincidir com o renascimento da teia do social. Compreender a Revolução supõe, portanto, caminhar pela vereda da *Enciclopédia*.

ENCICLOPÉDIA: PROSPECTO E DISCURSO PRELIMINAR

Em 1750, Diderot coordenaria a distribuição dos oito mil exemplares do texto por ele redigido, apresentando ao público o prospecto da *Enciclopédia, ou Dicionário raciocinado das ciências, das artes e dos ofícios*. Esta obra teve diferentes níveis de apropriação em seu tempo. O século XIX e ainda o século XX seriam inequivocamente tributários de um certo timbre pedagógico desse discurso enciclopedista. Como consta da Introdução à edição brasileira, lançada em 1989, o Discurso Preliminar dos editores apresentava a *Enciclopédia* como uma obra da "sociedade de letrados", cujo duplo objetivo seria: a exposição e a classificação do conhecimento, por um lado; a delimitação dos princípios sobre os quais cada ciência se baseia, por outro.

Para tanto, procede-se a um exame da genealogia e divisão dos conhecimentos para qualificá-los como diretos, quando fossem provenientes das "portas da alma"; e refletidos, quando derivassem da combinação de vários conhecimentos diretos.[14] À luz das diversas maneiras pelas quais o espírito opera sobre os objetos, dividindo os conhecimentos em práticos (artes) e especulativos (ciências), decorreria essa necessidade de classificação. Em um século em que a confiança no futuro e na possibilidade de aperfeiçoamento do gênero humano parecia ser a matriz de entusiasmo da intelectualidade,[15] a *Enciclopédia* – em 1751 – demarcava já a tentativa de alcance da própria genealogia do saber. Por essa razão, a proposta inicial de Le Breton (1745), que supunha a mera tradução da enciclopédia inglesa de Efraim Chambers (cuja primeira edição datava de 1728), é alterada, tendo em vista a pretensão mais abrangente dos editores em "formar um quadro geral dos esforços do espírito humano, em todos os gêneros e em todos os séculos".[16]

---

14 "as noções puramente intelectuais do vício e da virtude, o princípio e a necessidade das leis, a espiritualidade da alma, a existência de Deus e nossos deveres para com ele, numa palavra, as verdades de que temos a mais pronta e mais indispensável necessidade são o fruto das primeiras ideias refletidas ocasionadas por nossas sensações" (Discurso Preliminar, in DIDEROT & D'ALEMBERT, 1989, p.27).

15 É sabido o impacto causado por Rousseau quando, em 1750 – justamente no mesmo ano de lançamento do prospecto da *Enciclopédia* –, ele publica seu Primeiro Discurso, apresentado à Academia de Dijon, contrariando o paradigma da época ao argumentar que os progressos das ciências e das artes contribuíram para a corrupção dos costumes.

16 Prospecto in DIDEROT & D'ALEMBERT, 1989, p.139. Dizem os editores da edição brasileira que "a publicação foi inicialmente prevista para sair em oito volumes de texto e dois de gravuras ou ilustrações. Foi conseguido o compromisso de cerca de cento e sessenta colaboradores e a sua viabilização dependia do interesse manifesto de um determinado número mínimo de pessoas, chegando a ser espantoso que, em 1757, pudesse ter contado com mais de quatro mil assinantes. Em julho de 1751 aparece o seu primeiro volume, encabeçado pelo Discurso Preliminar, de autoria de D'Alembert. Até 1780, foram publicados os seus dezessete volumes de texto, os onze de pranchas e ilustrações, os cinco de suplementos e os dois de índice geral" (Reis de Andrade e Marques Neto, Apresentação, in DIDEROT & D'ALEMBERT,

34 CARLOTA BOTO

Pelo entrelaçamento das "raízes" e dos "ramos" do saber, os conhecimentos derivavam uns dos outros e um século de luzes deveria divulgar e repartir o substrato desse saber acumulado e em progressão. Os verbetes complementar-se-iam uns aos outros, multiplicando na sociedade o contingente de letrados, que – acreditava-se – estariam mais propensos a alcançar a virtude. Entende-se que os conhecimentos estariam todos ligados entre si, formando com isso uma cadeia passível de ser examinada pela curiosidade humana. A cultura do escrito vinha, naquela sociedade, pouco a pouco, se impondo, e substituindo os antigos e tradicionais espaços da oralidade. Do mesmo modo, começa-se a firmar a crença no potencial ilimitado das conquistas do homem sobre o Universo natural e as relações intrínsecas entre a aquisição da cultura elaborada e o progresso da civilização. Assim, inúmeras conexões são supostas entre o conhecimento, o avanço da sociedade e a virtude, como eixos reguladores do universo simbólico partilhado pelo tempo da Ilustração.[17] No discurso preliminar dos editores, consta que a

---

op. cit., 1989, p.11-2). Na verdade, a maior parte dos dados históricos que aqui aparecem foi extraída dessa mesma apresentação dos editores da versão brasileira.

17 "De tudo o que foi dito conclui-se que, na obra que anunciamos, as Ciências e as Artes foram tratadas de forma a não supor nenhum conhecimento preliminar; que nela é exposto o que importa saber sobre cada matéria; que os verbetes explicam-se uns pelos outros; e que, por conseguinte, a complexidade da nomenclatura em nenhum momento traz dificuldades. De onde inferimos que esta obra poderia servir uma biblioteca em todos os gêneros, excetuando o seu, a um sábio de profissão; que substituirá os livros elementares; que desenvolverá os verdadeiros princípios das coisas; que marcará suas relações; que contribuirá para a certeza e para os progressos dos conhecimentos humanos; e que, multiplicando o número de verdadeiros sábios, dos artistas notáveis e dos amadores esclarecidos, derramará na sociedade novos proveitos" (Prospecto, in DIDEROT & D'ALEMBERT, op. cit., 1989, p.151). Como vimos, essa dinâmica histórica do movimento enciclopédico foi bem elucidada por Reis de Andrade e Marques Neto na Apresentação feita à tradução brasileira do primeiro volume da *Enciclopédia*. Para eles, "Havia da parte dos Enciclopedistas a inabalável certeza de que a difusão universal dos conhecimentos e das técnicas viria acarretar a libertação do homem, concorrendo para a sua progressiva felicidade neste mundo. Tal projeto de universalização do saber não significaria apenas a luta contra a ignorância, principal abrigo das superstições, mas também o desvelamento do saber esotérico das corporações, a dignificação do trabalho prático e, colocada no mesmo nível, a desmistificação da auréola que sempre cercou a atividade intelectual. Sem se aceitar qualquer tipo de causalidade direta, pois não se pode desconhecer o formidável impacto das modificações que se foram

aptidão para o reconhecimento da noção do justo e do injusto existe em cada homem como lei natural. Tal reconhecimento do bem e do mal exigiria do homem a transformação daqueles conhecimentos diretos, o que daria origem ao conjunto das ideias refletidas, correlatas às próprias sensações. De um certo modo, principia aqui o potencial pedagógico implícito na *Enciclopédia*. Pode-se dizer que a orientação dos editores revela a preocupação didática contida naquela tentativa de sistematizar e partilhar o conjunto dos "saberes" acumulado pela condição humana. Para tanto, o recurso às metáforas das árvores e dos labirintos:

> resta-nos apenas formar uma Árvore Genealógica ou Enciclopédica que as reúna [as diferentes partes dos nossos conhecimentos] sob um mesmo ponto de vista e que sirva para marcar sua origem e as ligações que têm entre si ... O sistema geral das ciências e das artes é uma espécie de labirinto, de caminho tortuoso em que o espírito se embrenha sem conhecer muito bem a estrada que deve seguir. Instado por suas necessidades e pelas do corpo ao qual está unido, estuda a princípio os primeiros objetos que se lhe apresentam, penetra o mais profundamente que lhe for possível no conhecimento de tais objetos, encontra em breve dificuldades que o detêm e, seja pela esperança ou mesmo pelo desespero de vencê-las, lança-se numa nova estrada; em seguida, volta atrás, ultrapassa às vezes as primeiras barreiras para encontrar outras e, passando rapidamente de um objeto a outro, faz sobre cada um desses objetos, em diferentes intervalos e como por impulsos, uma série de operações das quais a própria geração de suas ideias torna a descontinuidade necessária.[18]

Na impossibilidade de adentrar todas as estradas que se lhe apresentam, a escolha viria da natureza dos diferentes espíritos e as ciências seriam, dessa forma, apropriadas por eles sucessivamente e de acordo com determinadas inclinações individuais. Nos termos dos editores:

> como, partindo desse ponto, não é possível embrenhar-se ao mesmo tempo em todas as estradas, é a natureza dos diferentes espíritos que

---

introduzindo nas formas concretas da vida, a Revolução Francesa teve na *Enciclopédia* uma decisiva fonte de sustentação e de irradiação teórica" (Idem, ibid., p.13).

18 DIDEROT & D'ALEMBERT, op. cit., 1989, p.47. Em termos do olhar pedagógico dos enciclopedistas, talvez este seja o trecho mais elucidativo do Discurso Preliminar.

CARLOTA BOTO

determina a escolha. Por isso, é bastante raro que um mesmo espírito percorra ao mesmo tempo um grande número delas. No estudo da natureza, os homens esforçaram-se, a princípio, como de comum acordo, por satisfazer as necessidades mais prementes, mas, quando chegaram aos conhecimentos menos absolutamente necessários, tiveram de partilhá-los e avançar cada um por seu lado com passos mais ou menos iguais. Assim, várias ciências foram por assim dizer contemporâneas; mas, na ordem histórica dos progressos do espírito, somente podemos abarcá-las sucessivamente.[19]

A *Enciclopédia* – que etimologicamente significa círculo da educação e da cultura[20] – seria semelhante a um mapa-múndi, onde os especialistas de cada área colocam sua ciência junto às outras. É evidente que todo esse movimento foi extremamente tributário da intensificação das práticas editoriais, que, de alguma forma, imperavam na circulação das novas e das velhas ideias naquele contexto do século XVIII. Pensar a origem e as interfaces do conhecimento produzido representaria, diversamente, a aproximação de um mé-

---

19 Idem, ibid., p.49. Essa ideia de classificação do conhecimento, tão cara aos enciclopedistas, vem certamente ao encontro dos progressos da alfabetização no período, uma alfabetização que, provavelmente, não era apenas derivada da escola.

20 Como afirmam Reis de Andrade e Marques Neto, na referida Apresentação, o termo enciclopédia vem do grego *enkyklopaideia* e foi provavelmente retomado pelos humanistas. Visto que a acepção grega de *paidéia* é muito abrangente e intraduzível, por significar, ao mesmo tempo, o ideal de formação, cultura e civilização, julgou-se procedente traduzir a expressão como "círculo da educação e da cultura", representação de um conjunto sistematizado do saber, aliado aos procedimentos de transmissão e ensino desses conhecimentos adquiridos. Dizem ainda os editores: "a *Enciclopédia* do século XVIII representa, em primeiro lugar, o acabamento amplo e sistematizado da rebeldia intelectual iniciada no Renascimento, correspondendo aos anseios por um novo tipo de homem. Abrindo caminho aos poucos, tal rebeldia encontrou sua plena realização, ao menos simbolicamente, em 1789, com a Revolução Francesa. Como tal representa, ao mesmo tempo, uma plataforma, uma arma de luta, e também o recenseamento do seu saber e do seu poder árdua e longamente construídos. Sua afirmação política deveria necessariamente passar pela derrogação de todos os dogmas de sustentação do Antigo Regime e do Absolutismo. Trabalho intelectual, mas sobretudo político, a *Enciclopédia* representa a luta contra o princípio de autoridade, contra todas as posturas feudais de ordenação da sociedade e da consciência consubstanciadas em prescrições rígidas como a do Direito Divino dos Reis, o enquadramento corporativo do trabalho e em todos os obstáculos que impediam a livre circulação dos indivíduos, das mercadorias e das ideias" (p.12-3).

todo para espraiar a cultura produzida, o que, por si, traria ganhos para a própria civilização. Parte-se então do pressuposto segundo o qual os diferentes espíritos teriam possibilidade de adquirir conhecimento, ainda que pudessem ser determinantes certas propensões individuais que orientam o aprendizado. Nesse quadro, o conhecimento seria repartido em três troncos geradores, dos quais se ramificariam bifurcações e desdobramentos, em razão das diversas maneiras pelas quais a alma humana opera sobre os objetos cognoscíveis. Nos termos do Discurso Preliminar:

> Os objetos de que se ocupa nossa alma são espirituais ou materiais e nossa alma ocupa-se desses objetos através das ideias diretas ou através das ideias refletidas. O sistema dos conhecimentos diretos somente pode consistir na coleção puramente passiva e como maquinal desses mesmos conhecimentos; é o que se chama memória. A reflexão é de dois tipos, já o observamos; ou raciocina sobre os objetos das ideias diretas ou os imita. Assim, a memória, a razão propriamente dita e a imaginação são as três diferentes maneiras pelas quais nossa alma opera sobre os objetos de seus pensamentos. Não consideramos aqui a imaginação como a faculdade que possuímos de nos representar os objetos, porque essa faculdade não é outra coisa senão a própria memória dos objetos sensíveis, memória que estaria num exercício contínuo se não fosse aliviada pela invenção dos signos. Tomamos a imaginação num sentido mais nobre e mais preciso, como o talento de criar imitando.[21]

Haveria dessa maneira diferenças quanto aos modos da abordagem do conhecimento. Os três grandes ramos dos letrados seriam, partindo dessa natureza distinta dos diferentes espíritos, os seguintes: da arte da memória surgiria a história, que é pelos enciclopedistas entendida como o ofício dos eruditos; do mundo da razão propriamente dita advém a filosofia; e da imaginação derivariam as belas-artes e aqueles que são seus artífices, aqui chamados criadores. Mundos em competição, essa sociedade de letrados já parecia cindida pelo desprezo de uns pelos outros. Os editores chegam mesmo a referir três distintos tipos de repúblicas:

> A divisão geral de nossos conhecimentos, segundo as nossas três faculdades, tem a vantagem de poder fornecer também as três divisões

---

21 Discurso Preliminar, in DIDEROT & D'ALEMBERT, op. cit., 1989, p.51.

do mundo literário em Eruditos, Filósofos e Criadores, de maneira que, após ter formado a Árvore das Ciências, poder-se-ia formar, no mesmo plano, a dos Letrados. A memória é o talento dos primeiros, a sagacidade pertence aos segundos e os últimos recebem o quinhão dos atrativos. Assim, considerando a memória como um início de reflexão e a ela acrescentando a reflexão que dispõe e a que imita, poder-se-ia dizer em geral que o maior ou menor número de ideias refletidas e a natureza dessas ideias constituem a maior ou menor diferença que há entre os homens; que a reflexão, tomada no sentido mais extenso que se lhe possa dar, forma o caráter do espírito; e que ela distingue seus diferentes gêneros. De resto, os três tipos de repúblicas em que acabamos de dividir os Letrados geralmente nada têm de comum a não ser estimarem-se muito pouco uns aos outros. O Poeta e o Filósofo tratam-se mutuamente de insensatos que se alimentam de quimeras: ambos consideram o Erudito como uma espécie de avarento que pensa somente em acumular sem gozar e que acumula sem escolha os metais mais vis com os mais preciosos; e o Erudito, que somente vê palavras onde quer que não leia fatos, despreza o Poeta e o Filósofo, como pessoas que se creem ricas porque sua despesa excede seu capital.[22]

Com todas essas digressões sobre o universo acadêmico, cabe realçar que a edição da *Enciclopédia* francesa – até pelos ventos da época – ressoou, antes de mais nada, pela tonalidade política. O século XVIII era, como recorda Chaunu, "por excelência o século da política, portanto, o século do Estado".[23] O pensamento sobre a política e sobre as novas formas de organização social estaria, mais do que nunca, ali representados, como veremos a seguir. Opondo-se à ordem escolástica e às prerrogativas da nobreza e do clero, a *Enciclopédia* estaria em perfeita sintonia com a atmosfera intelectual do século XVIII francês. Por denunciar o obscurantismo im-

---

22 DIDEROT & D'ALEMBERT, op. cit., 1989, p.55.

23 "O Estado está no coração de seus pensamentos, mas principalmente no coração de sua história. O Estado está no coração da história do século XVIII, na medida simplesmente em que ele realiza grandes coisas. O Estado, esse setor onde se lê – e infinitamente mais agora – onde se escreve, o Estado que pertence quase completamente ao domínio do desejado, do deliberado, o Estado, no entanto, está no final de uma longa tradição. A mais bela das constituições do século XVIII nunca foi escrita e não o será jamais. O Estado modelo por excelência, o Estado que consta da reflexão de Locke, é consuetudinário. O Estado, no auge da civilização escrita e da cultura tradicional, pertenceria, ele também, em certa medida, ao domínio do ver fazer e ouvir dizer?" (CHAUNU, 1982, p.170).

posto pelas pretensas verdades aceitas como dogma e pelo alcance da superstição, o conteúdo programático da obra referencia a si próprio mediante o que supõe serem os emblemas da razão. Sendo assim, a abrangência dos temas tratados leva ao limite as propostas vigentes de um reordenamento social perante códigos outros, que pudessem ser norteados pelas luzes do conhecimento racional. Ocorre que, justamente por estar atada à sua época, a *Enciclopédia* não significou sempre uma ruptura com os paradigmas do tempo, até porque o âmbito das ideias não destrona de um só golpe todo o imaginário cristalizado em longa duração. Por ser assim, percebe-se que a crítica política cala quando a obra assume, na esteira de Montesquieu, a defesa intransigente de uma monarquia constitucional à semelhança da Inglaterra. No caso da educação, veremos que o verbete Colégio, redigido por D'Alembert não propõe o ensino como dever público a ser encampado pelo Estado; pelo contrário, ao denunciar as escolas, a solução encontrada foi sugerir a educação doméstica, mais próxima da inspiração renascentista que dos planos pedagógicos defendidos nas trilhas do percurso revolucionário francês. Documento histórico a ser desvendado, a *Enciclopédia* surtiu um inegável efeito de multiplicação, já que seu pensamento, vulgarizado em artigos, panfletos e cartazes, tornava-se mais e mais acessível a camadas mais amplas da população, ocasionando a visibilidade das novas acepções de homem e de mundo ali contempladas.

Vale lembrar que em momento algum os iluministas foram revolucionários. O que faziam, isso sim, era propor mudanças radicais na ordem das instituições, de modo a estabelecer parâmetros reformadores, capazes de alterar setores significativos da vida social. Como alerta Mona Ozouf, pode ser perigoso esse esforço de encadeamento entre as Luzes e a Revolução, na medida em que se corre o risco de fazer perguntas erradas perante supostas articulações que de fato não teriam tido qualquer fundamento histórico. Ainda assim, a mesma autora voltaria atrás, dizendo:

> Todas essas boas razões não são entretanto suficientes para fazer-nos renunciar à sequência Luzes-Revolução. Porque se houve Luzes sem Revolução, não teria havido Revolução sem Luzes – entenda-se, sem ideias contestadoras da ordem estabelecida. Se, porventura, a Revolução Francesa representasse uma novidade inaudita em relação àquilo que a precedeu, não haveria meio algum de abordá-la, sequer de reconhecê-la. Ela

seria estritamente impensável. Dizer que ela inaugura uma cultura política inédita em relação àquela do Antigo Regime, é dizer ao mesmo tempo que ela não é radicalmente nova. Ela mudou a paisagem, abriu e fechou certas perspectivas, eliminou e reteve, trabalhou sobre o que lhe legava o século e fez obra criativa, ao mesmo tempo servindo-se de suas lembranças e de seus saberes e lhes sendo infiel: é a própria definição de criação.[24]

A *Enciclopédia* resultou em 17 volumes de texto e 11 de estampas, agregando o compromisso de mais de 160 colaboradores, dentre os quais destacavam-se intelectuais cujo renome foi perpetuado pelos séculos posteriores: Diderot (que redige mais de mil artigos), D'Alembert, Jaucourt, Montesquieu, Rousseau, Quesnay, Voltaire, D'Holbach e, finalmente, Condorcet; este redigirá, em 1794, aquela que se consagraria como obra-síntese do movimento iluminista – *Esquisse d'un tableau historique des progrès de l'esprit humain.* Além de a proposta ser extremamente ousada, vale destacar seu efeito irradiador: em 1757, a *Enciclopédia* contava já com mais de quatro mil assinantes, elite intelectual que contribuiria para propagar e multiplicar as ideias contidas na obra. Considerada um dos alicerces teóricos da modernidade, a *Enciclopédia* traz a público as novas e antigas ideias daqueles homens que, presenciando as inúmeras transformações de seu tempo, ousaram inventariar o repertório simbólico que pretendiam oferecer como legado às gerações vindouras. Subversiva, a iniciativa editorial foi mais de uma vez criticada. Como recordam Marques Neto e Reis de Andrade, "foi censurada na Sorbonne, estigmatizada pelo Parlamento e condenada pelo Papa Clemente XIII, em 1759 ... como não podia deixar de acontecer, teve por mais de uma vez proibida a sua publicação, por ordem real".[25]

---

24 OZOUF, 1989, p.15. No parecer da historiadora, ir da Revolução até as Luzes permite-nos apreender o caminho contrário, abarcando o repertório de conceitos, não em sua pureza filosófica, mas antes na apropriação que deles foi feita pelo tempo da Revolução. Mona Ozouf recorda, a propósito disso, a frase de Lakanal: "Não é o *Contrato Social* que nos explica a Revolução; é a Revolução que nos explica o *Contrato Social*" (p.16).

25 Apresentação, in DIDEROT & D'ALEMBERT, op. cit., 1989, p.12. Sobre a repercussão internacional que a obra teria provocado, dizem ainda os editores brasileiros: "As ideias da *Enciclopédia* encontraram ressonância em todos os recantos do mundo civilizado, no século XVIII. Naquele quadro, não ficou de fora o Brasil. De passagem, deve ser lembrado que não foram imunes às suas ideias os nossos Inconfidentes.

A ESCOLA DO HOMEM NOVO   41

Para compreender o tempo da Revolução pelos ecos daquilo que imediatamente lhe antecedeu, parece-nos de fundamental importância o estudo de blocos temáticos que delineiem, ainda que sumariamente, um esboço do pensamento ético, político, social e econômico norteador dos trilhos do Iluminismo francês. Nessa tentativa, procederemos à interpretação de alguns verbetes, em busca de algumas pistas que nos possibilitem rastrear a percepção que os contemporâneos tinham de grandes temas debatidos em seu tempo. Tal estratégia analítica pretende ancorar a reflexão sobre o lugar social da escola e da educação nos quadros mentais dessa elite intelectual, vanguarda talvez da nova subjetividade que vinha sendo tecida na França do século XVIII.

O ALCANCE POLÍTICO DA OBRA
PELA SIGLA DOS VERBETES

Já no Discurso Preliminar, definiu-se a política como o mais difícil de todos os estudos, por exigir conhecimentos profundos dos povos e dos homens, na variedade dos talentos diferencialmente distribuídos pelo gênero humano. O Estado, na acepção derivada de Locke, é apresentado como o conjunto da sociedade civil organizada sob os cuidados de um soberano, cuja proteção serve para garantir a segurança e felicidade que faltam ao estado de natureza. As discórdias entre os soberanos que se resolvem pelas armas originariam a guerra entre os Estados. A atividade guerreira é, no entanto, caracterizada como fruto da depravação dos homens, doença compulsiva no corpo político: despovoando os Estados, induz o reino à desordem; introduzindo o desregramento, torna incertas a liberdade e a propriedade dos cidadãos.[26]

Junto com D. João VI, desembarcaram alguns fiéis leitores dos '*philosophes*'. O movimento abolicionista, bem como as lutas republicanas, receberam do enciclopedismo, ainda que tardiamente, um sopro de estímulo e iluminação" (p.13).

26 "Diz-se que as leis se devem calar no fragor das armas; a isto respondo eu que, se é preciso que as leis civis, as leis dos tribunais particulares de cada Estado, que se seguem unicamente durante o tempo de paz, cheguem a calar-se, o mesmo não acontece com as leis eternas, que são feitas para todas as épocas, para todos os povos e estão escritas na natureza; mas a guerra abafa a voz da natureza, da justiça, da religião e da humanidade" (*A Enciclopédia*, 1974, p.83).

42   CARLOTA BOTO

Imbuídos pela atmosfera filosófica do período, os enciclope-distas comparam Rousseau a Hobbes, para chegar à conclusão que "tanto um como outro exageraram".[27] A *Enciclopédia* preconiza um equilíbrio entre a bondade e a maldade no homem, já que a espécie humana viveria, entre felicidade e desgraça, em perpétua vicissitude, cercada por limites que não pode transpor. Tomando a vontade humana como um dos atributos que o singulariza, o homem é assim definido por Diderot: "ser que sente, reflete, pensa, que passeia livremente na superfície da terra, que parece ser superior a todos os outros animais que domina, que vive em sociedade, que inventou as ciências e as artes, que tem uma bondade e uma maldade próprias, que a si mesmo se deu mestres, que fez leis para si".[28]

A propósito do conceito de homem, justifica-se o princípio da igualdade natural. Esta, posta pelo nascimento, não pode ser sempre mantida. A sociedade leva os homens a perdê-la e, somente no domínio da lei, permite assegurar um desdobramento daquela igualdade na essência. Com a regulação das leis, a sociedade civil recairia sobre o terreno da liberdade política, mantenedora da "tranquilidade de espírito que resulta da opinião que cada um tem da sua segurança"[29] e formada por leis alicerçadas sobre a distribuição e o equilíbrio dos três poderes. Tudo isso aponta na direção da defesa de uma forma específica de governo: a monarquia hereditária e limitada,[30] em que os poderes, sobrepostos, serviriam de contrapeso uns aos outros. A Inglaterra é citada como exemplo desse modelo governamental, capaz de fundir, nos termos do texto, liberdade e clareza.

A ideia de nação é apresentada segundo um critério nítido de antecedência histórica e ideológica da fronteira política em relação aos dados da etnia, das tradições, dos costumes e da língua. Para a *Enciclopédia* francesa, nação é: "substantivo coletivo que se usa para designar uma quantidade considerável de povo, que habita uma

---

27   Ibidem, p.85.
28   "O homem que consideramos é o ser que pensa, quer e age" (Ibidem, p.86).
29   Ibidem, p.113.
30   Monarquia é, no verbete da *Enciclopédia*, definida da seguinte forma: "é o estado no qual a soberania, e todos os direitos que lhes são essenciais, reside indivisivelmente num só homem chamado rei, monarca ou imperador" (Ibidem, p.128).

certa extensão de país, restringida por certos limites, e que obedece ao mesmo governo".[31]

Acoplada à ideia de nação vem a noção de pátria (do latim *pater*, que representa pais e filhos). A origem desse conceito situa-se no âmbito da família, como célula original, de onde seriam derivadas as acepções de sociedade e de Estado. Sendo a pátria um poder tão antigo quanto a sociedade, ela, assim, remete ao sentimento de público, fundador da soberania; uma felicidade que só vigora no coletivo, na partilha de virtudes, típica da vontade política que clama por democracia: "amor das leis e da felicidade do Estado, amor singularmente reservado às democracias; é uma virtude política pela qual se renuncia a si mesmo preferindo ao interesse próprio o interesse público; é um sentimento e não uma continuação do conhecimento; o último dos homens do Estado pode ter tal sentimento, tanto como o chefe da república".[32] Por ser assim, a pátria e a tirania tornam-se dois mecanismos excludentes, já que, entre ambos, há uma contradição inerente.[33]

Para apresentar o conceito de povo, o verbete específico concede voz a algumas considerações de ordem histórica. O povo, "retrato dos homens que constituem sempre a parte mais numerosa e mais necessária da nação",[34] havia passado, naquele século, a ser confundido exclusivamente com operários e lavradores, já que homens de lei, artesãos, negociantes, financeiros e profissionais liberais não aceitavam mais sua inclusão nessa categoria. Parece ter havido no século XVIII o desejo explícito de separação. Palavra pejorativa, a mudança é sinalizada nos próprios termos do texto: "Outrora, em França, o povo era considerado a parte mais útil, a mais preciosa e, por consequência, a mais respeitável da nação. Pensava-se, então, que o povo podia tomar parte nos Estados Gerais; e os parlamentos do reino uniam num só juízo povo e reino.

---

31 Ibidem, p.130.
32 Ibidem, p.138.
33 "As suspeitas, os remorsos, os terrores cercam-no por todos os lados; não conhece ninguém digno de sua confiança, apenas tem cúmplices, e nenhum amigo. Os povos, exaustos, degradados, envilecidos pelo tirano, são insensíveis aos seus insucessos, e as leis que violou não o podem auxiliar; em vão reclama a pátria. Haverá alguma onde um tirano reina?" (Ibidem, p.199).
34 Ibidem, p.153.

44   CARLOTA BOTO

As ideias mudaram e a própria classe dos homens feitos para compor o povo reduz-se mais e mais".[35]

Nessa identidade construída entre povo e nação, os representantes seriam os cidadãos escolhidos, encarregados pela sociedade de falar em nome do povo, de estipular seus interesses e de contribuir para sua administração. No processo de conquista dessa representatividade, o texto ressalta que durante muito tempo apenas a nobreza e o clero tiveram o direito exclusivo de falar em nome da nação. O povo não possuía sequer o direito de divergir, forçado que era a receber "leis que alguns grandes combinaram com o soberano".[36] Pela acepção de perfectibilidade, intrínseca à trajetória social, teria sido dada, depois de muito tempo, alguma influência à nação nas assembleias representativas das três grandes frações da sociedade: clero, nobreza e Terceiro Estado. Nessa transição pelo alto, havia consenso quanto ao papel dos representantes que, mais esclarecidos do que os cidadãos comuns, deveriam ter posses capazes de os ligarem à pátria.[37] Acima da razão, competiria ao soberano conquistar a afeição de seu povo. Muitas vezes imbuído na esfera política, o sujeito esqueceria a lei natural originária da condição humana que preconiza que, mesmo ligado ao Estado, o representante é, antes de tudo, um homem.

Em relação à economia, o pensamento enciclopedista vacila entre o mercantilismo protecionista e de lucros fixos e a política da livre concorrência regulada pelo mercado. Seja como for, a propriedade, como direito legítimo do indivíduo perante os bens adquiridos, é situada com base nos pressupostos de Locke, como a própria razão de ser das sociedades civis. Nos termos do verbete a ela dedicado:

> Um dos principais objetivos dos homens ao formar as sociedades civis foi assegurar-se da posse tranquila das vantagens que tinham adquirido ou podiam adquirir; quiseram que ninguém os pudesse perturbar no gozo dos seus bens; é por isso que cada um consentiu em sacrificar

---

35 Ibidem, p.151.

36 Ibidem, p.170.

37 Nos termos do verbete, representantes eram: "cidadãos mais esclarecidos que os outros, mais interessados no assunto, cujas posses os liguem à pátria, cuja situação os coloque em posição de sentir as necessidades do Estado, os abusos que se introduzem e os remédios adequados" (Ibidem, p.172).

uma porção a que se chama imposto para a conservação e manutenção de toda a sociedade; deste modo pretendeu-se dar aos chefes escolhidos os meios de manter cada particular no gozo da porção que tinha reservado para si próprio.[38]

Na falência da política econômica reguladora das atividades produtivas, afirma-se haver uma crença dos habitantes das cidades quanto ao fato de ser a escassez de homens no campo o fator que provoca a decadência da agricultura. O texto critica a solução imediata que usualmente se apresenta e que seria indefensável do ponto de vista cultural:

> Os habitantes das cidades creem ingenuamente que são os braços dos camponeses que cultivam a terra e que a agricultura decai apenas porque faltam homens nos campos. É preciso, diz-se, despedir os mestres--escolas que, instruindo os camponeses, facilitam a sua deserção: imaginam-se assim meios mesquinhos, tão ridículos como desvantajosos; consideram-se os camponeses como escravos do Estado; a vida rústica parece a mais dura, a mais dolorosa e a mais desprezível, porque aos habitantes dos campos são destinados os trabalhos reservados aos animais.[39]

No que concerne aos costumes, o conteúdo do texto toma por interlocutor o padrão ético norteador do próprio pensamento da Ilustração. Critica-se o modelo vigente de autoridade pública, já que, admirado por tudo o que não entende, o povo toma "o silêncio e a modéstia por sintomas de ignorância e imbecilidade", embevecido com aqueles que, arrogantes, "tornam-se armazéns inesgotáveis de citações".[40] A autoridade que, no discurso, era vista como o direito de ter credibilidade no que se diz é corrompida, deixando de ser o que era para perder-se nessas aparências de sabedoria. O gênero humano apresenta, no entanto, uma sagacidade natural sobre as coisas honestas que, amadurecida em sensibilidade, encaminharia o homem para a senda da virtude. Humanidade é, pois: "um sentimento de benevolência para com todos os homens, que só se inflama numa alma grande e sensível. Este nobre e sublime entusiasmo atormenta-se com o sofrimento dos outros e com a

---

38 Ibidem, p.160.
39 Ibidem, p.166-7.
40 Ibidem, p.39.

46 CARLOTA BOTO

necessidade de os aliviar; gostaria de percorrer o Universo para abolir a escravatura, a superstição, o vício e a infelicidade".[41]

Da humanidade – sentimento do mundo – à imortalidade, vem a ênfase no talento, porta-voz de quimeras das grandes almas:

> Os nomes passam com os impérios sem a voz do poeta e do historiador, que ultrapassa os tempos e os lugares e que os ensina a todos os séculos e a todos os povos. Os grandes homens são unicamente imortalizados pelos homens de letras que poderia imortalizar-se sem eles. Na falta de feitos célebres, contaria as mudanças da natureza e o repouso dos deuses e seria escutado no futuro. Aquele que desprezou o homem de letras despreza portanto também o julgamento da posteridade e raramente se elevará a algo que mereça ser-lhe transmitido.[42]

A valorização dada ao homem de letras faz-se diretamente em consonância com a exaltação do progresso das ciências e das artes em um século que pensa a multiplicação das luzes como a alavanca mestra da perfectibilidade social. Para a *Enciclopédia*, a natureza partilhou os talentos, supondo-se com isso que existiria, repartida entre a espécie humana, a virtualidade de aptidões, sejam estas naturais ou adquiridas. Na mesma direção, os enciclopedistas apresentam a possibilidade do estudo das atividades humanas por meio do método científico. Na história, por exemplo, haveria uma autoridade dos fatos dirigida por seu grau de verossimilhança, de evidências que os pudessem corroborar, segundo a força das testemunhas que os confirmassem. Da mesma forma, poderiam ser investigados temas como educação, leis, preconceitos, princípios, costumes, talentos, paixões, vícios e até as virtudes dos que dirigem os assuntos públicos. Em síntese:

> tudo o que em moral e em físico pode contribuir para formar, manter, mudar, destruir e restabelecer deve entrar no plano a partir do qual um sábio discute a história ... Os fatos simplesmente físicos constituem a história natural, e a sua veracidade demonstra-se de duas maneiras: ou repetindo as observações e as experiências, ou passando os testemunhos, se não houver possibilidade de os verificar ... A credulidade é o quinhão

---

41 Ibidem, p.91.
42 Ibidem, p.96.

dos ignorantes; a incredulidade decidida, a dos meios-sábios; a dúvida metódica, a dos sábios. Nos conhecimentos humanos, um filósofo demonstra o que pode; acredita no que lhe é demonstrado; rejeita o que o repugna, e contém a sua apreciação do resto.[43]

Pelo espírito do século, a liberdade de pensamento – "força de espírito que liga unicamente à verdade a nossa convicção"[44] – agiria, ainda, no sentido de acautelar o espírito contra os preconceitos, oferecendo aos dogmas propostos um grau de adesão proporcional ao seu grau de certeza. Valoriza-se, portanto, todo aquele que, "desprezando o preconceito, a tradição, a antiguidade, o consentimento universal, a autoridade, numa palavra, tudo o que subjuga a multidão dos espíritos, ousa pensar por si mesmo, chegar aos princípios gerais mais claros, examiná-los, discuti-los, não admitindo nada senão na base da sua experiência e da sua razão".[45] Nessa linha, também justifica-se o ofício atribuído ao editor, cujo pensamento plural toma por imperativa a tarefa de respeitar a associação que coordena, à luz da convenção tácita de cada um conservar sua prerrogativa de livre pensar.

Cabe lembrar que, editada alguns anos antes da expulsão dos jesuítas, a *Enciclopédia* é impiedosa em sua crítica ao pensamento escolástico: filosofia nascida do engenho e da ignorância, que substitui as coisas pelas palavras. A superstição é apresentada como qualquer excesso religioso que, como tal, contraria a razão e gera o fanatismo. No verbete sobre padres encontra-se uma exposição atroz contra suas cerimônias, cuja finalidade seria impressionar os sentidos e alimentar a superstição. Julgando a si próprios mediadores entre os deuses e os mortais, depositários e intérpretes das vontades divinas, os padres são tomados, por analogia, como "pais da impostura".[46] Em relação aos cultos religiosos, prega-se a tolerância

---

43 Ibidem, p.52-3.
44 Ibidem, p.114.
45 Ibidem, p.54.
46 "abusaram do poder que o seu ministério lhes dava sobre os homens; apesar da submissão e da doçura, tão recomendada pelo Evangelho, viu-se, em séculos de trevas, padres do Deus da paz arvorar o estandarte da revolta; armar súditos contra os soberanos ... pretender para eles próprios independência quimérica das leis feitas para obrigar igualmente todos os cidadãos" (Ibidem, p.136).

48 CARLOTA BOTO

prática, mediante a delimitação do que se supunha ser a "proteção caridosa" em nome da razão e da humanidade. Nesse enfrentamento com que a *Enciclopédia* traduz sua crítica ao clero, estará delineado seu parecer a propósito do temário pedagógico.

EDUCAÇÃO, ENSINO E COLÉGIO:
RELAÇÃO MESTRE E DISCÍPULO

Em seu trabalho intitulado *L'évolution pédagogique en France*, Émile Durkheim apresentava algumas premissas, que vieram posteriormente a cristalizar-se como senso comum da reflexão pedagógica. Diz o autor sobre a atmosfera pedagógica da Renascença que ali se teriam esboçado algumas das grandes marcas do modelo escolar que, a partir de então, iria se consolidar nos países europeus. Por um lado, prescrevia-se um referencial enciclopédico para o conhecimento acumulado; por outro, veiculava-se a ideia de preparação de "mentes polidas", na órbita de uma certa formação para a civilidade, que também era ideal almejado. Duas correntes que mantinham como elo comum os traços aristocratas. É assim que, na sequência, viriam os jesuítas. No parecer de Durkheim:

> Se podemos dizer, pois, dos Jesuítas, que eles realizaram, num certo sentido, o ideal pedagógico da Renascença, não foi porém sem tê-lo mutilado e empobrecido. Com eles, com efeito, esse ideal perdeu um dos elementos que entravam em sua composição: o gosto pela erudição ... É que os grandes humanistas do século XVI amavam a Antiguidade sem reserva; amavam-na por ela mesma, inteira, por verem realizado nela esse ideal de cultura polida, de instrução elegante ao qual aspiravam. Sem reconhecê-lo, sem confessá-lo para si, adquiriram uma alma em parte pagã; e, por conseguinte, tinham curiosidade por tudo quanto era concernente a esse mundo antigo, no qual viviam idealmente o melhor de sua existência e do qual, por assim dizer, sentiam-se cidadãos ... Pode-se observar agora que, como havíamos anunciado, a pedagogia da Renascença, ao invés de ampliar-se, complicar-se, como costuma ocorrer, ao realizar-se na prática escolar, tornou-se mais fina, mais estreita e mais exclusiva, excedeu seu próprio sentido. O humanismo já estava marcado com um formalismo que lhe foi criticado; com os jesuítas, esse formalismo foi mais exagerado, pois, com eles, a Antiguidade deixa de ser uma

coisa que se estuda com amor, por simpatia e curiosidade, para tornar-se uma simples escola de estilo. Da mesma maneira, o caráter aristocrático da educação, tal como fora conhecido pela Renascença, não fez senão acentuar-se.[47]

Seja como for, o século XVII e o século XVIII na França foram impregnados pelos corolários da pedagogia jesuítica. Se o problema do método de ensino inquietava vários teóricos da educação nesse período já caracterizado como a "renascença pedagógica", os jesuítas na Europa desenvolviam, ao largo, procedimentos educativos que, sistematizados, ofereceriam, posteriormente, algumas das principais balizas do que chamamos hoje ensino tradicional. A partir da aliança paradoxal entre o que se supunha ser a inocência e a corruptibilidade típica das almas infantis, esse modelo pedagógico opera com dois pressupostos básicos: a desconfiança em relação ao mundo adulto e a criação de um ambiente educativo dele dissociado.[48] Nesse movimento de formação da criança pautado por isolamento rigoroso e vigilância intermitente, havia um mundo da pedagogia, que paulatinamente ia se construindo por exclusão do contato com o mundo exterior. Nada do que despertasse o gosto e a atração do aluno poderia ser valorizado pela pedagogia da Companhia de Jesus, que havia colocado o aprendizado do latim e dos exemplos seletos extraídos da história da Antiguidade no centro de suas preocupações. Diz o trabalho de Snyders a esse respeito, que, de acordo com a lógica jesuítica, o francês que cativa jamais seria formador: "Os livros franceses conduzem o leitor ao coração do contemporâneo; por isso são excluídos de uma pedagogia que quer encerrar o aluno em um mundo ideal, elaborado por reação e separação contra a experiência de todos os dias".[49]

---

47 DURKHEIM, 1995, p.236-8.
48 A respeito da educação jesuítica, indicamos o trabalho de G. SNYDERS, 1965. Sobre esse tema, Snyders comenta: "Não deixar a criança em contato com o mundo, não lhe permitir seguir seus próprios impulsos, seu movimento natural, mas vigiá-la sem cessar, para remodelá-la sem cessar, este é o objeto do internato tal como ele é instituído no século XVII" (p.47).
49 SNYDERS, op. cit., 1965, p.108.

50   CARLOTA BOTO

Se, na escola medieval, o latim era uma língua supranacional e viva, que por isso servia de ligação entre estudantes das mais variadas origens, a partir do século XVII sua utilização tem quase exclusivamente a característica de alheamento do estudante, cujo contato com o mundo é percebido como nefasto. Os métodos da Companhia de Jesus estruturaram em grande parte o modelo escolar que se encontra em vigor ainda hoje, estabelecendo um conjunto articulado de regras e regulamentos que trariam eficácia para a gestão do tempo e do espaço escolar. Para Georges Gusdorf, a racionalização da pedagogia, impressa no século XVII, teria sido mais determinante do que a própria publicação do *Discurso do método*, por um antigo aluno de colégio jesuítico. De qualquer maneira, seria a dinâmica daquele século preocupado com a descoberta do método científico que traria para a pedagogia a conotação prescritiva. Para descrever como agiam os jesuítas, recorramos a Gusdorf:

> Ora, a *Ratio Studiorum*, primeiro monumento de uma pedagogia consciente e organizada, propõe uma racionalização, uma formalização completa dos estudos, detalhadamente regrados de maneira sistemática. Os programas, os métodos, os horários de ensino, os fins e os meios, definidos de uma vez por todas, serão os mesmos de uma ponta a outra no império dos jesuítas, sobre o qual o sol não se deita jamais. Professores intercambiáveis formarão em série alunos semelhantes uns aos outros, segundo os mesmos procedimentos e cerimônias; a unidade da língua latina simboliza e facilita a unidade da fé. O ensino torna-se uma máquina institucional, que pode ser regrada de uma vez por todas e para todos. Essa racionalização da pedagogia é, para a história da cultura, um acontecimento mais importante do que a publicação de um *Discurso do método*, escrito por um antigo aluno dos jesuítas. A Companhia de Jesus não teve, porém, exclusividade em matéria de metodologia pedagógica; no domínio católico, os oratorianos tentaram rivalizar com seus confrades; os solitários de Port-Royal desenvolveram, por seu turno, um "pietismo" educativo no estilo jansenista. E a Europa reformada conheceu grandes projetos de instituição pedagógica, marcados pelo mesmo espírito de racionalização.[50]

Ora, o Iluminismo traz a público sua crítica veemente a esse método de ensino, estipulando, para tanto, um novo retrato da

---

50 GUSDORF, 1969, t.1, p.257-8.

infância que, como tal, contrariava esses velhos hábitos da educação tradicional. Nessa valorização ilimitada da criança como etapa específica da condição humana, estava suposta a analogia com o prospecto de perfectibilidade do espírito e da razão. A infância pura é, no trajeto, corroída pelo ambiente. Como no Rousseau do *Contrato*: "o homem nasce livre; por toda a parte encontra-se a ferros". Como no Rousseau do *Emílio*: "tudo é certo em saindo da mão do autor das coisas; tudo degenera nas mãos do homem". Já percebeu Snyders essa estreita vinculação entre o sentimento de infância consolidado naquele período e a sensação do progresso intermitente e de confiança na natureza humana em suas múltiplas dimensões: "Pode-se dizer ainda mais: nesse cuidado pelo qual buscamos adivinhar o que se tornarão as crianças e a preparar seu futuro vibra a esperança, a convicção de que nossas crianças farão melhor que nós e realizarão aquilo que pudemos apenas entrever".[51]

Como ressalta André Petitat, "a possante renovação do pensamento pedagógico na segunda metade do século XVIII está impregnada pela ideia de Estado".[52] O tema da educação passa, então, a ser discutido sob a lógica de um controle estatal regulador e aglutinador das iniciativas no campo da instrução. Há aqui um deslocamento da antiga concepção de escola, embora não seja apropriado falar em ruptura. Trata-se da adequação do modelo escolar, que vinha sendo desenhado desde o Renascimento, para os interesses dos Estados nacionais em vias de fortalecimento. Desde o Iluminismo, pensar a educação tem sido refletir sobre um tema de Estado; e, talvez por isso, os próprios iluministas hesitassem... O conhecimento, a multiplicação das Luzes, exerciam, aos

---

51 SNYDERS, op. cit., 1965, p.339.
52 "A possante renovação do pensamento pedagógico na segunda metade do século XVIII está impregnada da ideia de Estado. A estatização supõe uma certa centralização e uma abordagem global dos problemas educativos. Bom número dos planos de reforma formulam proposições de instrução pública abarcando todos os graus do ensino. Esta abordagem globalizante se opõe às abordagens parciais do Antigo Regime que refletem a dispersão das instâncias educativas. As preocupações propriamente pedagógicas, culturais e religiosas do passado cedem lugar para intenções mais ambiciosas, reflexões de conjunto sobre o futuro da nação, nas suas dimensões política, social e econômica. Ao Estado educador é confiado um papel regenerador, civilizador e moralizador" (PETITAT, 1994, p.146).

olhos da intelectualidade da época, um papel fundamental no aperfeiçoamento das sociedades: essa é a utopia da Ilustração, expressa como veremos nos verbetes extraídos da *Enciclopédia*. Contraditoriamente surge o pensamento de que poderia ser perigoso o povo instruir-se já que, dessa maneira, ninguém mais desejaria exercer tarefas braçais.[53] O aprendizado da leitura, da escrita e do cálculo poderia desviar os indivíduos de sua conformação social, trazendo-lhes esperanças e desejos inusitados de mudança. Por isso, grande parte dos filósofos iluministas via com muita desconfiança a possibilidade de extensão irrestrita da instrução para as camadas populares. Para outros, como Diderot, havia que se prever estudos diversificados de acordo com a origem social do estudante, de maneira a permitir que "as luzes descessem por degraus":

> a instrução obrigatória constitui uma possibilidade única de fazer que todas as crianças, seja qual for a sua origem, vivam do mesmo modo e, nesse sentido, formem uma comunidade ainda que por alguns anos – com a condição de que as distinções de classe e de fortuna não se prolonguem mais oficialmente no interior do colégio, como era o caso do século XVII: nenhum aluno terá um quarto separado, um criado ou preceptor a serviço exclusivo de sua pessoa: que eles sejam todos confundidos, que eles aprendam a igualdade.[54]

---

53 Pudemos já constatar a crítica a essa visão do mundo expressa no verbete *Rendeiros*. Contudo, a esse respeito, os enciclopedistas não eram unânimes. Cabe observar, a propósito do tema, as observações contraditórias entre Voltaire e Diderot – ambas transcritas do trabalho de Snyders: "Penso ser conveniente que algumas crianças aprendam a ler, escrever e contar; mas que a maior parte, sobretudo os filhos dos trabalhadores braçais, saibam apenas cultivar, já que se necessita apenas de uma ou duas plumas para 200 ou 300 braços" (VOLTAIRE, apud SNYDERS, op. cit., p.404). Sobre o impasse, o parecer de Snyders: "Na verdade, o problema é complexo porque, de uma maneira mais ou menos clara, ele se liga a uma ideia de diversificação do ensino, às ideias de subordinação e hierarquia: formar os comerciantes, os profissionais liberais, os militares e os marinheiros mediante uma educação que seja adaptada às suas necessidades, mas também prever para eles uma educação mais simples, mais esquemática, mais rápida; por ela se reintroduz, sem dúvida, um temor de ver o povo tornar-se indócil se ele for mais instruído" (p.407-8).

54 DIDEROT, apud SNYDERS, op. cit., 1965, p.409. Segundo consta do texto de Snyders aqui utilizado, Diderot distribui as diferentes matérias em oito classes durante oito anos, de forma que os conhecimentos funcionalmente úteis fossem colocados no início. Essa proposta pedagógica pensa a utilização do ensino como

Como salienta Snyders, Diderot à época advertia os contemporâneos: tomando por interlocutores aqueles que temiam desordens, rebeliões ou mesmo catástrofes sociais quando o povo ingressasse nas escolas, Diderot alertava que, ao contrário, o perigo residiria justamente no fato de o povo ser explorado. Seria importante compreender, então, como se operava a relação causal entre miséria e ignorância popular. Essa tensão dos líderes da Ilustração quanto à extensão das Luzes refletiu-se também nos excertos da *Enciclopédia* a propósito de questões atinentes à pedagogia. Revelam, acima de tudo, a dimensão contraditória e conflitante entre os papéis de permanência e de transformação social, ambos creditados à instrução. O tema da aquisição ou não da cultura letrada por parte das camadas economicamente desfavorecidas da população sempre foi controverso. O movimento enciclopedista representa, sob esse enfoque, um momento privilegiado de um debate que, revestido talvez por argumentos mais sofisticados, chega até nós como absolutamente contemporâneo. Detivemo-nos, a esse respeito, fundamentalmente, nos seguintes verbetes: *Preceptor, Educação e Colégio.*[55]

Preceptor é definido no texto enciclopédico como o indivíduo que se encarrega de instruir e formar uma criança com a qual ele se instala no domínio da casa paterna. O autor recorda Montaigne, para quem o condutor de uma criança deveria possuir, antes, uma cabeça bem-feita a uma cabeça cheia. Escutando a fala do discípulo, não competiria ao preceptor falar todo o tempo. Se, por vezes, ele abre os caminhos, por outras, deve deixar o discípulo fazê-lo. Nos termos da *Enciclopédia*: "que ele não cobre da criança apenas os ter-

---

preparação para múltiplas profissões e não apenas para as letras. Porém, já que nem todos poderiam seguir a escolarização até ao fim, prevê-se um ensino curto, como etapa de transição. Essa instrução diversificada e aberta a todos deveria, para tanto, ser obrigatória e gratuita, incluindo até um salário a ser pago pela escola para as crianças mais pobres.

55 Dos três, o que à época causou maior polêmica foi o verbete *Colégio* de D'Alembert, ferozmente combatido pela confraria jesuítica que, em 1754, passou a detratar publicamente e mediante panfletos anônimos o conteúdo desse texto contido no tomo III da *Enciclopédia*. O verbete *Educação* foi redigido por Dumarsais; os tópicos denominados *Preceptor* e *Talento* são da autoria do "Chevalier De Jaucourt".

mos da lição, mas seu sentido e substância; que ele julgue o proveito que trará, não mediante o testemunho da memória, mas da vida".[56]

O verbete *Educação* principia definindo seu objeto: "o cuidado de alimentar, de formar e instruir as crianças; assim a educação tem por objeto: a saúde e a boa conformação do corpo, aquilo que concerne à retidão e à instrução do espírito e os costumes, ou seja, a conduta na vida e as qualidades sociais".[57]

Nessa preocupação com os códigos de civilidade e de virtude para os quais a educação deveria ser dirigida, havia uma tríplice finalidade em relação à matéria: o bem-estar individual, da família e do Estado. Não há quem já nasça instruído ou formado: esse seria o argumento que sinalizava para a necessidade de universalização do processo pedagógico. Ora, se os talentos foram repartidos pela espécie humana, todas as crianças deveriam ser contempladas com a possibilidade de desenvolvê-los, por meio da educação:

> Que felicidade para um Estado onde os magistrados tenham aprendido a tempo os seus deveres...; onde cada cidadão sabe que, vindo ao mundo, ele recebeu um talento que deve prevalecer; que ele é membro de corpo político; e que nesta qualidade, ele deve concorrer para o bem comum, buscar tudo o que pode proporcionar vantagens reais à sociedade e evitar o que pode desconcertar a harmonia e perturbar a ordem e a tranquilidade. É evidente que não existe nenhum tipo de cidadão no Estado para o qual não possa haver um tipo de educação que lhe seja própria; educação para os filhos de soberanos, educação para os filhos dos grandes, para os dos magistrados; educação para as crianças do campo ou, assim como existem escolas para aprender as verdades da religião, deverá haver também aquelas onde serão ensinados os exercícios, as práticas, os deveres e as virtudes do Estado, a fim de que se possa nele agir com maior conhecimento.[58]

A proposição de uma educação oficial fortalecida vem acompanhada pelo pressuposto do engrandecimento da nação. O desenvolvimento das Luzes viria assim acoplado a uma pátria bem constituída e bem governada, protegida de quaisquer ameaças externas. Nessa direção, apresenta-se a educação como o maior dos

---

56 ENCYCLOPEDIE, s.d., v.3, p.73.
57 Ibidem, v.1, p.1096.
58 Ibidem.

bens que os pais podem legar a seus filhos, já que, ao contrário dos demais, ela não se dissipará.

A partir desse preâmbulo de considerações políticas, o verbete introduz propriamente o problema do método de ensino, à luz da recorrente analogia entre a cultura de plantas e a educação de crianças. Mediante princípios herdados do naturalismo pedagógico – estilo consagrado pela Renascença –, a natureza é apresentada como o guia condutor do processo educativo. Ao mestre, com discernimento e experiência, caberia observar seus alunos, para então investigar seus gostos e inclinações, com vistas a canalizá-los para o interesse social. O conhecimento veiculado age, supostamente, como forma de prevenção dos males, sejam estes físicos ou sociais. Além disso, é objeto da educação aclarar o espírito, instruí--lo e postular suas normas e regras. Nesse aspecto, o verbete valoriza a docilidade como um bem a ser perseguido, apresentando-a como virtude social alcançada mediante o substrato de alegria oferecido pela natureza a ser conduzido pelo mestre. Este, por sua vez, deve ter talento para cultivar o espírito e torná-lo dócil, sem, no entanto, o discípulo perceber isso. A escolha do mestre deve ser, pois, criteriosamente efetuada. O tratamento dado a esse tema apresenta-se na esteira dos moralistas dos séculos XVI e XVII: "deve-se preferir ao sábio, que possui espírito duro, aquele que tem menor erudição, porém é flexível e prudente: a erudição é um bem que se pode adquirir; ao passo que a razão, o espírito persuasivo e o feitio doce são um presente da natureza. Para instruir bem, há que se ter retidão".[59]

Os primeiros anos da existência exigiriam, em relação ao espírito, um grande desenvolvimento, já que seriam muito marcantes e duradouras as impressões recebidas nesse período inicial. Quando, por olhares e gestos, a criança adquire capacidade de compreensão, principia sua relação com o conhecimento e as primeiras ideias recebidas dificilmente poderão ser pela razão adulta erradicadas. Assim, as crianças deveriam ser mantidas afastadas das práticas supersticiosas expressas em histórias de fábula, contos de fadas, horóscopos e feitiçarias, cujo objeto primeiro

---

59 Ibidem.

parecia ser, aos olhos da Ilustração, o de fazer medo às crianças. Gravadas em seu cérebro, essas práticas poderiam comprometer o desenvolvimento da racionalidade infantil. Dever-se-ia repreender, ainda, todos os que se deleitassem com a atividade de confundir as crianças, induzindo-as ao erro. Nos termos do redator: "Eu gostaria que, ao invés de se aprisionar assim o espírito da juventude por meios de sedução e da mentira, nada se dissesse a ela além da verdade".[60]

A verdade, eternizada no espírito que se aperfeiçoa, parece ser tomada aqui como objeto natural. O texto prossegue expressando indignação pelo fato de, ao saírem da escola, no contato com a realidade exterior, os jovens sentirem-se transportados para um mundo novo. Para que as crianças não tenham de adquirir por si sós toda a experiência de vida, sugere-se a leitura de histórias capazes de fornecer exemplos que pudessem servir como lições úteis.

> Sabe-se bem que as crianças não possuem condições de estabelecer argumentos combinados ou asserções que sejam resultados de profundas meditações; assim, seria ridículo entretê-las com aquilo que os filósofos dizem sobre a origem de nossos conhecimentos, sobre a dependência, a ligação, a subordinação e a ordem das ideias, sobre as falsas suposições ... enfim, sobre todos os tipos de sofismas: mas eu gostaria que as pessoas que são colocadas ao pé das crianças fossem suficientemente instruídas sobre todos esses pontos.[61]

Desta perspectiva, competiria ao mestre mostrar ao discípulo a fragilidade de suas convicções, abalando as certezas, para fazê-lo perceber sua própria ignorância: *"dites, je ne sais pas"*. As pessoas destinadas ao magistério deveriam ter por dever precípuo o ensejo da estimulação da lógica das crianças mediante o recurso ao diálogo. O espírito desembaraçado, nessa acepção, seria justamente aquele capaz de bem escutar e bem responder, entender aquilo que lhe é dito e argumentar no sentido daquilo que lhe foi solicitado. Para tanto, o texto reafirma que os conhecimentos gerais são apenas resultados de conhecimentos particulares. Na

---

60 Ibidem.
61 Ibidem.

trilha desbravada por Comenius, o texto é o relato da confiança na ciência da educação. "O grande segredo da didática, ou seja, da arte de ensinar, é desvendar a subordinação dos conhecimentos. Antes de falar em dezenas, saibam se o vosso aluno tem a ideia do um; antes de falar de exército, mostre-lhe um soldado..."[62]

Referendado pelo discurso preliminar de D'Alembert retoma--se a tese segundo a qual as ideias abstratas derivariam dessas ideias simples. Ao vir ao mundo o sujeito vive; no entanto, não tem capacidade de refletir sobre si próprio como um ser vivo. É necessário o contato com muitos seres individuais para que se possa ter a ideia abstrata da existência.[63] Da mesma forma que as capacidades de andar e falar, mesmo sendo inatas ao homem, não vigoram desde o seu nascimento, os órgãos do cérebro configurar-se-iam melhor quando alguns conhecimentos básicos tivessem já se estabelecido. O texto remarca ainda que o próprio conhecimento da existência de Deus decorre do conhecimento de objetos sensíveis: não se conhece o criador senão por suas criaturas. Da mesma forma, a criança, desconhecendo o sentido da própria individualidade, não teria a ideia do "*moi*". "O sentimento consciente do eu decorre da memória que lhe recorda os diferentes tipos de sensações pelas quais ela [a criança] foi afetada. Mas, ao mesmo tempo, ela se depara com a memória e a consciência de ter sido sempre um mesmo sujeito, afetado em diferentes épocas e de maneira distinta: *voilà le moi*."[64]

De acordo com o texto, haveria um período em que os órgãos sensoriais e o próprio cérebro atingem um estágio necessário para

---

62 Ibidem.

63 Nos termos do texto: "Nós nascemos com a faculdade de conceber e refletir; mas nós não podemos dizer racionalmente que nós tínhamos então este ou aquele conhecimento particular, nem que nós fazíamos esta ou aquela reflexão individual; e muito menos que nós tivéssemos qualquer conhecimento geral. Pois é evidente que os conhecimentos gerais derivam exclusivamente dos conhecimentos particulares: eu não poderia dizer que um triângulo tem três lados se eu não soubesse o que é um triângulo. Quando, um dia, pela consideração de um ou de vários triângulos individuais, eu tiver adquirido a ideia exemplar do triângulo, eu poderei julgar que tudo o que for conforme a essa ideia é triângulo e o que não lhe corresponde não o é" (Ibidem).

64 Ibidem, v.1, p.1097.

permitir à alma exercer funções mais abstratas à luz de experiências gerais dos homens em suas esferas de vida: é a idade da razão. Atingir esse estádio supõe, em parte, o contributo das faculdades orgânicas dos corpos. Ao refletir sobre as sensações, o homem percebe que existem sentimentos agradáveis e outros dolorosos. Esses sentimentos não decorrem de fatores externos, mas são fruto das impressões que os objetos provocam sobre os sentidos, segundo uma dada ordem imutável de toda a natureza. A partir de tais impressões, o indivíduo julga os objetos e suas propriedades: "essas primeiras impressões nos conduzem a diferentes reflexões que supõem sempre essas impressões iniciais, e que se constituem independentemente da disposição habitual ou atual do cérebro e segundo as leis de união entre corpo e alma".[65]

Como conclusão, o verbete sinaliza com algumas orientações quanto ao procedimento cognitivo pelo qual se opera a aquisição da linguagem. Nessa direção, o texto recorda que substantivos abstratos tais como conhecimento, ideia, pensamento, vida, morte, nada, saúde, representam apenas códigos que o homem inventou por derivação de modelos de palavras que designam – como signos – objetos reais: sol, lua, terra, estrelas etc. O recurso à abstração é considerado cômodo no sentido de permitir a compreensão mais abrangente do pensamento humano, na comunicação dos homens entre si.

Imbuída pela crença na possibilidade de tornar a educação uma ciência social, à semelhança da física, a *Enciclopédia* veicula neste verbete um padrão metodológico de "condução da criança" considerado irrepreensível: a escola militar. Valorizando hábitos de conduta, de higiene, de moral e de disciplina intelectual, as escolas militares seriam as mais condizentes com o aprimoramento do espírito, com vista ao acolhimento das ditas Luzes da Razão.

Já o verbete *Colégio*, escrito por D'Alembert, acentuaria o conteúdo de crítica social e pedagógica ao tratar da matéria. Nesse aspecto, a definição dada proporciona ao leitor do futuro visualizar a instituição:

---

65 Ibidem.

grande edifício construído para ensinar a religião, as humanidades e as belas-artes; composto de inúmeras capelas, classes e alojamentos, tanto para professores, quanto para funcionários e bolsistas [alunos]. Tais edifícios devem ser elevados com solidez e simplicidade, situados em local arejado, abrigar poucos alunos e ser munidos de grandes alamedas e jardins espaçosos. Aquele dos padres jesuítas em Roma, chamado "Colégio Romano", é um dos mais consideráveis pela beleza da sua arquitetura.[66]

Posteriormente o texto acrescentará outras considerações, chegando a concluir que, a despeito de serem por vezes compostas por religiosos e leigos, não havia nenhuma instituição de formação de juventude que pudesse ser considerada laica. Daí deriva, talvez, o principal mote da impiedosa retaliação à qual se sujeitava a estrutura clerical dos colégios no século XVIII.

O tema é aprofundado a partir do recurso à memória, indagando-se o autor como a organização dos colégios teria ocorrido em sociedades importantes no percurso histórico da civilização ocidental. Teriam sido os gregos, por exemplo, que, com Platão, batizaram a nomenclatura que a modernidade utiliza ao se referir à universidade: "academia". O autor, aliás, compara o significado desse termo às sociedades literárias que formavam verdadeiros círculos intelectuais na Europa daquele período. Parece haver, nessa digressão diacrônica, a tentativa de remeter o problema pedagógico a um substrato comum que resiste ao tempo e às próprias clivagens culturais. O texto é claro ao demonstrar que seu intuito não é apenas compreender os diferentes colégios de Paris, mas oferecer ao tema um alcance mais amplo: "é de um objeto mais importante que nós gostaríamos de nos ocupar; aquele da educação que se oferece à juventude".[67] Já dizia Durkheim que a educação francesa foi muito marcada em sua trajetória por uma certa pretensão de universalismo, que costuma apresentar a história da França como se se tratasse da própria história da humanidade. Se-

---

66 Ibidem, v.1, p.641. Da reunião de vários colégios teria origem a Universidade. Após sumária descrição das universidades de Oxford e de Cambridge, o texto remete à estrutura da Universidade de Paris, constituída por onze colégios de pleno exercício e outros quarenta destinados a um determinado número de bolsistas, suficientemente vastos para conter ainda outros estudantes de fora.

67 Ibidem.

60   CARLOTA BOTO

gundo Durkheim, vem da Renascença essa característica, que teria comprometido não apenas a vida literária na França, mas o próprio temperamento intelectual e moral dessa civilização. Nos termos do referido autor:

> daí é que vem manifestamente o nosso cosmopolitismo constitucional. Quando uma sociedade é educada para representar o homem despojado de todas as contingências nacionais e históricas, no que tem de mais geral e mais abstrato, só pode apegar-se a um ideal que lhe pareça ser válido para o gênero humano em sua totalidade. Deste ponto de vista, o francês não pode, sem contradizer sua mentalidade, levantar os problemas morais ou políticos em termos estritamente nacionais. Legislando, acredita ele estar legislando para a Humanidade, pois a Humanidade é a única realidade verdadeira, e as formas superficiais nas quais ela se envolve e que a particularizam nos diversos momentos da História, não merecem atrair a atenção, nem do filósofo ou do homem de Estado, nem do poeta. Eis porque, quando os Constituintes decidiram elaborar a lista das liberdades que lhes pareciam necessárias, não era para eles, franceses do século XVIII, que as reivindicavam, mas sim para o homem de todos os países e de todos os tempos.[68]

Nos capítulos seguintes, veremos como essa observação de Durkheim pode ser apropriada para a compreensão do debate pedagógico da Revolução Francesa. Mas, já no que diz respeito à *Enciclopédia*, nota-se a recorrência de apresentar o tema da educação, tendo em vista justamente essa formação de um homem que,

---

68 DURKHEIM, op. cit., 1995, p.256. Na interpretação de Durkheim, haveria um vínculo entre a tradição greco-romana abraçada pela Renascença e esse cosmopolitismo cultural, que tanto teria marcado a tradição francesa. Entretanto, os jesuítas teriam desempenhado aí papel importante. De acordo com Durkheim, "o aluno dos jesuítas, por falar só nele, era inserido no contexto dos homens da Antiguidade; só que era treinado para não perceber neles o que tinham de grego e romano; eram-lhes mostrados somente pelos lados nos quais eram simplesmente homens, apenas diferentes (exceto no que tange à fé) dos que ele via ao seu redor. Eram os mesmos sentimentos gerais que pareciam animar uns e outros e as mesmas ideias que pareciam dirigi-los. Ou seja, se essa longínqua humanidade diferia tão pouco da que ele tinha sob os olhos, como poderia ter tido a ideia de que a humanidade varia no tempo, que ela é diversa, de uma diversidade real e profunda, que, de acordo com os lugares e os séculos, ela tem maneiras diferentes de julgar, raciocinar, sentir e agir, outra moral e outra lógica?" (p.255).

por definição, pretende ser universal. A importância da educação perante o imaginário social é percebida como projeto histórico que vinha, no intercalar das gerações, ganhando especificidade, tendo em vista extrapolar quaisquer barreiras temporais ou geográficas. Recorrer à história seria, sob tal enfoque, também falar de grandezas. O próprio Carlos Magno, recordado em suas capitulares pelo verbete de D'Alembert, ordenara aos monges instruir os jovens, ensinando-lhes música, gramática e aritmética. A crítica à vida monástica vem logo em seguida: "tal ocupação desviava os monges de sua contemplação, tomando-lhes muito tempo. Isso levou à insatisfação, trazendo desprezo para com a honrosa, mas penosa tarefa de instruir a juventude e eles a negligenciaram. Por isso, o desenvolvimento dos colégios que já haviam então sido fundados foi confiado a pessoas exclusivamente ocupadas deste ofício".[69]

Para examinar a polêmica sobre a defesa ou não da instrução pública, o redator D'Alembert recorre ainda às *Instituições Oratórias* de Quintiliano, na qual haveria uma defesa integral da escola pública. O autor é consciente de que muitos autores modernos partilhariam daquela opinião, talvez até pelo tributo com que se costuma reverenciar o passado. Porém – segue o texto – "trata-se aqui de razão e não de autoridade e, sendo assim, vale a pena examinar a questão nela mesma", comparando, na atualidade, a educação dos colégios com a educação doméstica.[70] Tal procedimento seria justificado pelo pouco conhecimento que se tinha, à época, a propósito da educação na Antiguidade.

Ao prevenir os contemporâneos sobre as denúncias que pretende lançar à organização do ensino, tal como esta se dava, o autor ressalva: não é aos homens que se declara guerra, mas sim "aos abusos que chocam e que afligem, não apenas a mim, mas a todos que contribuem para mantê-los por acreditarem se opor à torrente. A matéria sobre a qual falarei interessa ao governo e à religião e merece, pois, que se tenha liberdade para tratar dela, sem que isso

---

69 ENCYCLOPEDIE, s.d., v.I, p.641.

70 Ibidem. Por educação pública, o texto parece referir-se à instrução na escola. Não há, aqui, a acepção do público como esfera do Estado. Na sequência, a lógica interna do texto parece confirmar essa hipótese.

62   CARLOTA BOTO

possa ofender alguém. Depois desta precaução, entrarei já no assunto".[71]

Aquilo que o texto denomina educação pública (mas que parece tratar-se exatamente do modelo de escola jesuítica) pode ser sistematizado mediante cinco troncos fundamentais: as humanidades, a retórica, a filosofia, os costumes e a religião.

Por humanidades compreender-se-ia o tempo que os colégios dedicavam ao estudo do latim (seis anos), ao conhecimento superficial da língua grega, à explicação de autores da Antiguidade, além do aprendizado sistemático da composição em latim. Quando já se estudou o latim à exaustão, passar-se-ia à retórica, momento em que, segundo o autor, deveria começar a produção própria do estudante (porque, até então, o que se fazia era traduzir do latim para o francês e vice-versa). Nos termos do verbete:

> Em retórica, aprende-se a desdobrar o pensamento, a circunscrever e a alongar os períodos e, pouco a pouco, o discurso adquire forma (quase sempre em língua latina). São amplificações do tema folhadas por verbalismo, por algo que poderia ser dito em duas palavras ... Depois de passar sete ou oito anos aprendendo as palavras, ou a falar sem dizer nada, começa-se, enfim, ou julga-se começar o estudo das coisas; porque essa é a verdadeira definição de filosofia.[72]

Critica-se impiedosamente o ensino de filosofia, tal como este ocorria nos colégios. Repudia-se a priorização posta nos currículos quanto ao aprendizado das regras da lógica, em detrimento dos outros ramos filosóficos. Haveria, ainda, de acordo com o texto, uma banalização da ética e uma redução da metafísica a discussões fúteis. A partir daí, o verbete tece violentas acusações aos ensinamentos religiosos, considerados parcialmente responsáveis pela redução do currículo a miudezas de pouco significado.

> Dando excessivo valor à religião, perde-se excessivo tempo de estudo no catecismo como se o trabalho e o cumprimento dos deveres para com o seu Estado não constituíssem a prece mais agradável para Deus. Assim, os discípulos que, quer por temperamento, quer por preguiça, quer por docilidade, se conformam sobre esse ponto com as ideias do seu mestre

---

71 Ibidem, p.641.
72 Ibidem.

saem do colégio com um grau a mais de ignorância e imbecilidade. Resulta deste detalhe que um jovem, após passar dez anos num colégio, sendo estes os mais preciosos da sua vida, sai e, ao invés de ter empregado melhor o seu tempo, aprendeu de forma imperfeita uma língua morta, preceitos de retórica e filosofia, que ele deve logo tratar de esquecer.[73]

Além disso, acrescenta o texto, esse estudante deixa a escola com costumes corrompidos e uma devoção malconduzida; com um conhecimento de religião tão superficial que sucumbe à primeira conversa impiedosa ou à primeira leitura perigosa. Tudo isto ocorre – ressalva o autor – a despeito da convicção e do desejo de muitos docentes quanto à possibilidade de o ensino nos colégios tomar outro rumo, ou vir a ser, enfim, modificado.[74] Nos termos do verbete:

> Parece-me não ser impossível que se dê uma outra forma à educação dos colégios: para quê se passar dez anos a aprender, bem ou mal, uma língua morta? Eu não desaprovaria, de forma alguma, o estudo de uma língua pela qual Horácios e Tácitos escreveram; esse estudo é absolutamente necessário para que se conheçam suas obras admiráveis: mas eu creio que deveremos limitar-nos a entendê-los, já que o tempo que se emprega para fazer composições em latim é um tempo perdido. Seria melhor dedicar esse tempo ao aprendizado de princípios da própria língua, que são sempre ignorados quando se sai do colégio; e que se desconhece ao ponto de inclusive falá-la muito mal.[75]

Para o autor, em consonância com bandeiras educacionais do Iluminismo, o grande desafio pedagógico na atmosfera do seu tempo seria justamente o de levar a juventude a falar e a escrever bem a própria língua, empreendimento muito mais difícil que o mero aprendizado da referida língua morta. Os poetas e grandes escritores são sempre em pequeno número, mas não haveria – pergunta ele – nenhum literato francês que pudesse também ser lido nos colégios? A ideia de renovação incessante das letras não

---

73 Ibidem.

74 "Eu sei que os mestres mais sensatos reprovam esses abusos e, talvez, mais radicalmente do que nós fizemos aqui; quase todos desejam que se dê à educação dos colégios uma outra forma: o que nós fizemos foi apenas expor aquilo que eles pensam, apesar de não ousarem escrever" (Ibidem, v.1, p.641).

75 Ibidem.

64 CARLOTA BOTO

estaria apenas posta em território nacional. O verbete atenta para a necessidade do estudo de línguas estrangeiras – o inglês, o italiano, o alemão, o espanhol – por meio das quais, com certeza, poderiam ser encontrados inúmeros autores relevantes para compor e enriquecer o currículo escolar.

Em relação ao estudo da história, apesar do pouco caso com que a disciplina era encarada à época, o texto salienta o fato de ser a infância o tempo mais apropriado para esse tipo de aprendizado. D'Alembert, quanto a isso, é enfático: "A História, assaz inútil ao homem comum, é bastante útil para as crianças pelos exemplos que lhes apresenta e pelas lições vivas de virtude que lhes pode trazer, em uma idade em que não existem ainda princípios fixos, nem bons nem maus. Não é aos trinta anos que esse estudo deve principiar, a não ser por mera curiosidade, porque aos trinta o espírito e o coração são o que serão durante toda a vida".[76]

História, pois, por lições vivas de virtude, na formação de espíritos e corações. Nesse percurso, o estudo caminha retrospectivamente, começando pelo tempo atual e remontando depois aos séculos passados; isso porque o gosto e a intriga pelo hoje remeteriam naturalmente à curiosidade do ontem.

Adverte-se, contudo, sobre a necessidade de espírito crítico quando da leitura dos clássicos. Os textos gregos ou romanos deveriam ser admirados desde que com a coragem do estabelecimento da comparação com os autores modernos, ainda que isto ocorresse simplesmente à guisa de analogia, no sentido de se checar o que há de melhor nestes ou naqueles. Para essa tarefa, dever-se-ia recorrer à retórica, já que é necessário aprender a pensar antes de escrever.

> Quanto à filosofia, a lógica deveria ser reduzida a poucas linhas; a metafísica, a um compêndio de Locke; a moral puramente filosófica, às obras de Sêneca; a moral cristã, ao Sermão da Montanha; a física, às experiências e à geometria, que é, de todas as lógicas e físicas, a melhor. Nós gostaríamos, ainda, que acompanhassem esses diferentes estudos aqueles das belas-artes e, sobretudo, da música, estudo tão próprio para formar o gosto e para adoçar os costumes.[77]

---

76 Ibidem, p.642.
77 Ibidem.

A ESCOLA DO HOMEM NOVO   65

Todo esse plano de estudos supõe a multiplicação dos mestres e uma ampliação do tempo dedicado à educação da juventude. O pressuposto desse entusiasmo pelo ofício pedagógico reside justamente na crença quanto à perfectibilidade humana, derivada do progresso das Luzes, que se supunha poder irradiar nessa inflexão dos tempos. As crianças teriam, no parecer dos enciclopedistas, maior capacidade e inteligência do que, em geral, se imagina. O aprimoramento da instrução seria, assim, antes de mais nada, o tributo ao talento.[78] Não era, pois, recomendado o ensino de todos os objetos simultaneamente para as crianças: eles podem ser apreendidos sucessivamente. Do gosto por cada um derivariam as vocações.

À procura do elo aglutinador que possibilitasse a síntese na conclusão, o verbete remete ao governo a iniciativa para a resolução dos obstáculos e vicissitudes presenciadas pelo cotidiano dos colégios à época. Mesmo assim, e, talvez, paradoxalmente, reafirma sua crença na educação doméstica como antídoto mais adequado às desventuras do ensino coletivo. Nos termos do texto, competiria ao governo alterar a rotina, propondo um excelente plano de estudos: "Porém, à espera dessa reforma que os nossos netos talvez venham a presenciar, eu não hesito quanto à crença de que a educação dos colégios, tal como ela se encontra, sujeita-se a maiores inconvenientes do que a educação privada, em que é muito mais fácil a busca daqueles diversos conhecimentos, dos quais eu lhes trouxe pormenores".[79]

Nessa direção, argumenta-se com o propósito de desfazer um equívoco. Para aqueles que repousam sua defesa dos colégios na convicção de que estes propiciariam ao jovem a sociabilidade e a emulação, o texto apresenta uma sugestão alternativa: agrupem-se algumas crianças de mesma idade e mesmo nível de aprendizado e proceda-se, com elas, ao ensino doméstico em pequenas equipes.[80] Além da diferenciação que os mestres costumam fazer quan-

---

78 "Se, por exemplo, a geometria for ensinada na época certa, eu não duvido que os prodígios e os talentos precoces nessa matéria venham a ser muito mais frequentes..." (Ibidem, v.I, p.642).

79 Ibidem, p.642.

80 "Aliás, que testemunhem os mestres, a emulação nos colégios é bastante rara; e a propósito da sociabilidade, ela não ocorre sem grandes inconvenientes: eu já toquei

66 CARLOTA BOTO

to ao tratamento de crianças provenientes de camadas sociais distintas, haveria, ainda, outro inconveniente posto pelo coletivo no cotidiano escolar: existe um ritmo padronizado na transmissão do conhecimento, que resulta numa perda de tempo considerável para os espíritos mais talentosos que devem submeter-se ao ritmo da maioria mediana e adequar-se à marcha lenta das mentes menos dotadas. A lógica da argumentação conclui-se, justamente, pela negação das Luzes:

> Eu não posso me impedir de demonstrar, nessa ocasião, os *inconvenientes* da instrução gratuita e estou certo de contar aqui com o apoio dos professores mais esclarecidos e mais renomados: mesmo que esse estabelecimento tivesse feito algum bem aos discípulos, ele teria propiciado males muito maiores aos mestres. De resto, se a educação da juventude é negligenciada, culpemo-nos também a nós mesmos, e a pouca atenção que dispensamos àqueles que se encarregam dela é fruto desse espírito de futilidade que reina em nossa nação e que absorve, por assim dizer, todo o resto. Na França, não são valorizados os que cumprem os deveres de seu Estado; prefere-se a frivolidade. Aí está o que o amor pelo bem público me inspirou a dizer aqui sobre a educação, seja pública, seja privada: daí se segue que a educação pública não deve tornar-se um recurso, a não ser para as crianças cujos pais não estejam em condições de arcar com as despesas de uma educação doméstica. Eu não consigo pensar sem lamentos o tempo que perdi em minha infância: é ao hábito estabelecido e não a meus mestres que eu imputo essa perda irreparável; e eu gostaria que a minha experiência pudesse ser útil à minha pátria.[81]

Ruptura e permanência, o veio pedagógico expresso pelos verbetes da *Enciclopédia* parece repor e reconstruir os impasses de uma geração. Da confiança no percurso histórico como elo motriz do aperfeiçoamento da condição humana e, portanto, dessa crença em uma certa evolução da história, depreende-se a proeminência com que passam a ser tratados os fenômenos pedagógicos. A

---

no problema relativo aos costumes; mas gostaria aqui de referir-me sobre um outro, bastante comum, especialmente em locais onde são instruídos os jovens da nobreza; falamo-lhes, a cada instante, de seu nascimento e de sua grandeza e, através disso, inspiramo-lhes, sem o querer, sentimentos de orgulho em relação aos outros. Exortamos aqueles que se dedicam à instrução da juventude a examinar cautelosamente um ponto de tão grande importância" (Ibidem).

81 Ibidem.

representação com que se revela o cotidiano escolar da época simboliza convenções partilhadas pelos contemporâneos quanto às práticas agenciadas pelo ensino religioso de então. No entanto, pelos cruzamentos com que o texto enuncia o objeto, parece haver uma autonomização da esfera educativa perante outros territórios que definem a sociabilidade. Nessa direção, os autores manifestam crer na possibilidade da transformação individual mediante alterações quanto às estratégias e ao próprio conteúdo do ensino ministrado. Mas, supõe-se existir, na configuração com que o problema é exposto, uma certa independência do lugar social da educação, como se, na ausência da sociedade que se almeja, pudesse haver um recanto de esperança de formação para espíritos talentosos e virtuosos, ainda que em escala reduzida, na esfera privada e doméstica. De uma certa forma, nega-se ao fenômeno pedagógico o caráter público que poderia ampliar a ressonância do homem que se quer formar. Isso talvez tenha ocorrido pelo fato de o movimento da Ilustração vir em oposição ao Estado absolutista constituído. Novas formas de exercício de poder seriam ali assinaladas. Porém, em matéria educacional ainda há resistência quanto à proposição de o poder público assumir para si a tarefa de instruir as novas gerações; isto talvez pelo fato de a crença na perfectibilidade humana não vir acompanhada por nenhuma credibilidade no Antigo Regime. Reformular a acepção do caráter público da escola e alteá-lo como projeto de construção de cidadania é tarefa que historicamente parece ser concomitante à Revolução. Esta, na França, ecoa como gesto de inauguração de uma nova era, pretendendo, na dinâmica do seu pulso, zerar o passado e fundar o novo: seja o novo em termos de Estado e de construção da política, seja o novo em termos de ética, seja o novo em termos de formação humana. Rastrear o trajeto do ensino público e democrático, tal como a modernidade o concebeu, supõe, assim, um acerto de contas e um tributo para com os projetos pedagógicos que tiveram lugar nas diferentes etapas da Revolução na França do século XVIII.

DA *ENCICLOPÉDIA* À REVOLUÇÃO

Pensar a *Enciclopédia* em sua dimensão simbólica exige que se recorra não apenas à configuração de seu texto mas ao cenário

68   CARLOTA BOTO

complexo de significações que pode ser dele extraído mediante os múltiplos critérios de apropriação que permitem ao leitor reconstruir o documento. O movimento enciclopedista francês tende a ser tomado, fundamentalmente por seu efeito irradiador, como suporte teórico da Revolução Francesa. Por pretender a ruptura com tudo que pudesse ecoar como ressonância do Antigo Regime, os líderes da Revolução teriam se apropriado de muitas das noções já contempladas pelos filósofos da Ilustração. A ideia de igualdade e de liberdade, os emblemas de vontade geral e de soberania, construíram-se, àquela altura, à luz do vértice de interpretação que fora já ensaiado e divulgado pelo movimento enciclopedista. Desta forma, pode-se afirmar que a Revolução dialoga com o universo mental do seu tempo, engendrando práticas e representações que transitam por um percurso já sinalizado pelo período anterior. Se o Iluminismo configura um novo cenário intelectual em formação, cabe atentar para os ecos dessas ideias naquilo que será o território da Revolução. Em torno da educação, há que se perceber as aproximações, bem como as distâncias que demarcam a perspectiva dos enciclopedistas e os projetos revolucionários. Supomos que, especificamente no discurso pedagógico, a Revolução Francesa não apenas levou à radicalidade, mas, mais do que isso, rejeitou a herança da Ilustração. Pudemos identificar, pelos verbetes da *Enciclopédia* concernentes ao temário pedagógico, a percepção dos teóricos da educação daquele período e a reticência que lhes acompanhava diante da possibilidade de estender a mesma oportunidade de instrução a todas as camadas da população e de delegar ao Estado a responsabilidade por essa expansão das escolas. O pressuposto norteador da Ilustração residia justamente na ideia da igualdade do gênero humano quanto ao desenvolvimento das capacidades intelectuais, ou dos talentos. Pelo enunciado da *Enciclopédia*, como vimos, talento corresponde aos dons partilhados entre os homens, seja pelo efeito da natureza, seja pela decorrência do aprendizado.[82] Isto não condiz, entretanto, com o parecer exposto pelos verbetes sobre educação, que não chegam a pro-

---

82 Ibidem, v.3, p.702.

jetar qualquer tipo de modalidade institucional para o ensino, limitando-se a criticar o dogmatismo existente na organização curricular das escolas religiosas. Concluímos, por essa razão, que foi a ruptura revolucionária, atrelada a todo o imaginário que lhe acompanhou, que deu substância ao debate acerca da institucionalização de um ensino público e universal, sob encargo de poderes estatais. Houve, por assim dizer, a precedência da transformação política sobre o prospecto da mudança radical no cenário pedagógico. O estudo a que nos propusemos pretende refletir sobre esse contraponto. Surge, com a Revolução, a utopia da regeneração dos tempos pela eliminação dos vestígios arcaicos do Antigo Regime e pela representação do homem novo a ser preparado pela escola: escola esta universal, laica, gratuita, obrigatória e para ambos os sexos. A escola, enquanto instituição agenciada pelo Estado, passa a ser tomada como veículo propulsor da regeneração. A pedagogia torna-se, então, conectada à esfera pública e ao próprio civismo: educação pela tessitura de almas revolucionárias que engendrariam a nova forma de ser nação. Talvez tenha sido a própria percepção que os atores tinham do cenário da Revolução o fator primordial para essa pretensão de ruptura, mesmo em relação à perspectiva iluminista. Talvez tenha sido o fato de a torrente do coletivo em transformação ter atropelado a caminhada do espírito humano: não se poderia mais, a partir dali, conceber a pedagogia pela ilusão do individualismo; mais do que nunca, a tarefa educativa tornara-se imperativo de militância cívica. Seja como for, teremos, desde logo, um olhar inusitado sobre o ofício da instrução.

2 INDAGAÇÕES PEDAGÓGICAS DA REVOLUÇÃO FRANCESA

DIREITO E FELICIDADE COMO ÁLIBIS DA REVOLUÇÃO

A princípio, foi uma declaração de direitos: aquela que, em tese, anuncia o que pretende ser. Enunciando que o homem nasce livre e igual em direitos, o texto emite a codificação de uma promessa. Pelo lastro do imaginário, aos contemporâneos, surge como uma profecia. Por conter, assim, uma imensa carga simbólica, a *Declaração dos direitos do homem e do cidadão*, datada de 26 de agosto de 1789, erige-se, em seu tempo, como uma comunhão de um novo começo, a celebração de um contrato social legítimo que, referendando a tomada da Bastilha, acena para o movimento de ruptura. Ao conhecer seus direitos, o povo veria sentido em amá-los e defendê-los. Parece haver um propósito de pedagogia política nesse gesto de declarar aquilo que se pretender dar a ver. Na obsessão pelo novo, mediante acerto de contas com a tradição e seu fardo de herança antiga, o fio das memórias revolucionárias da França de 1789 desenlaça o potencial político de uma modernidade represada.

Para quem quis fundar a liberdade, parecia existir cumplicidade quanto às ilusões de uma nova origem dos tempos, sob a clivagem da soberania popular. As novas insígnias de representação do poder solicitavam que fossem apagados os rastros, as pegadas de um passado que se queria destruir. O povo francês, como expressão da nova legitimidade instituída, poderia estrear o novo contrato sob o emblema da vontade geral. Aos legisladores caberia dar voz à identidade coletiva do povo. Na perspectiva de Furet, supondo encarnar a vontade geral, que, por sua vez, representava a "imagem mítica de um poder sem limites",[1] os atores daquela história supunham que o desenrolar do enredo dependia de suas escolhas teóricas e de sua disponibilidade revolucionária. Desde o início, a Revolução foi vista como um começo. Nesse ato imaginário de sacralização da imagem do povo e do artefato da nação, o postulado de intenções pareceu, desde logo, de fundamental importância. No parecer de Barnave, era "indispensável que se coloque à frente da Constituição uma declaração dos direitos de que os homens devem desfrutar. É necessário que ela seja simples, ao alcance de todos os espíritos e que ela se torne catecismo nacional".[2] Havia um tributo a ser prestado à nação. No mesmo acorde, pretendia-se trazer vida a essa nação, presenteando o povo com a sua intransferível soberania. Porém, esse povo soberano trazia as marcas e os costumes herdados da sua história de opressão, em que nem todos eram livres, nem todos eram iguais. Para libertar a consciência popular do jugo dessa longa duração que resiste a mudanças, haveria que se empreender esforços no sentido de conferir a cada homem a nova inscrição política que acabava de ser formulada. A pedagogia revolucionária expressava-se, pois, pela simbologia do discurso engendrado, como uma prática militante de formação do novo homem: emancipado, livre e igual. A Revolução Francesa pretendeu ser a invenção de uma nova forma de ser humano, o que se depreende do ato de declarar desde o princípio:

> Os homens nascem e permanecem livres e iguais em direitos: as distinções sociais só podem ser fundadas na utilidade comum.
> O objetivo de toda a associação política é a conservação dos direitos naturais e imprescritíveis do homem. Estes direitos são a liberdade, a propriedade, a segurança e a resistência à opressão.

---

1 FURET, 1989, p.51.
2 BARNAVE, apud BOSC, 1990, p.23.

O princípio de toda a soberania reside essencialmente na nação. Nenhum corpo, nenhum indivíduo, pode exercer autoridade que dela não emane expressamente...

A lei é a expressão da vontade geral. Todos os cidadãos têm o direito de concorrer pessoalmente, ou através de seus representantes, para sua formação. Ela deve ser a mesma para todos, quer quando protege, quer quando pune. Sendo todos os cidadãos iguais a seus olhos, eles têm igual acesso a todas as dignidades, lugares e empregos públicos, segundo a sua capacidade e sem outras distinções, além das decorrentes das suas virtudes e talentos.[3]

Virtudes e talentos... na trilha da Ilustração, a igualdade promulgada reportava, antes de mais nada, à equalização dos direitos quanto às oportunidades sociais de desenvolvimentos dos dons, das capacidades individuais, enfim, do que nomeavam à época talentos, os quais, somados à virtude, remeteriam à única fonte de distinção legítima. Evidentemente houve, entre os revolucionários, perplexidade e polêmica perante a plataforma anunciada. Ser livre e ser igual; nação como preceito instituinte de soberania; vontade geral expressa em lei: eis alguns dilemas acerca dos quais os contemporâneos ensaiavam confrontar. A soberania não residia mais no "corpo místico do rei",[4] no entanto, o rei ainda existia e no imaginário popular persistia certa hesitação quanto ao deslocamento de seu estatuto de poder. Além disso, daquela liberdade formal não se depreendeu, a princípio, a universalização do sufrágio. O direito à cidadania não atingiria, no primeiro instante, o coração do povo. A soberania estaria, portanto, inscrita no contorno de uma nação que, de certo modo, permanecia de seu exercício excluída. Situa-se nesse cenário a denúncia dos que se afirmavam partidários da igualdade. Essa estratégia é recorrente na construção do discurso de Robespierre. Pelo tom da sua intervenção na

---

3 *Declaration des Droits de L'Homme et du Citoyen*, apud SOBOUL, 1986, p.243.

4 A expressão é de Kantorowicz em *The King's Two Bodies – A Study in Mediaeval Political Theology*. O autor remonta à mística política a propósito da figura do rei, desde a Idade Média, humano pela Natureza, mas divino pela Graça. Com dois corpos incorporados à sua única pessoa, o rei é mortal enquanto sujeito, sendo porém simbolicamente imperecível, já que seu corpo político não pode ser visto, não é palpável, mas reside na esfera mística que o imaginário da sacralidade lhe conferiu. Assim, o poder torna-se absoluto.

74   CARLOTA BOTO

Assembleia Legislativa de 1791, podemos conferir a severa crítica traçada ao que acreditava impostura que restringe a condição de igual (e, portanto, de homem) apenas aos proprietários:

> a nação é soberana quando o maior número de indivíduos que a compõem é desprovido de direitos políticos que constituem a soberania? Não; e, entretanto, acabastes de ver que esses mesmos decretos os confiscam da maior parte dos franceses. Que será então vossa Declaração de Direitos, se esses decretos puderem subsistir? Uma fórmula vã. Que será a nação? Escrava; porque a liberdade consiste em obedecer às leis que nós mesmos nos damos e, a servidão, em estar reduzido a submeter-se a uma vontade estrangeira. Que será vossa Constituição? Uma verdadeira aristocracia. Porque a aristocracia é o Estado no qual uma parcela dos cidadãos é soberana e o resto súditos. E que aristocracia? A mais insuportável de todas: aquela dos Ricos.[5]

Radicalizar a Revolução parecia ser a condição para não deter o seu curso. Já na primeira vez que sobe à tribuna do Parlamento, em novembro de 1792, Saint-Just propõe severidade e aplicação da pena máxima em relação ao julgamento do rei; argumentando que aquele indivíduo não poderia ser tomado por um igual, e sim como um usurpador da cena política, seu papel seria reinar ou morrer. O primeiro mote para o terror talvez estivesse contido na própria justificativa do revolucionário: "os mesmos homens que vão julgar Luís têm uma República para fundar: esses que atribuem alguma importância à justa punição de um rei não fundarão jamais uma República. Entre nós, a fineza dos espíritos e dos caracteres é um grande obstáculo à liberdade; nós embelezamos todos os erros e, mais frequentemente, a verdade passa a ser *séduction de notre goût*.[6] Em consonância com essa orientação, Marat alertava o povo francês para a necessidade de depuração do povo contra todos os que se alteassem como defensores da monarquia ou contrariassem a vontade una de projetar a República. Havia que se suspeitar: a vigilância tornava-se imperativa. *L'ami du peuple* contribuía para formar a opinião pública em direção à justificativa do primado da

---

5 ROBESPIERRE, apud BOSC, op. cit., 1990, p.46.
6 SAINT-JUST, s.d., p.76.

violência como instrumento momentâneo de consolidação da liberdade.[7] Sob pretexto de inventar a liberdade, invocava-se rigorosamente a ditadura. Sem dúvida este debate foi emblemático para referendar posteriores alianças entre violência e salvação da pátria. O terror tornava-se instrumento privilegiado de regeneração, de purificação, de depuração de quaisquer detratores da nova sociedade. A geometria da guilhotina passa a referendar a perseguição das facções pela eliminação do pensamento destoante. A vontade geral devia triunfar una e indivisível; qualquer manifestação de contrariedade particular deveria ser justamente ceifada.[8] Suposto "governo revolucionário até a paz", o terror seria o instrumento de consolidação da virtude. Percebe-se, na voz dos protagonistas, o intuito de conferir legitimidade ética a esse procedimento extremo de exclusão da vida. Em Robespierre:

> Não apenas a virtude é a alma da democracia como só pode existir nessa forma de governo. Na monarquia conheço apenas um indivíduo que pode amar a pátria e que para tanto não necessita da virtude: é o monarca; isto porque, de todos os habitantes de seus Estados, o monarca é o único que tem uma pátria ... Se na paz a mola mestra do governo popular é a virtude, na revolução, o motor deste governo é ao mesmo tempo a virtude e o terror; a virtude sem a qual o terror é funesto, o terror sem o qual a virtude é impotente. O terror não é senão a justiça rápida, severa, inflexível, ou seja, emana da própria virtude.[9]

Como bem salienta Lefort, os próprios atores já haviam descoberto a singularidade do terror, que, despertando fascínio e medo, ainda que denegando os direitos do homem, foi paradoxalmente

---

7 "É pela violência que se deve estabelecer a liberdade e é chegado o momento de organizar momentaneamente o despotismo da liberdade, para esmagar o despotismo dos reis." (MARAT, apud SOBOUL, 1979, v.1, p.247).

8 A propósito do tema, Daniel Arasse perscruta o imaginário político que dá existência à prática da guilhotina. Segundo esse autor, "a série de imagens é impressionante, mas ela apenas leva ao extremo a metáfora, quase banalizada, do corpo da nação: com o Terror, a guilhotina se tornou o instrumento que regenera o povo em seu corpo coletivo. Por suas amputações, ela completa as depurações dos escrutínios sucessivos e seu cadafalso é o lugar de um encontro inédito: o do corpo individual do culpado com o corpo fictício da nação. Desmascarado e guilhotinado, o culpado se revela um daqueles múltiplos parasitas cuja extirpação regenera o corpo político e social" (ARASSE, 1989, p.111).

9 ROBESPIERRE, apud SABORIT, 1989, p.227.

76   CARLOTA BOTO

identificado com a institucionalização da liberdade.[10] A aniquilação dos inimigos do povo é real e simbólica, representando, talvez, a oscilação entre as diversas acepções da liberdade em política, a tensão entre a incerteza da democracia e o aparente reconforto de uma tirania de notáveis. A Revolução Francesa é emblemática pela radicalidade e pela visibilidade que dá a conflitos como esse, que legará, insolúveis, à sua posteridade. De fato, as intersecções entre democracia, violência e transformação são acordes ainda pouco claros para a história contemporânea. O que ocorreu na França, há dois séculos, foi, até certo ponto, a negação do ato fundante de uma declaração de direitos com que se pretendeu anunciar a transformação. O desejo de proclamar o novo repôs a percepção do caráter infantil com que se recobriam as ideias do povo e da nação. Se a liberdade tinha a sua infância, tudo poderia ser justificado em nome de uma pedagogia que revolucionariamente trouxesse maturidade para o povo-criança. A moral republicana supunha, nesse registro, duas estratégias corretivas: o terror e a educação. Mediante esse duplo ofício poder-se-ia inscrever nos termos de Saint-Just: "Tudo o que não for novo em um tempo de inovações é pernicioso".[11] Nessa tarefa de pedagogia social, os atores incluíam a percepção que já tinham à época do efeito multiplicador da Revolução na França, cuja energia poderia consolidar a "liberdade do mundo".[12]

O amor pela pátria traria em si algo de terrível, permitindo, sob tal perspectiva, a depuração de todos os indivíduos que não se amoldassem ao suposto renascer assentado na trilha revolucioná-

---

10 A propósito do tema, Lefort recorre à análise do discurso de Robespierre – o terror expresso na fala. Aos olhos desse autor é "impossível enganar-se quando de súbito Robespierre se desvencilha de nós, para lançar o dardo do eu: 'Eu digo que todo aquele que estremeça neste momento é culpado; pois a inocência jamais receia a vigilância pública'. Aqui aparece a figura do senhor absoluto. Seu olho cinge o conjunto dos deputados. Por certo, ninguém é nomeado; pois todo aquele que não ocupa um lugar definido está aqui ou ali, ali e aqui; o termo está em busca do estremecimento que lhe faz eco; o termo confunde-se com o olhar que detecta o estremecimento. E o medo confunde-se com a culpa; o medo não somente revela a culpabilidade: quem tem medo é culpado" (LEFORT, 1991, p. 85).

11 SAINT-JUST, op. cit., s.d., p.178.

12 Idem, ibid, p.113.

ria. Desse modo, a fala do poder passa a se autoerigir como porta-voz do curso da história, da própria razão de ser dos fatos e, mais do que isso, apresenta a si própria como imanente a um olhar privilegiado, capaz de captar o seu tempo e revelá-lo aos olhos dos contemporâneos. O cenário da Revolução Francesa, se é que funda a democracia moderna – em tudo o que esta traz de incerteza, de indeterminação e trivialidade –, funda também a sua negação, o seu avesso. E até mesmo esse aparente paradoxo contribuirá para a atração que o fenômeno revolucionário tem exercido sobre todos os que, à direita ou à esquerda, tomam-no ainda por referência. À liberdade e à igualdade proclamadas, alia-se a conquista da felicidade como "uma ideia nova na Europa".[13] Talvez nesse mito persista o enlace cuja busca é recorrente entre a vontade revolucionária e esse entusiasmo para ser feliz.

REVOLUCIONÁRIOS POR ESCRITO

Por pensar a felicidade na esfera pública e, portanto, coletiva, a Revolução Francesa erige a ruptura com a tradição e a projeção de um novo tempo como tarefas prementes a serem firmadas. Referendados pela imagem mítica do absoluto, o povo e a nação passam a representar o objeto máximo da transformação. Porém,

---

13 Vale citar, a propósito do tema, algumas considerações efetuadas por Nicolau Sevcenko. Segundo ele, "esta noção vai aparecer como a ideia de felicidade que não é explicável, é simplesmente um estado de entusiasmo. Conforme Saint-Just: 'Quem não é feliz não tem pátria. A definição de pátria é a felicidade. A noção de República é pátria e a noção de pátria é Nação'. Os conceitos são todos circulares, se fecham em si mesmos, nenhum deles é explicável, mas todos eles, em última instância, têm esta referência na tradição mítica do culto solar, da luz e da ideia mítica da felicidade, que não é a ausência da opressão e do sofrimento, como se poderia pensar à primeira vista, mas é sobretudo como um estado de entusiasmo passional, cuja sensação pode ser de extremo sofrimento, caso do amor-paixão, o qual é um estado de sofrimento que leva à mais alta elevação e sublimação das virtudes do homem. Da mesma forma, esta felicidade é responsável por levar os homens a um estado de fervor e embriaguez patriótica que lhes conduz à paixão de morrer pela pátria, como diziam os cantos cívicos da Revolução Francesa" (SEVCENKO, N., in: COGGIOLA, 1990, p.27-8).

na lacuna entre o espólio que fora negado pelo Antigo Regime e a criação do homem novo, havia um intervalo a ser preenchido.[14] A percepção dos contemporâneos imbuía-se dessa obsessão pela irrupção do inédito, pela fratura entre o tempo regenerado e os antigos hábitos arraigados na superstição popular. Nessa direção, os atores pediam que se regenerasse o social mediante a própria vocação revolucionária. O pressuposto dessa ideia residia na convicção de que o povo francês impusera para si uma tarefa tão vasta quanto difícil de ser cumprida. O estabelecimento da democracia em uma nação que por tanto tempo pereceu, era, então, comparado ao esforço da natureza na transição tão espantosa do nada à existência:

> esforço, sem dúvida, maior do que a passagem da vida ao aniquilamento. É preciso, por assim dizer, recriar o povo a quem se quer render a liberdade, já que é necessário destruir os antigos preconceitos, mudar os antigos hábitos, aperfeiçoar os afetos depravados, restringir as necessidades supérfluas, extirpar os vícios inveterados. Isso exige, portanto, uma ação forte, um impulso veemente, capaz de desenvolver as virtudes cívicas e de comprimir as paixões da avidez e da intriga.[15]

Tributário da herança que o Antigo Regime deixara "sem testamento",[16] o tempo da Revolução inscreve-se numa tradição que, segundo Renato Janine Ribeiro,[17] rompe com a concepção de história até então em vigor: elenco de exemplos que se subordina-

---

14 Em estudo sobre o tema, Mona Ozouf salienta que a ideia de intervalo entre os vestígios do velho e a prospecção do novo já se situava no próprio discurso dos contemporâneos. A citação do abade Grégoire parece confirmar essa tese. Segundo ele: "Resta um intervalo entre o que nós somos e o que podemos ser" (GREGOIRE, apud OZOUF, op. cit., 1989, p.138).

15 BALLAUD-VARENNE, apud BOSC, op. cit., 1990, p.208.

16 A frase de René Char, "nossa herança nos foi deixada sem nenhum testamento" parece bastante cara a Hanna Arendt, que se apropria desse juízo, tanto no Prefácio de *Entre o passado e o futuro*, quanto na conclusão do seu texto, de que ora nos valemos, intitulado *Da Revolução*, 1988, p.224.

17 Renato Janine Ribeiro explora essa tese tanto em seu texto "História e soberania (de Hobbes à Revolução)", contido em sua tese de livre-docência – *Ensaios antigos* – (1988) como em seu trabalho anterior, intitulado História, soberania e revolução: a Revolução Francesa e uma nova concepção de história, apresentado no simpósio internacional sobre A Revolução Francesa e o seu impacto na América Latina.

vam a uma percepção do ritmo cíclico das constelações que, repetindo-se, voltavam sempre ao ponto de origem. A história era, no parecer do referido autor, um pretenso inventário dos *mores* que traria inspiração para a conduta humana, na acepção da *IUSTICIA* medieval. A ideia de "lições de história", expressão de aviso e advertência para a configuração dos tempos, era recorrente nesse registro que tomava o objeto quase como matéria de civilidade.[18] Para Janine Ribeiro, no movimento anterior à Revolução, a história "revelava". Chegaria o momento, entretanto, em que "a história precisará de deixar de servir à prudência – melhor dizendo, já que era um instrumento para a sabedoria dos que governam, ela se constituirá como ciência na medida em que deixar de servir".[19] Cabe questionar se, pelo novo diapasão, segundo o qual a história

---

18 Analisando as práticas editoriais e a recepção do texto impresso nos séculos XVII e XVIII, Daniel Roche atenta para o papel da Ilustração na modificação do lugar reservado aos diversos saberes sobre a sociedade no Antigo Regime. Para esse autor, a história como matéria lida seria bastante reveladora da tensão entre a tradição e a inovação. A proporção dos livros de história, segundo as cifras apresentadas pelo autor, cresceu significativamente no final do Antigo Regime. Haveria, já naqueles círculos intelectuais de "republicanos letrados", a conciliação dos princípios de uma pedagogia cívica com a antiga orientação que, em geral, privilegiava a coleta de fatos ilustrativos e interessantes para a memória local. No parecer de Roche, "uma tal variedade de opções perturba a imagem do sucesso global da História durante o século das luzes; aquilo que é produção regular do mundo dos autores, crescimento atestado nos registros de autorizações tácitas, torna-se flutuações diversamente ritmadas e geograficamente mutáveis no horizonte provincial. A incerteza dessa situação procede sem dúvida das hesitações de um meio perante o estatuto progressivamente modificado da História. Despojada das referências sagradas, deslocada, por um lado, das histórias naturais, rejeitada na partilha das ciências eruditas, ela, ao mesmo tempo, persiste como uma imensa coleção de fatos, e torna-se, cada vez mais, intérprete dos eventos. De fato, como bem demonstrou F. Furet, se a história oscila no século XVIII, é menos pela redefinição dos seus objetos principais que pela afirmação paciente das suas novas condições de verdade e por uma interrogação nova quanto a seu senso cronológico" (ROCHE, 1988, p.180). Pela investigação desse autor, chega-se à conclusão de que os textos de história, tal como eram recebidos pelos leitores do século XVIII na França, apareciam cada vez mais como manuais de codificação de novos traços para a civilidade, não mais na chave de uma sociabilidade comunitária, mas na acepção de um traço do "dever ser" coletivo, que aliava as lições de história a novas concepções sobre o direito e o governo, levando a uma crescente aproximação entre história acadêmica e "escola do verdadeiro cidadão" (p.189).

19 RIBEIRO, op. cit., 1991, p.130.

se firmaria pela clivagem do novo, da criação e da marca de mudança, não haveria, ainda que subliminar, um conteúdo prescritivo no conhecimento histórico. Se a historiografia contemporânea à Revolução instaura a ruptura e a ideia de fundação como imperativos, mesmo nesse deslocamento, ela ainda pode ser lida como a sugestão de um novo eixo para a conduta dos homens em sociedade. Se a história desvela, a seu modo, o potencial de aparição do inédito, ela pode ser apreendida como um novo tipo de revelação. Parece-me que a ideia de perfectibilidade do gênero humano, condicionada à ousadia da transformação, tal como ela percorre o imaginário da Revolução Francesa, traz consigo fortes elementos herdados da antiga tradição; pretendendo dar ao mundo as feições dos revolucionários franceses, a história produzida não abandonaria por completo o desejo de alertar o seu tempo, "avisar o presente" e "advertir o porvir". Tanto pela grandeza do feito quanto pelo atrevimento que ele exigiu, os franceses quiseram se dar a ver como exemplo para o mundo. E, por depositar em si esperanças da humanidade emancipada, a história continuou a servir pelo que tinha a contar.

Percebida aos olhos dos contemporâneos por seu caráter inexorável, incontido, torrencial e, fundamentalmente, irresistível, a Revolução Francesa teve, àquela época, a tarefa de recriar o próprio significado do termo revolução. Se, antes dela, este remetia-se a uma metáfora astrológica pelo movimento regular da órbita dos astros, foi na noite de 14 de julho que, segundo Hanna Arendt, a notícia da queda da Bastilha transmitida ao rei evidenciou a nova acepção então forjada. Do diálogo entre o rei e o mensageiro, a interpretação da autora: "O rei, segundo consta, exclamou: '*C'est une révolte*'; e Liancourt corrigiu-o: '*Non, Sire, c'est une révolution*'. Ouvimos ainda a palavra – e politicamente pela última vez – no sentido da antiga metáfora, que transfere do céu para a terra o seu significado; mas aqui, talvez pela primeira vez, a ênfase deslocou-se inteiramente do determinismo de um movimento giratório cíclico para a sua irresistibilidade".[20]

---

20 ARENDT, op. cit., 1988, p.38. A propósito do tema, a autora remarca as imagens pelas quais o ato revolucionário era percebido pelos contemporâneos: "As diferen-

A ideia de transferência do absoluto do rei para o absoluto do povo é efetuada na França segundo o que foi já apontado como uma concepção de poder total, em contraste com os americanos que, desconfiando desse poder indivisível, regulam-no, fraturando-o em três, para impedir o que poderia caracterizar-se como a "última instância" da política. A acepção de um poder supremo ilimitado, capaz de denegar o passado, prever e prover o futuro, é o signo distintivo da Revolução, que, por isso, faz dela, aos olhos de Janine Ribeiro, a expressão mais acabada da soberania hobbesiana. Nos termos desse autor, isso se reporta

> à ideia de que não existem mais "estados" (*états*, ordens, estamentos) em contato e contrato entre si, mas o Estado, no qual o poder supremo é alocado a alguém (um indivíduo, ou uma assembleia) que é soberano na medida exata em que pode decidir qualquer assunto e, portanto, não apenas julgar, não só interpretar –, mas mudar tudo. A condição para a Revolução, para 1789, está na teoria da soberania: do Leviathan não sai apenas o Estado absoluto e o monarca absolutista, sai – mais até – o poder revolucionário e jacobino.[21]

A crença na instauração radical de um novo começo estava, como vimos, expressa tanto nas vozes dos atores da Revolução Francesa quanto no juízo dos primeiros teóricos que se debruçaram sobre o tema. Por ter optado pelo novo, Saint-Just entusiasma-se com ele. Vê no governo instituído uma "energia" que lhe traria a força da vitória. Isto porque a virtude trouxera ao homem da Revolução as leis que seriam capazes de libertá-lo. Conclamando os contemporâneos a incorporar a energia revolucionária como ato de vontade política para o comando do amanhã, o militante expressa sua plena convicção de que o gosto pelo público desencadearia uma nova forma de olhar para as leis e para a pátria. Se os

---

tes metáforas pelas quais a Revolução era vista, não como obra do homem, mas como um processo irresistível, as metáforas da caudal, torrente ou correnteza ainda foram forjadas pelos próprios participantes, os quais, por mais embriagados que estivessem com o vinho da liberdade, no abstrato, positivamente não mais acreditavam que estivessem agindo livremente" (p.40).

21 RIBEIRO, História, soberania e Revolução: a Revolução Francesa e uma nova concepção da história. In: COGGIOLA, 1990, p.20.

costumes e mesmo a gestão do governo eram antes corrompidos, a Revolução trouxera, de um só golpe, a possibilidade da regeneração. A ideia de soberania em Saint-Just reporta-se ao desejo de o povo assumir sua vocação de humanidade. O tom pedagógico e evocatório do discurso mostra a Revolução como o contorno de uma liberdade a ser edificada pelos mesmos homens que ousaram arrebatar para si, como coletividade, o poder soberano, até então de um só. Aqui o futuro é tido por indeterminado, cabendo, pois, a responsabilidade pela escolha efetuada. Imbuído pelo tom de sentimento do mundo que caracteriza seu discurso militante, Saint--Just convoca os contemporâneos para uma tarefa da mais elevada grandeza:

> Todas as pedras estão talhadas para o edifício da liberdade. Vocês podem edificar um templo ou um túmulo com as mesmas pedras. Existem poucos homens que não possuem uma inclinação secreta pela fortuna. Os cálculos da ambição são impenetráveis. Rompam, rompam todos os caminhos que levam ao crime. São raras as épocas no mundo em que a virtude pôde oferecer aos homens leis que os libertassem. Não percam a ocasião de modo algum. Existem poucos homens que querem o bem do povo em si mesmo; o orgulho e a ambição fizeram inúmeras coisas sobre a Terra: sua obra morre com ela. Vocês, enfim, trabalham para a humanidade; vocês serão os primeiros, porque há muito tempo muito se tem feito contra ela.[22]

Essa esperança de um segundo nascimento parece recordar Rousseau que visualizou, na legitimidade do novo contrato, a reconstituição da virtude coletiva perdida por homens que, originalmente livres, por toda a parte, encontrar-se-iam agrilhoados. Eliminada a ordem social corrompida, poderia haver uma redescoberta da bondade intrínseca ao homem. Evidentemente, o enfoque desse renascer não é entusiasticamente compartilhado por todos. Burke, que, da Inglaterra em 1790, faz questão de frisar a ausência de qualquer compromisso com as ideias novas do Iluminismo, apresenta-se como crítico mordaz da pretensão francesa de romper com as balizas da tradição. Exemplo primeiro da crítica conservadora – já que seu texto antecede o Terror –, o autor

---

22 SAINT-JUST, op. cit., s.d., p.123.

irlandês alerta profeticamente para o potencial de violência que poderia se apossar da França no decorrer da transformação em curso. Para Burke, os novos depositários do poder francês, renegando enfaticamente o tributo à tradição, poderiam com levianade colocar em risco todo o destino da Europa. O teor da sua indignação é escancarado em seu texto, no reconhecimento de que a França presenciara a mais extraordinária das revoluções.[23] Inimigo da democracia, Burke vê nessa forma de governo uma inevitável tendência para a tirania. Ao pensar o caso francês, o autor ilustra essa plena convicção: "Eu não saberia qualificar a autoridade que atualmente governa a França. Ela se crê uma democracia pura, apesar de eu crer que ela em breve se tornará uma ignóbil e malévola oligarquia".[24] A perplexidade premonitória do autor deriva da rejeição que demonstra diante de quaisquer mudanças que não sejam antecedidas por arraigadas modificações nos costumes e por lentas alterações no ritmo da tradição. Para Burke, o atrevimento francês traria funestas consequências no plano da moralidade, no qual, segundo ele, não cabe inovações, em que não há descobertas súbitas... Os franceses já comemoravam uma revolução que não terminara, revolução esta ocasionada por supostos direitos que se desejou declarar. A esfera da intencionalidade teria assim precedido o exercício empírico. Daí o caráter fugaz que recobriria tais princípios. Visando a persuadir na indagação, Burke recorre ao escudo da prudência. Diz ele: "Será verdadeiro, entretanto, que o governo da França estava em uma situação que não

---

23 BURKE, 1982, p.52. Sobre a transferência da soberania, Burke escandaliza-se com o perigo de conferir liberdade a mãos inexperientes. A propósito, diz o autor: "Quando vejo o princípio da liberdade em ação, vejo agir um princípio vigoroso ... quando os homens agem em corpo, a liberdade chama-se poder. Antes de se pronunciarem, pessoas esclarecidas gostarão de conhecer o uso que é feito do poder, sobretudo quando se trata de algo tão delicado quanto um novo poder confiado a novos depositários que conhecem pouco ou nada dos princípios, das características e das disposições do poder e em circunstâncias nas quais os indivíduos que mais se agitam talvez não sejam os mais capazes de ação" (p.51).

24 Idem, ibid., p.135. Assumindo-se como defensor de um "terceiro partido" entre o despotismo de um monarca (tirania) e o "despotismo da multidão" (democracia), o texto indaga: "Será que é tão óbvio que a democracia é a única forma de governo suportável, que não seja permitido duvidar dos seus méritos, sem ser considerado amigo da tirania, ou seja, inimigo do gênero humano?" (p.135).

CARLOTA BOTO

era possível fazer-se nenhuma reforma, a tal ponto que se tornou necessário destruir imediatamente todo o edifício e fazer tábua rasa do passado, pondo no seu lugar uma construção teórica nunca antes experimentada?".[25] Obcecado pelo risco da novidade francesa, Burke garante que a Inglaterra, que jamais fora presa de filósofos e de suas intrigas, não seria seduzida por aquele modelo que, pretendendo armar um edifício novo, descuidou-se da preocupação mínima com a sua durabilidade, o que ocasionaria o desabamento do próprio alicerce. Enquanto os franceses pretensamente comungavam o seu próprio triunfo, Burke desejou revelar-lhes as armadilhas de sua própria criatura; ou seja, os direitos do homem enredados na contradição que lhes é intrínseca. Segundo Burke – provavelmente o primeiro teórico a analisar os dilemas trazidos pela Revolução de 1789 –, haveria total incompatibilidade entre os princípios da igualdade e da propriedade quanto preceitos de validade universal. Aliás todo o enfoque do texto em questão reporta-se à tentativa de desqualificar a soberania popular e a confusão dela decorrente entre o território do direito e a efetiva margem do poder. A denúncia é rápida e inflexiva:

> Quando os legisladores franceses chegaram à terceira base, a da contribuição, já tinham perdido totalmente a noção de direitos do homem. Essa terceira base, com efeito, repousa inteiramente sobre a propriedade. Admite-se, assim, um princípio totalmente inconciliável com o da igualdade, e tão logo esse princípio é admitido, ele é subvertido e não subvertido para aproximar a desigualdade da riqueza do nível da natureza ... pois a igualdade natural seria destruída e uma aristocracia da riqueza seria estabelecida.[26]

Outros autores que, a princípio, teriam compactuado com o acontecimento vertiginoso da Revolução passam rapidamente a

---

25 BURKE, op. cit., 1982, p.137. O texto alerta para o fato de os *Cahiers de Doléances* apresentados aos Estados Gerais inclinarem-se, em sua maioria, para a proposição de reformas, sem, no entanto, referenciar as mudanças propostas na destruição da monarquia. Cabe recordar que essa obra – *Reflexões sobre a Revolução em França* – foi escrita e publicada em 1790, portanto, muito antes da queda ou morte do rei francês.

26 Idem, ibid., p.171-2.

refletir sobre o momento de detê-lo. No caso de Barnave, para quem havia uma lógica intrínseca ao encadeamento dos fatos que convulsionaram a França, a Revolução não era fruto nem do acidente nem da opção: havia, pelo contrário, um sentido que percorria a direção do cenário aparentemente intempestivo. Preocupado com o novo estatuto do rei em relação à nova soberania do povo, Barnave temia que a superposição de poderes na França pudesse ocasionar a radicalização. Para ele, o exercício da soberania popular exigia, antes de mais nada, a salvaguarda do rei; além disso, a divisão de poderes, para a manutenção da soberania, parecia-lhe inevitável: o governo deveria ser concomitantemente representativo e monárquico, cuidando para que houvesse efetiva distinção entre a instância de elaboração das leis e a que referenda sua execução.[27] Preocupado também com o efeito irradiador que a Revolução Francesa poderia efetuar sobre as outras potências da Europa, ciente do que supunha ser o perigo dessa propagação, Barnave busca percorrer e localizar suas causas materiais:

> A vontade do homem não faz as leis: ela nada pode ou quase nada a propósito das formas de governo. É a natureza das coisas, o período social ao qual o povo foi conduzido, a terra que ele habita, suas riquezas, suas necessidades, seus hábitos, seus costumes, que distribuem o poder; este é oferecido em razão do tempo e do lugar a um só, a alguns ou a todos, e partilhado em diversas proporções. Aqueles que detêm a posse

---

27 "A objeção que desde o início se coloca, e que é tão frequentemente repetida hoje em que uma profunda ignorância preside a todas estas discussões, é que a constituição fora composta por partes incompatíveis destinadas a combater e consequentemente a se destruir, argumentação que pode igualmente se aplicar a todos os governos mistos, quer dizer, aos únicos governos livres que existem sobre a Terra. Aqueles que não podem conceber a coexistência de um rei e de uma assembleia nacional, devem apenas se voltar à compreensão de como em Roma a liberdade subsistiu em meio aos debates do senado e do povo; como a Inglaterra, resguardada por uma Constituição, na qual os três poderes se balançam e se combatem, tornou-se o país mais próspero da Europa; como os Estados Unidos, enfim, acreditaram dever introduzir em sua legislação o concurso de três poderes rivais. Não se duvida do fato de tais formas de governo serem mais agitadas que aquelas que recebem o impulso de uma força única ou predominante; mas essa luta de poderes, que é o princípio de suas agitações, é também o primeiro princípio da liberdade ... O vício da Constituição de 1789 não seria portanto o fato de os poderes públicos terem sido divididos, mas de a divisão não ter sido bem feita e de tais poderes terem sido intrinsecamente mal constituídos" (BARNAVE, 1988, p.164).

86 CARLOTA BOTO

do poder, pela ordem natural das coisas, fazem as leis para exercê-lo e fixá-lo em suas mãos. Assim os impérios se organizam e se constituem pouco a pouco, os progressos do Estado social criam novas fontes de poder, alteram as antigas e modificam a proporção das forças. As antigas leis não podem então subsistir por mais tempo; o fato de terem se consolidado novas autoridades, exige que sejam estabelecidas novas leis para que elas possam agir ... Assim, os governos mudam de forma, às vezes, por uma progressão doce e insensível e, às vezes, por violentas comoções.[28]

Nesse texto, *De la révolution et de la constitution*, escrito durante o seu período de prisão, no final de 1792, Barnave, de uma certa forma, atribui os problemas enfrentados pela França naquela época ao fato de, com os poderes constitucionalmente mal divididos, o país não ter podido retomar a vitalidade para a regeneração das forças em movimento e para a consolidação de uma nova ordem social estabelecida.

Saudoso da monarquia, Barnave viu o tempo da Revolução Francesa segundo uma dupla percepção: por um lado, teria havido algo de inexorável, de intempestivo, de incontrolável, naquele episódio, fruto da necessidade de ajustamento das instituições ao novo Estado social que a "natureza das coisas" vinha criando; por outro, porém, a sensação de inevitabilidade da revolução era acompanhada de uma certa escolha que os homens fizeram do desfecho da história. A fratura entre as duas concepções do mesmo movimento parece estar contida no receio (subjacente ao texto) de que a inscrição da violência na história conduzisse a uma certa onipotência do homem sobre as leis civis e sobre o destino coletivo.

A acepção primeira e etimológica do termo "revolução" retorna em muitas passagens de vários desses autores que acompanharam o drama francês. Supondo um movimento circular, havia que se retornar ao ponto de partida. Desde logo, o anseio pelo fim daquela época de rebeldia e de convulsão torna-se obsessivo em alguns dos observadores. Em texto datado de 1796, a respeito da situação do governo então vigente na França, Benjamin Constant expressa sua convicção de que havia que se pôr termo àquele período revolucionário, alicerçando com solidez a ideia republica-

---

28 BARNAVE, op. cit., 1988, p.46.

na. No parecer desse autor, os "erros" de Robespierre teriam sido tributários da herança do Antigo Regime, que este tinha de tirânico e de despótico. A república, pelo contrário, poderia conduzir à liberdade, desde que se pudesse firmar a tradição dessa nova forma de governo, em clima de paz. Nas palavras de Constant:

> Não estando vinculado a nenhum partido por nenhum interesse, desconhecido que fosse da maior parte dos indivíduos, nenhum motivo pessoal pôde dirigir meus julgamentos. Eu desejo ardentemente ver a Revolução terminada, porque ela daqui por diante será somente funesta para a liberdade; e eis uma das razões para também desejar ardentemente o fortalecimento da República, a qual, aliás, me parece ligada a tudo o que há de nobre e grande nos destinos humanos.[29]

No parecer de Constant, ao contrário do que consagrara a premonição de Burke, o Terror não teria sido, de forma alguma, elemento necessário para que se firmasse a República. Ao contrário, esta deveria subsistir apesar do terror. De uma certa forma, acoplada a essa ideia, vinha a convicção de que a liberdade da República estaria fundamentalmente expressa no âmbito individual, mais do que na esfera pública e na representação coletiva.

Distinguindo-se pelo crivo de geração dos autores anteriormente citados, mas tendo por suposto o acerto de contas com esse passado que o intriga, Tocqueville pretende pincelar o cenário da Revolução na França a partir da sua condição privilegiada, que o capacitaria a ser simultaneamente ator, testemunha e narrador onisciente do mesmo espetáculo.[30] Tendo por intuito rastrear as revoluções, em suas *Lembranças de 1848*, o autor enuncia a intenção de "somente procurar redescobrir os rastros dos meus atos, de minhas ideias e de minhas impressões em seu percurso".[31] Nessa obra, re-

---

29 CONSTANT, 1988, p.30.

30 A propósito do tema, vale recomendar a leitura do Prefácio da obra na tradução brasileira. Para F. Braudel, nesse comentário dirigido às "lembranças" de Tocqueville, "é em termos de atualidade, sem temer o anacronismo, que importa ler ou reler Tocqueville. Os clássicos somente são clássicos a este preço: de serem capazes de nos falar a nós mesmos, de nos obrigar a pensar por nós mesmos, por mais afastados que estejam do tempo e das borrascas que vivemos" (BRAUDEL, apud TOCQUEVILLE, 1991, p.18).

31 TOCQUEVILLE, op. cit., 1991, p.99. No parecer de Braudel: "Mesmo testemunha, mesmo ator, ele faz questão de se retirar do espetáculo. Nada de ver girar a história

88 CARLOTA BOTO

digida entre 1851 e 1859, Tocqueville olha a si próprio e a seus contemporâneos, como se contemplasse um teatro, mas com o firme propósito de aclarar, pela reconstituição da memória, "os traços confusos que formaram a fisionomia indecisa do meu tempo".[32]

Tomando por recorte o panorama recente vivido pelo povo francês, Tocqueville atenta para a luta encarniçada ainda pungente entre a França do Antigo Regime e a nova França, caracterizada pelo temor da Revolução que, se continuada, poderia pôr fim ao privilégio da propriedade. Neste temor, vislumbrava-se próximo o "espectro" que rondaria a Europa:

> Não ouvis, então... como direi?... um vento de revolução que paira no ar? Não se sabe onde ele nasce, de onde vem, nem, acreditai, o que carrega: e é em tempos como esse que ficais calmos na presença da degradação dos costumes públicos porque a palavra não é suficientemente forte. Falo aqui sem amargura; falo-vos, creio eu, até sem espírito de partido; ataco homens contra os quais não tenho cólera, mas, enfim, sou obrigado a dizer a meu país qual é a minha convicção profunda e meditada. Pois bem: minha convicção profunda e meditada é que os costumes públicos estão-se degradando; é que a degradação dos costumes públicos vos levará, em curto espaço de tempo, brevemente talvez, a novas revoluções. Estaria por acaso a vida dos reis presa por fios mais firmes e mais difíceis de partir do que a dos outros homens? Tereis, à hora em que nos encontramos, a certeza de um amanhã? Sabeis o que pode ocorrer na França daqui a um ano, um mês, um dia talvez? Vós o ignorais; mas sabeis que a tempestade está no horizonte e que ela marcha sobre vós; deixar-vos-ei antecipar por ela?.[33]

Essa atmosfera revolucionária gestada em 1789 parecia, aos olhos do autor, tão assustadora quanto inevitável.[34]

---

da França, ainda que por instante, em torno de sua pessoa ... Não lamentemos esta prudência: ela permite a Tocqueville nos dar uma incomparável lição de lucidez" (p.30).

32 Idem, ibid., p.33.

33 Idem, ibid., p.43-4.

34 Julgando-se fadado a respirar a memória, a atualidade e a promessa das revoluções, o autor percorre o imaginário desse simbolismo que marca sua presença no tempo: "Os franceses, sobretudo em Paris, misturam facilmente as lembranças da literatura e do teatro com as manifestações mais sérias, o que frequentemente nos faz pensar que são falsos os sentimentos que mostram, quando o que ocorre é que estão inabilmente ornados. Aqui, a imitação foi tão visível que a terrível originalidade dos fatos permaneceu escondida ... Os homens da primeira revolução estavam vivos

Identificando inúmeras revoluções sucessivas na história contemporânea de seu país (do Antigo Regime à Monarquia Constitucional; da Monarquia à República; da República ao Império; do Império à Restauração; da Restauração à Monarquia de Julho), a avalancha revolucionária desanimava o político: "após cada uma dessas mutações sucessivas, foi dito que a Revolução Francesa, tendo acabado o que presunçosamente chamava de sua obra, havia terminado: era o que se dizia e no que se acreditava".[35] No entanto, o dito não correspondia ao fato. Ela sempre estava de volta. O político, assinalando a força da memória coletiva, visualiza (ele, que fora formado pelos ares do Antigo Regime) a revolução como a insígnia da fundação de liberdade do seu país. Porém, logo percebe, em sua reflexão sobre a trajetória francesa desde a "primeira" revolução, a dificuldade de regularizar o dia a dia da liberdade almejada, já que a torrente revolucionária surgira como uma fatalidade quase imanente ao destino da França: revolução que não se continha, pois estava sempre de volta, de forma súbita e imprevisível, "entre o momento de pedir a ceia e o de comê-la".[36]

O retorno cíclico da era das revoluções atormentava esta conjunção entre o ser militante e o ser teórico da política. Seja como for, há, nessa obstinação em pensar as persistências e as resistências mentais do traçado da história, algo que nos revela a percepção que foi legada ao século XIX acerca da simbolização da ruptura revolucionária e de seu lugar social no engendramento de transformações. A Revolução Francesa, antes de mais nada, inquieta os seus sucessores pelos paradoxos do novo estatuto de mundo que trazia consigo para que fosse pelo futuro decifrado. No argumento pouco esperançoso de Tocqueville, nota-se o desconforto:

eis a Revolução Francesa que recomeça, pois é sempre a mesma. À medida que avançamos, seu final se afasta e torna-se obscuro. Chegare-

---

em todos os espíritos, seus atos e suas palavras presentes em todas as memórias. Tudo o que presenciei nesse dia trazia a marca visível de tais lembranças; sempre tive a impressão de que houve mais esforços para representar a Revolução Francesa do que para continuá-la" (Idem, ibid., p.75).

35 Idem, ibid., p.87.
36 Idem, ibid., p.55.

mos como asseguram determinados profetas ... a uma transformação social mais completa e profunda do que previram e quiseram nossos pais e do que nós mesmos podemos conceber; ou iremos simplesmente acabar na anarquia intermitente, doença crônica e incurável, bem conhecida dos velhos povos? Quanto a mim, não posso dizê-lo, ignoro quando acabará esta longa viagem; estou cansado de tomar sucessivamente névoas enganosas por continente e pergunto-me com frequência se a terra firme que procuramos há tanto tempo de fato existe, ou se nosso destino não é o de correr o mar eternamente.[37]

O fascínio da invenção dessa "aventura democrática" – para utilizar a chave conceitual de Lefort – reside justamente na sua plena capacidade de criação e absorção de paradoxos. O paradoxo da liberdade estaria na possibilidade de optar pela sua própria negação. Daí a necessidade de prescrição de alguns objetos naturais erigidos como direitos inalienáveis em forma de escudo para que a democracia não fosse engolfada pela total incerteza de sua própria dinâmica. Nela não há determinação de futuro, razão de ser da história, vocação imanente de quaisquer camadas com missão de classe, enfim, não há consolo por qualquer teleologia previamente agendada. A Revolução Francesa dá origem a um tipo de pensar o político jamais visto. No parecer de Lefort, isso decorreria do fato de sua inserção na história ter ocasionado não a substituição de absolutos, mas a eliminação do "lugar do referente"; em outras palavras, "a dissolução dos marcos de referência da certeza".[38] Para esse teórico político, a *Declaração de direitos*, ao contrário do parecer negativo pontuado por teóricos tão díspares quanto Burke e Marx, lega à contemporaneidade algo de fundamental: "a universalidade do princípio que traz o direito para a interrogação do direito".[39] A lei, vista desta nova linguagem, reportar-se-ia não a qualquer nível de transcendência, mas à banalidade do artifício humano, já que a manutenção de um lugar vazio no

---

37 Idem, ibid., p.87.
38 LEFORT, op. cit., 1991, p.34. O autor, acerca do termo, acrescenta: "a democracia inaugura uma história na qual os homens estão à prova de uma indeterminação última quanto ao fundamento do Poder, da Lei e do Saber, e quanto ao fundamento da relação de um com o outro, sob todos os registros da vida social".
39 Idem, ibid., p.56.

pensamento do poder democrático é a condição da sua viabilidade. Nos termos de Lefort,

> a separação entre legítimo e ilegítimo não se materializa no espaço social, é apenas subtraída à certeza, porquanto ninguém poderia ocupar o lugar de grande juiz, porquanto esse vazio mantém a exigência do saber. Dito de outra maneira, a democracia convida-nos a substituir a noção de um regime regulado por leis, de um poder legítimo pela noção de um regime fundado na legitimidade de um debate sobre o legítimo e o ilegítimo – debate necessariamente sem fiador e sem termo. Tanto a inspiração dos direitos do homem quanto à difusão dos direitos em nossa época atestam esse debate.[40]

Ocorre que ao mesmo tempo que a Revolução Francesa pode se codificar como o rito inaugural da democracia moderna, dando-lhe inclusive seu suporte teórico, ela recria e repõe um novo registro para o exercício do despotismo. O terror jacobino pode ser apreendido como expressão de um certo desconforto do poder perante a lógica do percurso democrático. O ato de tornar o poder inequívoco e unitário acaba por eliminar o dissenso, o pensamento divergente, as rotas alternativas para as múltiplas possibilidades abertas ao futuro. A estratégia da exclusão materializada em práticas de visibilidade do medo e da punição aos traidores pretende ser introjetada à luz do recurso à unidade, à produção do consenso, na pretensão de atribuir historicidade à vontade geral. A Revolução Francesa traz à tona o tema da soberania. Compete, no entanto, saber de qual soberania o poder jacobino se fez tributário: seria a manifestação histórica do soberano Leviatã? Ou a representação em ato da perspectiva rousseauniana? Como bem aponta Renato Janine Ribeiro, Rousseau e Hobbes compartilhavam uma ideia semelhante de soberania, já que em suas obras pensam a sociedade como um constructo e a representação política como um artifício criado para tornar inteligível a linguagem do poder. Além disso, os dois autores julgam ser a soberania a racionalização última do poder, mediante a qual ocorreria a transmutação da força pública de fato em legitimidade de direito. A ideia de um domínio superior

---

40 Idem, ibid., p.57.

92   CARLOTA BOTO

ao qual se transfere a liberdade individual é até certo ponto hobbesiana, pois, na órbita do Leviatã, soberano é o governante para quem o poder foi delegado tendo em vista a manutenção da segurança. Desde que cumprindo este mandato de proteção, o portador do "comando supremo"[41] pode legitimamente decidir sobre os seus atos sem quaisquer interferências provenientes de seus representados. Supondo o estado de natureza como imagem reguladora, a ordem civil constituída representaria para Hobbes uma absoluta transferência dos antigos direitos (também absolutos) que os homens pudessem haver desfrutado naquela situação de guerra permanente. Soberania delegada ao governante, este deveria salvaguardar a proteção do conjunto dos súditos. Assim, em Hobbes, o único direito herdado da natureza parece ser a manutenção da vida – nem isso! –, pois o soberano pode dispor da existência de alguns para preservar a vida da maioria. Em Hobbes, o soberano também julga e censura as opiniões inimigas da paz para que o povo desfrute de sua "liberdade inofensiva".[42]

No parecer de Rousseau, a soberania também é absoluta, imprescritível e indivisível. No entanto, aqui podem ser mapeadas algumas distinções do enfoque atribuído pelos dois autores. Segundo a perspectiva rousseauniana, o Estado de natureza teria por alicerce a suposta bondade natural, fundada na piedade que, por sua vez, é o prolongamento no outro do amor de si. A legitimidade

---

41 "Em toda a cidade, diz-se que tem o poder supremo, ou o comando em chefe, ou o domínio, aquele homem ou conselho a cuja vontade cada particular submeteu a sua (como antes mostramos). Esse poder e direito de comando consiste em que cada cidadão transfira toda a sua força e poder àquele homem ou conselho; e fazer isso – uma vez que ninguém pode transferir o seu poder de forma natural – nada mais é que abrir mão do seu direito de resistência. E diz-se que todo o cidadão, assim como toda a pessoa civil subordinada, é súdito daquele que detém o comando supremo" (HOBBES, 1992, p.110).

42 "As comodidades [*benefits*] dos súditos a respeito somente desta vida podem ser distribuídas em quatro categorias: 1) Serem defendidos contra inimigos externos. 2) Ter preservada a paz em seu país. 3) Enriquecerem-se tanto quanto for compatível com a segurança pública. 4) Poderem desfrutar de uma liberdade inofensiva. Isso porque os governantes supremos não podem contribuir em nada mais para sua felicidade civil do que, preservando-os das guerras externas e civis, capacitá-los a serenamente desfrutarem da riqueza que tiverem adquirido por sua própria diligência" (Idem, ibid., p.223) .

de um novo pacto social estaria fundamentada, em Rousseau, no reconhecimento, por parte dos cidadãos, de que a ação do governante é a expressão da lei que cada um se impusera. A prescrição geral, nesse aspecto, coincidiria com a obediência a uma vontade autônoma de cada indivíduo em seu foro íntimo. Não há, assim, desacordo entre a delegação do poder e a soberania inalienável do povo. Hobbes nos apresenta o ato soberano expresso pela existência de regras claras, originadas pelo gesto da renúncia, que se convertem imediatamente em instrumentos de garantia de segurança. Janine Ribeiro explicita que tais orientações normativas derivam em Hobbes de um certo arbitrário, que pode ser entendido como inconteste. Como atenta esse autor, acerca de Hobbes,

> há que se neutralizar os valores, em favor justamente do que apareça como o mais distante deles. Regras de jogo neutras, e que até insistam nessa sua neutralidade, isto é, em sua radical indiferença diante dos conteúdos serão as melhores para apaziguar as paixões, e assim fazer da política uma esfera em que o conflito possa ocorrer sem que redunde em guerra de todos.[43]

Assim, o jogo da política teria em Hobbes um quê de indiferença perante valores, já que qualquer consideração de ordem ética seria entendida como artifício da representação do social. A soberania hobbesiana é, nesse sentido, fundamentalmente regida pelo tom do arbitrário.

Em Rousseau, a história é outra. As relações de mando e subordinação estão sempre coladas à estreita relação entre o exercício da vontade geral e a soberania inalienável do povo. Debatendo com Hobbes, Rousseau salienta que o rasgo distintivo da condição humana é justamente sua capacidade de se desviar da norma prescrita. Rousseau, sob esse aspecto, diferencia-se também de seus contemporâneos que apregoam a razão como faculdade distintiva do signo da humanidade. Na ordem natural, vocação comum, apenas a condição humana; o coração e a consciência como eixos desse estatuto. A virtude do homem social residiria, portanto, na sua possibilidade de escolha. Liberdade em Rousseau

---

43 RIBEIRO, op. cit., 1991, p.154.

94　CARLOTA BOTO

é direito natural, já que, persistindo em ser tão livre quanto antes, ao homem só cabe obediência às leis que ele mesmo se dará. Visto que a palavra *direito* nada acrescentaria ao ato de força – a partir da leitura que faz Hobbes –, Rousseau hesita quanto à possibilidade de transferência do poder, já que a vontade soberana – que, no seu ponto de vista, reside por definição no povo – é inalienável. Seu argumento refuta Hobbes no que tange à relação do homem com a sua liberdade e com a plenitude do exercício livre da vontade. Para Rousseau, além disso, existiria um certo imperativo ético na autonomia da escolha política e na responsabilidade por seu cumprimento. A ideia de arbitrário na esfera dos valores ficaria, pois, deslocada nos trabalhos rousseaunianos. Nos termos do autor do *Contrato*:

> Renunciar à liberdade é renunciar à qualidade de homem, aos direitos da humanidade e até aos próprios deveres. Não há recompensa possível para quem a tudo renuncia. Tal renúncia não se compadece com a natureza do homem, e destituir-se voluntariamente de toda e qualquer liberdade equivale a excluir a moralidade de suas ações. Enfim, é uma inútil e contraditória convenção que, de um lado, estipula uma autoridade absoluta e, de outro, uma obediência sem limites. Não está claro que não se tem o direito de tudo exigir? E essa condição única, sem equivalente, sem compensação, não levará à nulidade do ato?[44]

À luz da perspectiva rousseauniana, o fundamento da soberania parece carregado de conotações éticas, ausentes do pensamento de Hobbes. Seja como for, ao ser materializada em lei, a vontade soberana passaria a ser expressa pela figura do legislador que, até certo ponto, condiz com a onipotência do governante hobbesiano. Porém, mais uma vez, Rousseau descarta o acaso: o legislador é um homem excepcional, capaz de pôr em ato a vontade geral (subtraídos os interesses particulares), discernindo, dessa maneira, o bem que o povo deseja e que sozinho não se mostra capaz de encontrar.[45]

---

44 ROUSSEAU, 1983, p.27.

45 "Como uma multidão cega, que frequentemente não sabe o que deseja porque raramente sabe o que lhe convém, cumpriria por si mesma empresa tão grande e tão difícil quanto um sistema de legislação? O povo, por si, quer sempre o bem, mas por si nem sempre o encontra. A vontade geral é sempre certa, mas o julgamento que a orienta nem sempre é esclarecido. É preciso fazê-la ver os objetos

A ideia de um guia norteador dos caminhos e descaminhos da política tem em Rousseau, como em Hobbes, o aval teórico. O legislador rousseauniano representa o porta-voz do interesse comum, mediante o substrato ético que permeia os reais anseios populares. Pelo *Contrato social*, não há arbitrário no território da política; há, com certeza, a opção, quer pelo justo, quer pelo injusto, segundo a adequação ou não do corpo político com os ditames da moral coletiva. A justificativa ética em Rousseau é o que permite até a garantia de inviolabilidade da vontade geral, quando os cidadãos, obedecendo-a, acreditam-se movidos por interesses maiores do bem comum. O modelo rousseauniano de soberania – retomando a interrogação que nos fizemos sobre a essência do poder jacobino – parece remeter, sim, a uma sacralização do Estado, a uma recordação do corpo místico, não mais do rei, mas apropriado e reposto na ideia de nação. Em Hobbes há, por seu turno, a dessacralização do poder coletivo agenciado pelo contrato ou – como diz Janine Ribeiro – "pela ação concertada dos homens, sendo, portanto, artifício, e não legado divino".[46] A ética é a clivagem de distanciamento entre Rousseau e Hobbes; e, nessa linha, a ideia de virtude expressa como bandeira de luta pelos revolucionários franceses leva-nos a crer que a sua acepção de soberania popular e jacobina deriva muito mais da perspectiva de moral e de vontade coletiva rousseaunianas do que do soberano arbitrário e casual de Hobbes. Mesmo que a insistência dos atores do drama não evocasse tanto a paternidade de Rousseau, parece clara a carga simbólica irradiada pelas ideias do *Contrato Social*. Entretanto, tributários da herança rousseauniana, a voz dos protagonistas também fala por si:

> enquanto eu lia, com a atenção merecida pelo tema, a exposição de princípios e motivos oferecida pelo comitê, já que o princípio da legislação em um Estado livre é a vontade geral e que o princípio determina tudo, eu busquei nessa exposição qual ideia se tivera da vontade geral,

---

tais como são, algumas vezes tais como eles devem parecer-lhe, mostrar-lhe o caminho certo que procura, defendê-la da sedução das vontades particulares, aproximar a seus olhos os lugares e os tempos, pôr em balanço a tentação das vantagens presentes e sensíveis com o perigo dos males distantes e ocultos" (Idem, Ibid., p.56)

46 RIBEIRO, op. cit., 1991, p.159.

96   CARLOTA BOTO

porque dessa ideia sozinha deriva todo o resto. A vontade geral, propriamente dita, e na língua da liberdade, se forma da maioria das vontades particulares, individualmente recolhidas sem uma influência externa: a lei, assim constituída, consagra necessariamente o interesse geral, porque, cada um regrando sua vontade mediante seu interesse, da maioria das vontades resultará aquela dos interesses.[47]

A promessa de fidelidade a Rousseau é posta no discurso que pretende ser o eco do *Contrato*. Em Robespierre, a vontade geral dá conteúdo e álibi à estratégia da incorruptibilidade. O lapso da violência e o interregno da democracia são justificados perante a desculpa de quem diz ter um novo *Contrato* a fundar:

> O objetivo do governo constitucional é o de conservar a República: aquele do governo revolucionário é o de fundá-la. A Revolução é a guerra da liberdade contra seus inimigos: a Constituição é o regime da liberdade vitoriosa e pacificada. O governo revolucionário tem necessidade de uma atividade extraordinária precisamente porque ele está em guerra. Ele se submete a regras menos uniformes e menos rigorosas porque as circunstâncias nas quais ele se encontra são torrenciais e móveis e sobretudo porque ele é forçado a desbravar incessantemente novos e rápidos recursos, para perigos novos e urgentes.[48]

Aquilo que começa por um ato de institucionalização de uma legalidade inédita – a *Declaração dos direitos* – converte-se no governo extraordinário de fundação da República. Há no percurso, por palavras e pelo enredo, toda uma teia bordada em torno da ideia de regeneração: o homem corrompido não soubera de imediato fazer jus ao novo pacto com que se defrontava. Havia que se purificar esse homem. Isso exigia um ato de contrição, como penitência para a revelação do homem novo e para a estreia do inédito nas novas gerações – variações sobre o mesmo tema: terror e pedagogia.

ESCOLA COMO PREFÁCIO DO AMANHÃ:
A REVOLUÇÃO QUE SE ILUMINA

Por substituir o absoluto do rei pelo absoluto da nação, por respaldar-se na vontade popular como a fonte e a razão de ser da

---

47 SAINT-JUST, op. cit., s.d., p.121.
48 ROBESPIERRE, apud BOSC, op. cit., 1990, p.81.

soberania, por evocar toda a trilha da Ilustração para cimentar sua prática, a Revolução desenha o contorno da originalidade que pretende instituir. No panfleto de Sieyès estaria já contida a acepção da nova arqueologia nacional: "Quem portanto ousará dizer que o Terceiro Estado não traz em si tudo o que é preciso para formar uma nação completa?".[49] Ou, ainda, em sua exposição sobre os direitos do homem ao Comitê de Constituição, o mesmo Sieyès ilustra a vertente rousseauniana desse novo modo de pensar a esfera pública: "Todos os poderes públicos, sem distinção, são uma emanação da vontade geral, todos vêm do povo, quer dizer, da nação. Esses dois termos devem ser sinônimos".[50] Seja como for – entendiam os protagonistas – era premente a organização de um sistema capaz de consolidar os novos referenciais da vida nacional. Ora, aos olhos dos contemporâneos, o projeto de identificação popular passaria, antes de tudo, pela unidade linguística. Segundo parecer de Hobsbawm,[51] à época da Revolução, insiste-se na adoção da língua francesa como condição de uniformidade, até para viabilizar a cidadania e assegurar a demarcação de fronteiras. Em estudo sobre um inventário da mitologia da identidade nacional, Hobsbawm afirma que em 1789 o *patois* imperava na França para, no mínimo, 50% dos franceses, que desconheciam a língua oficial. Dos outros, apenas 12% tinham pleno domínio do código linguístico erudito. Os franceses, no entanto, desejavam "inventar tradi-

---

49 SIEYÈS, apud BOSC, op. cit., 1990, p.183.
50 Idem, ibid., p.71. Em consonância com o ideário rousseauniano, fundamentalmente a propósito do caráter inalienável da soberania popular, o abade acrescenta a seguir: "O mandatário público, qualquer que seja o seu rosto, não exerce portanto um poder que lhe pertence a si mesmo, é o poder de todos; ele lhe foi somente confiado; ele não poderia lhe ser alienado porque a vontade é inalienável, os povos são inalienáveis; o direito de pensar, de querer e de agir por si é inalienável..." (Idem, ibid).
51 Em seu estudo intitulado *Nações e nacionalismo desde 1780*: programa, mito e realidade, Hobsbawm atenta para o fato de o componente linguístico tornar-se essencial para a atualização da ideia de nacionalidade, tal como esta virá a ser percebida fundamentalmente a partir do século XIX. Para esse autor, há na Europa daquele século todo um movimento no sentido da irradiação da língua de domínio da elite, com vista a construir o artifício da coesão do constructo social. Elemento de padronização e de depuração, "a língua cultural oficial dos dominantes e da elite frequentemente transformou-se na língua real dos Estados modernos via educação pública e outros mecanismos administrativos" (HOBSBAWM, 1990, p.37).

98 CARLOTA BOTO

ções". Nada melhor do que a língua para alicerçar os novos registros da coesão e lealdade cívicas. Hobsbawm ressalta, porém, que o conceito revolucionário francês de nação passava antes por uma opção política deliberada; sabia-se que não houvera unidade preexistente, mas desejou-se criar o patriotismo em razão da escolha da democracia. Daí a nítida preocupação com o ato de eliminar quaisquer vestígios de *patois*; o federalismo é, assim, percebido como fardo legado pelo tempo da superstição, pelo Antigo Regime que se quer apagar. Nessa direção, poder-se-ia inscrever o questionário do Abade Grégoire logo nos primeiros feitos da irrupção revolucionária. Dirigido especialmente no sentido de coletar estratégias de erradicação do *patois*, o referido questionário – enviado aos correspondentes em 13 de agosto de 1790 – acentua o papel a ser especialmente desempenhado pelas escolas rurais tendo em vista a uniformidade linguística.[52] O objeto era claro e foi diretamente explicitado na publicação e divulgação do questionário em jornal:

> A educação das pessoas do campo é e será sempre um dos meios mais eficazes para sustentar a Constituição. A universalização da língua francesa por todo o reino é um outro meio, não menos essencial. O senhor abade Grégoire, que incessantemente se ocupa da coisa pública e que atualmente dirige seu olhar a esses dois tópicos importantes,

---

52 A ideia norteadora dessa preocupação com a homogeneidade linguística pode ser também remetida à busca das origens e da essência como objeto da linguística erudita em um século que crê no progresso intermitente do gênero humano em direção à sua perfectibilidade. Esse rastreamento da origem, no parecer de De Certeau, culmina na tentativa de delineamento da ordem. A pluralidade passa a ser, nessa lógica, rejeitada em prol de uma trilha originária que suporia a possibilidade de reencontro com a verdade inscrita na história. Existiria uma filosofia da história por trás do intento de unificação linguística. Nas palavras de De Certeau: "Colocar uma origem única, princípio explicativo das línguas, e superar ou contornar a culpabilidade inscrita na proliferação das diferenças são os componentes de um mesmo trabalho – aquele que, ontem, afirmava o triunfo de uma verdade sobre a desordem da história e aquele que, sob a Revolução, assegura a uma 'razão' o poder de refazer a história e constitui em heterogeneidades 'feudais', 'patoisantes' ou 'supersticiosas' as resistências que ele encontra. A razão que supõe reorganizar a língua (em nome de um princípio designado como 'origem') tem por adversário menos o erro que uma falta ligada à própria história. Em face de uma política da razão, o plural aparece como criminoso; ele acena para o retorno do múltiplo, do histórico e da antirrazão" (DE CERTEAU et al., 1975, p.83).

propõe as seguintes questões aos patriotas e, sem dúvida, ele obterá as respostas que lhe permitirão ser capaz de atingir seu propósito.[53]

A adesão do povo à Revolução deveria ter por pressuposto a circularidade de um único código linguístico capaz de propiciar às distintas camadas da população elementos para a apropriação e a representação das ideias de pátria, de nação. Os valores republicanos, havia que se entusiasmar com eles, dispondo-se até a, por eles, morrer. De Certeau insiste nessa estreita ligação entre o intento de homogeneidade linguística e a prática política agendada para o ofício da instrução pública.[54] O feudalismo e a superstição eram apresentados como alicerces da ignorância a serem brevemente ceifados pela via da escola, e esta far-se-ia capaz de imprimir na alma dos novos cidadãos o registro da sociabilidade inédita que recriaria os costumes, os hábitos, os valores e a própria tradição. Dos esforços depreendidos para com o enigma do homem novo, esse era tido como o primeiro grande desafio pedagógico. Mas nem sempre – vale lembrar – creditou-se muito valor à escola. Havia entre os revolucionários quem desconfiasse, ou, como adverte Bronislaw Baczko:

> confrontavam-se duas imagens de instrução e de professor primário. Por um lado, é a escola prefigurando a sociedade nova, baseada em uma forte organização de Estado e apoiada por uma armada de professores primá-

---

53 *Le patriote français* de 23.8.1790, apud DE CERTEAU, op. cit., 1975, p.25.

54 "A Revolução é de chofre confrontada com o problema linguístico, desde que, fundando uma ordem social e política nova, ela acredita suscitar a adesão popular. As resistências encontradas pelas autoridades para aplicar os novos decretos só podem ser decorrentes da ignorância ou do preconceito. Por essa ocasião uma dupla pedagogia política se mostra necessária: por um lado, para explicar aos habitantes do campo o sentido das novas leis em uma linguagem que lhes fosse acessível, ou seja, traduzi-las; por outro, elaborar uma política de instrução pública ... E, tomando cuidado de limitar seu projeto aos departamentos cujos idiomas parecem ser 'os mais contrários à propagação do espírito público', quer dizer, o bretão, o alemão, o italiano e o basco, mas recusando atacar o patois, havia que se votar a nomeação de um professor de língua francesa em cada comuna onde 'os habitantes falassem um idioma estrangeiro', encarregado, por um lado, de ensinar às crianças a língua francesa e a *Declaração dos direitos do homem* e, por outro lado, de 'propiciar leitura ao povo e traduzir oralmente as leis da república' todas as semanas" (Idem, ibid., p.10-1).

100 CARLOTA BOTO

rios especializados, missionários e funcionários do Estado, pedagogo supremo. Por outro, a retórica da liberdade do povo, conjugando o mito revolucionário a um rousseauísmo vago e confuso, lança a visão de uma educação espontânea, ou até espontaneísta, recusando, em nome da sociedade-escola, todo sistema formalizado de instrução. O povo revolucionário é julgado como o único e o melhor instrutor de si próprio. As assembleias populares, mas também as sessões dos tribunais revolucionários, formariam a melhor escola, comunitária e igualitária, para os adultos, os adolescentes e mesmo para as crianças. A prática revolucionária seria por si só suficiente para a aprendizagem de todos os conhecimentos dos quais a Revolução tem verdadeiramente necessidade.[55]

Como veremos posteriormente, o discurso contrário à escola não teria predominado nos debates revolucionários. As discussões centraram-se, antes, sobre a forma que a escola das novas gerações republicanas deveria tomar.

Dada a necessidade de se fortalecer o espírito público e a unidade nacional, o pensamento educacional predominante no desenrolar da Revolução situa o problema da instrução a partir de dispositivos de inversão que haviam sido – até certo ponto – estreados na política. Os discursos de Robespierre a respeito da necessidade do culto ao Ser Supremo como estratégia de sacralidade patriótica acenavam com frequência para o corolário de uma pedagogia cívica a modelar os futuros cidadãos republicanos.[56] O homem novo deveria ser, pois, educado pela pátria e para a nação, tendo em vista os preconceitos ainda arraigados na população adulta, que prejudicariam tal tarefa se esta fosse delegada à família. Verificaremos posteriormente como o tema das festas cívicas e das imagens revolucionárias se traduziria nos debates acerca da instrução pública, em diferentes períodos da Revolução. A educação, até certo ponto coincidente com a formação cívica, abarcaria primor-

---

55 BACZKO, 1980, p.121. Nesse notável artigo sobre o imaginário pedagógico da Revolução, Baczko sugere que quaisquer que fossem as oposições pedagógicas do tempo da Revolução, elas todas remetiam-se para um fundo comum, posto nessa noção de ruptura, de inauguração do "novo", que tanto embriagava os revolucionários. O sonho de destruir as fronteiras da opressão em todos os níveis levava a utopia de, nos termos de Baczko, "zerar o passado e inventar o futuro" (p.96).

56 ROBESPIERRE, apud SABORIT, op. cit., 1989, p.247.

dialmente, mas não exclusivamente, as novas gerações, cabendo portanto ao Estado incutir, também na população adulta, hábitos, crenças e valores, mediante os quais a Revolução fosse efetivamente apreendida como se se tratasse de uma conversão. Tal percepção de uma institucionalização governamental do ofício da formação humana tinha também em Danton um ardente militante:

> Quando se semeia no vasto campo da República, não se deve ter em conta o preço dessa semente. Depois do pão, a educação é a primeira necessidade do povo ... Caminhemos, portanto, para a instrução comum. Tudo se torna estreito na educação doméstica, tudo se engrandece na educação comum. E eu, eu também sou pai; mas meu filho não me pertence: ele pertence à República. É ela que lhe deve ditar os deveres para que ele possa bem servi-la.[57]

Como explicitam estudiosos do tema, nomeadamente Baczko e Ozouf, os atores do cenário da Revolução usualmente frisavam a necessidade de suprir o intervalo que se impusera entre o passado deposto e o futuro por vir. A educação é tomada como âncora de engate entre aquilo que se fora e o que se poderia erigir. O inédito deveria ser criteriosamente palmilhado, tendo em vista a substituição da opinião pública por um espírito público mais de acordo com a acepção – emprestada de Rousseau – de vontade geral. A utopia pedagógica herdada da Ilustração concebia já o desejo de moldar o cidadão para a pátria regenerada. Desde logo, o povo como princípio instituinte é tido por soberano, detendo, portanto, toda uma carga mítica que implicaria efeitos de sacralização da tarefa educacional. Para a cidade nova, parecia imperioso, aos olhos dos protagonistas, regenerar o povo. Se Mirabeau insistia em preencher o intervalo entre as novas leis e os costumes herdados, os contemporâneos tinham claro que "havia sido feita a lei para a nação; trata-se agora de fazer a nação para essas leis; e isso, através da educação pública. Essa educação é sobretudo necessária para a felicidade do povo".[58] No parecer de Baczko, a educação devia ser irredutivelmente distinta de tudo o que precedera a Revolução, na

---

57 DANTON, apud BACZKO, op. cit., 1980, p.110.
58 DELEYRÉ, apud BACZKO, op. cit., 1980, p.93.

medida em que esta é tomada como ruptura, gênese, inauguração. Ora, sendo o futuro traçado segundo um contorno bastante distinto dos tempos antecedentes ao turbilhão revolucionário, a educação, como estratégia para a construção desse futuro, deveria, antes de mais nada, romper com quaisquer referentes eivados de tradição.

Liberdade, igualdade e fraternidade eram os novos emblemas de uma pedagogia que deslocara o lugar de seu objeto para erigir o engenho de fabricação do natural. A nova civilidade republicana recorria a novos códigos para recriar a trilha de um futuro, que se supunha inscrito já nesse catecismo cívico da infância. O calendário adotado revelava a originalidade dos tempos; os critérios de medida então padronizados supunham novas referências espaciais. Há nisso qualquer coisa de misterioso, algo de energético que nos leva a ver a era da Revolução como o desvendamento da criação, ou o produto do inteiramente inédito. Tal perspectiva combina o esforço de comunhão com o empenho da depuração de quaisquer vestígios ou rastros do Antigo Regime. Como tarefa de edificação da nacionalidade, a formação do homem regenerado apresenta-se aí como um tema que caminha *pari passu* com o terror. É verdade também que, desde os *Cahiers de Doléances*, houve reivindicações no sentido do estabelecimento e canalização das escolas para a feitura do homem político, mediante instrumentos diferenciados daqueles que eram até então habituais. Mesmo alguns *Cahiers* da nobreza acenavam já para a questão da ignorância como um nódulo a ser extirpado:

> A Assembleia Geral voltará frequentemente sua atenção sobre os estabelecimentos de educação pública inexistentes em muitas partes do reino. Essas fundações, quase todas antigas, conservam a rotina dos séculos passados. É tempo de fazê-las participar das luzes adquiridas, de lhes dar um regime mais próprio a formar cidadãos de todas as ordens e sobretudo de propagar nos campos os meios de uma educação suficiente aos que os habitam e que possam se estender até mesmo aos pobres ... Recomendamos a nossos deputados apresentar nosso voto pelo estabelecimento de uma Comissão encarregada especialmente de se ocupar da instrução pública.[59]

---

59 *Cahiers de Doléances*, apud LOPES, 1981, p.58. O trabalho de Eliane Marta Teixeira Borges aborda, ainda no princípio dos anos 80, de modo pioneiro para o mercado

Entender como território da educação a formação de almas republicanas supunha, entre os revolucionários, direcionar a escola para a formação do homem político, capaz de se orientar no sentido de imersão na coletividade. É assim que, segundo Baczko, a pedagogia cívica abarcaria uma dupla tarefa: já que os revolucionários desejavam em matéria pedagógica viabilizar os limites da utopia, havia que se instruir e, mais do que isso, educar.[60] Os conhecimentos veiculados pela nova escola republicana extrapolariam a famosa tríade do "ler-escrever-contar". Mais do que nunca, a formação para a moralidade, a inculcação de regras de conduta social e de civismo republicano se faziam urgentes. De um certo modo, era uma escola que pretendia obter civismo e civilidade. A acepção emotiva dos recursos discursivos propagandeavam a paixão pela república. Nessa direção, Baczko qualifica os debates pedagógicos presenciados pelos tempos da Revolução como imbuídos de fantasia de origem, de missão e de vocação cívica. No confronto entre inovação e tradição, a escola poderia ser o Voto de Minerva:

---

editorial brasileiro, o tema dos debates pedagógicos nas diferentes etapas da Revolução na França, mostrando, com clareza e rigor analítico, o movimento e as inflexões do discurso pedagógico no âmbito do percurso revolucionário.

60 A profunda reflexão de Baczko acerca do sentido pedagógico inscrito na trilha da França revolucionária destaca a elaboração de duas estratégias de canalização educativa da paixão do embate:

a) a festa cívica daria o tom para a nova sociabilidade republicana em suas utopias, representações e práticas. A república mostraria, com esse gesto, a circunstância da instauração do novo;

b) a escola seria a agência de criação das novas gerações de jovens republicanos. Citando o *Rapport* de Romme, essa dupla orientação parece bastante explícita: "Uma boa instrução pública assegurará à sociedade bons filhos, bons maridos e bons pais; à liberdade e à igualdade, amigos ardentes e defensores fiéis; ao corpo político, funcionários esclarecidos, corajosos e devotados em seus deveres ... A instrução pública aclarará a opinião, ajudará a vontade geral e, através dela, melhorará todas as instituições sociais. Ela deve expandir sobretudo esse amor sagrado pela pátria que dá vida, união, para tudo embelezar e tudo fortalecer no sentido de assegurar aos cidadãos, pela concórdia e fraternidade, todas as vantagens de uma grande associação. A constituição dará à nação uma existência política e social, a instrução pública oferecer-lhe-á uma existência moral e intelectual" (ROMME, apud BACZKO, op. cit., 1980, p.100).

104   CARLOTA BOTO

É preciso distinguir a instrução da educação nacional. A instrução pública aclara e exercita o espírito, a educação deve formar o coração; a primeira deve oferecer as luzes e a segunda as virtudes; a primeira será o lustre da sociedade, a segunda propiciará a ela consistência e força. A instrução pública requer liceus, colégios, academias, livros, instrumentos, cálculos, métodos, e ela se restringe ao interior das suas paredes; a educação nacional supõe os circos, os ginásios, as armas, os jogos públicos, as festas nacionais; o concurso fraternal de todas as idades e de ambos os sexos, e o espetáculo imponente e doce da sociedade humana toda reunida; ela solicita um espaço grande, o espetáculo dos campos e da natureza. A educação nacional é necessária para todos, a instrução pública é partilhada por alguns. Elas são irmãs, mas a educação nacional é a primogênita.[61]

Mais do que conhecimento, cabia ao homem a tarefa do enamoramento pela verdade que, por sua vez, estaria situada na nova repartição das cidades e dos campos e nos agenciamentos de civismo que produziriam novos signos, nova linguagem e nova distribuição do espaço e do tempo, em compasso com o ritmo inédito que a forma republicana inaugurara. Como salienta Baczko, há uma analogia, bastante recorrente no cenário da Revolução, entre ofício pedagógico e prática revolucionária. Sacralizada a ideia de pátria, havia que se reconstruir suas instâncias de representação. O povo passa a ser, nesse eixo, o educando por excelência desse "Estado-pedagogo". O povo regenerado, despido de seu anterior obscurantismo e das tradições do Antigo Regime, seria o retrato mais acabado do vetor educativo ao qual teria sido submetido. A cidade reconstruída – materialidade prática do novo pacto civil que

---

61 SAINT-ÉTIENNE, apud BACZKO, op. cit., 1980, p.102. Acerca do tema, Baczko dirá o seguinte: "Para regenerar a nação, a nova educação deve apoderar-se do homem inteiro, tanto física quanto moralmente. Trata-se, de fato, de ensinar, mas também de educar ... A finalidade da educação é dupla: por um lado, técnica, por outro, moral. Trata-se de ensinar o povo a ler, escrever e contar – essa é a fórmula consagrada que aparece em todos os projetos. Mas isso não significa ler não importa o quê – antes de mais nada, o abecedário introduzirá a criança no universo puro e transparente da moral republicana. Do mesmo modo, não se trata de contar qualquer coisa. Com a introdução do novo sistema de pesos e medidas e a instauração do novo calendário deve-se iniciar as massas nos cálculos implicados por essas duas instituições republicanas encarregadas elas mesmas de funções educativas. Mas é necessário sobretudo que a educação nova forme novos costumes, que ela produza verdadeiros republicanos" (Idem, ibid., p.99).

Rousseau traçara no *Contrato social* – deveria erradicar de si os vestígios da sociedade corruptível que fora demolida aos olhos dos contemporâneos perante a eleição de códigos inéditos capazes de recompor seu imaginário. Daí a primazia do enquadramento teórico legado por Rousseau, cuja obra já acenara também para a festa cívica como alavanca matricial da depuração dos tempos novos:[62] educação pela rua, para, através do coletivo, unificar quaisquer possíveis dissonâncias. Nesse compasso haveria um efeito energético na pedagogia revolucionária; energia remetida à sacralização da república, da nova pátria então por ela constituída, vetor máximo da Revolução como princípio. Mais do que um rito de iniciação, urgia que houvesse também a tarefa de regeneração. Perante esse ideário anunciado, Mona Ozouf distingue, no imaginário da França em Revolução, duas acepções diversas para esse ato cívico de regenerar-se. A primeira percebe a Revolução como revelação, irrupção premonitória de algo que, uma vez criado, não admitiria qualquer possibilidade de retorno. Segundo essa autora, tal perspectiva tinha por suposto que "o homem regenerado não mais se degenerará, porque aquele que foi objeto de uma conversão tão magnífica não poderá jamais se esquecer do que lhe fora então revelado".[63]

O influxo revolucionário teria, desta perspectiva, a força da fratura, do derradeiro confronto entre antigo e moderno, na transformação radical das disposições mentais e das crenças partilhadas. Haveria aqui algo de mágico, de radioso, concomitantemente ao mais acabado tributo à perfectibilidade humana, ideia tão cara à tradição iluminista. Nesse registro, no que concerne à

---

62 Rousseau aborda o tema da festa cívica, evocando o exemplo de Esparta, em seu texto "Lettre à D'Alembert", no qual explicita sua discordância em face da possibilidade de instalação de um teatro em Genebra. Sempre preocupado com a preservação dos costumes e com a possibilidade de transparência individual, Rousseau manifesta-se contrário à perspectiva da representação artística. Como contrapartida, sugere a utilização de festas públicas de finalidade cívica: "Eu tomaria as festas dos Lacedemônios como modelo daquelas que eu gostaria de ver entre nós. Não apenas o seu objeto, mas a sua simplicidade, torna-as recomendáveis: sem pompa, sem luxo, sem aparato, tudo ali respirava com um charme secreto de patriotismo que as tornava interessantes, um certo espírito marcial conveniente aos homens livres". (ROUSSEAU, s.d., p.232).

63 OZOUF, op. cit., 1989b, p.136.

106 CARLOTA BOTO

orientação educativa, podem ser depreendidos os vestígios da democratização do ensino, à luz da organização curricular norteadora da escola projetada. Existiria, nesta vertente, o primado da confiança reposta na natureza humana que, regenerada pela teia de um inaudito pacto social, estaria livre para o percurso de um incessante aperfeiçoamento.

A segunda concepção do homem regenerado desloca frontalmente o enfoque. Imbuídos pela ameaça ainda presente da corruptibilidade da alma humana, seus partidários codificavam o que Mona Ozouf caracteriza por percepção laboriosa da regeneração – os velhos hábitos, o fardo das antigas tradições, o fanatismo inculcado nas populações imersas em séculos de obscurantismo, nada disso poderia ser, por um só golpe, arrancado. O Antigo Regime permanecia, sobrevivente como antepassado, a despeito dos ecos da Revolução, ancorado em determinados indivíduos que poderiam levar a cabo a tarefa de multiplicação das antigas versões do mundo. O medo da ressurreição do território vencido fazia por aliar a depuração exercida pelos comitês de vigilância – mediante o exercício da *"Salut Publique"* – ao ofício pedagógico de formação da juventude. O signo da suspeita, tão caro ao Terror, cumpriria um destacado papel na composição do homem novo, trazendo a visibilidade necessária à pátria regenerada. No parecer de Ozouf:

> Ao fim e ao cabo, tratava-se de uma regeneração bem diferente daquela que nós acabamos de abordar. Aquela era desenvolta e espontânea, esta é meticulosa e dirigista, em toda a parte atada à figura de um legislador invisível, ou à mão oculta de um pedagogo, já que a sequência direcionada que vai das leis aos costumes é a única imaginável. A primeira deixava ao acaso a formação do homem novo, pouco se preocupando com a sua harmonização. Esta segunda não suporta nenhum tipo de divergência. A primeira, por fim e sobretudo, encarava o futuro sem desconfiança. Esta outra é povoada pelo medo, pânico do acidente (novo encontro, novo ensino, leituras insólitas) que destruiria seu novo homem. O que preside tal concepção de regeneração é concomitantemente a vontade de concluir a empreitada e o temor surdo de que ela seja interminável.[64]

---

64 Idem, ibid., p.145.

Seja como for, quaisquer que pudessem ser as digressões a propósito do tema da regeneração, os atores políticos concordavam num ponto: a Revolução, que engendrara o território do inédito, havia também dado lugar para o surgimento do homem novo. Os projetos pedagógicos dos revolucionários trariam materialidade às duas perspectivas, pelo fato de sinalizarem para dois modelos distintos e parcialmente excludentes de formação de homem. Identificar as premissas das duas matrizes pedagógicas que travarão embate no percurso revolucionário parece-nos a estratégia mais adequada para realinhar – nos arquivos da memória – os grandes dilemas e desafios que estão hoje postos para a matéria pedagógica. Os ecos do debate que pretendemos mapear a seguir talvez ainda acompanhem, como paradigmas que foram a seu tempo, os impasses de organização do ensino nestes dois séculos que a eles se seguiram. Pensar a educação no âmbito público que lhe confere a legitimidade política supõe um retrospecto ... há que se colher um pouco daquele entusiasmo matricial para nele dissecar os elementos fundantes que hoje formam muitas teias discursivas atinentes à matéria pedagógica. Para tanto, daremos a palavra a alguns atores que à época disputaram formas distintas de olhar para a educação. Do rito revolucionário ao mito da modelagem das almas, deslocamos aqui o eixo desta composição.

3 CONDORCET E A ESCOLA DEMOCRÁTICA

DUAS VIAS PARA REGENERAR A HUMANIDADE;
DOIS CAMINHOS PARA PENSAR A EDUCAÇÃO

O cariz pedagógico da Revolução Francesa inscreve-se inegavelmente na herança dos iluministas. Seja pela interlocução, seja pela demarcação das distâncias, os revolucionários evocavam e invocavam o pensamento da Ilustração; pensamento este, por vezes, contraditório e impreciso quanto à sinalização de alguns dos objetos reputados fundamentais.

O colocar em questão opiniões e crenças do passado, para ser radical, não excluía, mas simplificava toda necessidade desse diálogo. Por isso a *Enciclopédia* não pode ser esse livro coerente e bem desenvolvido com o qual sonhava Voltaire. Ela devia, ao contrário, ser o que foi, um monstro bizarro, em que os prós e os contras eram ditos lado a lado e por vezes no mesmo artigo, nos quais homens diferentes, de opiniões diferentes, se mesclavam e se opunham. Somente tal liberdade podia permitir aos enciclopedistas progredir realmente no conhecimento e na ação. À verdade, só se colocavam dois limites: o dogmatismo, mediante o qual a empreitada seria rejeitada pela trilha que acabara de abandonar, e o pirronismo sistemático, que mataria a própria ideia de um progresso possível. Nós já pudemos observar uma prova do liberalismo intelectual dos editores do dicionário: aqueles seus artigos que eles acabavam por sacrificar em prol de algum texto melhor, fornecido por algum dos seus colaboradores. Nós vimos também que, a propósito de alguns temas essenciais, foram dedicados vários artigos exprimindo opiniões divergentes.[1]

Poder-se-ia inscrever, nessa última observação de Proust, as dissonâncias específicas quanto ao juízo efetuado pelos enciclopedistas acerca da expansão das escolas por iniciativa governamental. Como vimos, o verbete *Educação* – redigido por Dumarsais – chega a preconizar o caráter público da instrução, ainda que não postule a escola única. Pelo contrário, deveria haver um tipo de educação diferenciado em razão das distintas camadas componentes da organicidade social. Ora, se o verbete *Educação* preconiza o ensino oficial, o verbete *Colégio* – de autoria de D'Alembert – assume a defesa da educação doméstica como o melhor antídoto para os inconvenientes do ensino coletivo. Contradizendo-se mutuamente, ambos os verbetes revelam, a seu modo, os paradoxos da Ilustração acerca do temário pedagógico.

Assegurando que virtudes e talentos seriam, a partir dali, as únicas fontes legítimas de distinção entre os homens, o artigo VI da primeira *Declaração dos direitos dos homens e do cidadão* conferia à utopia ilustrada a esperança de enunciado para o futuro. Apenas um mês se seguira à tomada da Bastilha; o ato de declarar por escrito os direitos correspondia à tentativa de anunciar a nova origem do princípio de autoridade: Estado-nação, constituído por um coletivo dotado de talento – capaz de singularizá-lo na ordem da natureza – a ser agenciado como dispositivo do aperfeiçoamento da humanidade. Aliás, a construção da nação supunha novas representações a serem concebidas na esfera pública. Por esse imaginário transitavam as acepções de cidadania, de soberania, e, sem dúvida alguma, de pedagogia. A Revolução Francesa, por seus ritos e mitos, no que disse e no que deixou entrever, tomou a educação pelo signo das políticas públicas. Desde logo, pelos *Cahiers de Doléances*, o pensamento dirige-se para a questão da escola. A relação mestre–discípulo pensada como tipo-ideal será substituída por uma perspectiva de alcance popular. Pensar a instrução, desde a

---

1 PROUST, op. cit., 1965, p.161.

irrupção do movimento revolucionário, supunha, nas dimensões não manifestas do currículo, a gestão de corações e de paixões, com vista a alterar o cotidiano pela solidificação de novos costumes. A pedagogia revolucionária inscrever-se-ia, pois, nessa árdua caminhada ao encontro do que se supunha futuro. Acerca disso, são bastante precisas as palavras de Rosanvallon: "A educação e a cultura não poderão ser consideradas na França como simples domínio da ação do Estado: elas são, como a diplomacia e as finanças, a própria razão de ser desse Estado".[2]

Enquanto razão de ser, havia que se inventar o território do inédito. A transformação política agenciara novos dispositivos de configuração do Estado. A estratégia de fabricar uma nova nacionalidade exigia, pois, uma mutação nos códigos de conduta e nos registros da tradição. A pátria recriada deveria ser desvelada por uma subjetividade de porte revolucionário. Formar mentes infantis para a nova civilidade seria instrumento prioritário de disposição do poder como autoridade emanada do povo. A tarefa pedagógica principia pela utopia do homem novo: cidadão da política regenerada. O traçado do futuro havia sido criteriosamente antecipado pela profecia iluminista. No entanto, atropelada pela política, a ordem das ideias deveria, em razão da torrente revolucionária, ser ajustada ao novo tempo. Feita a Revolução, era impossível transmutar valores distintos para a nova mentalidade com que se queria dar a ver a coisa pública. Desde a *Declaração dos direitos*, falar em educação supõe perscrutar toda a mitologia da Revolução no universo simbólico que pode ser dela decalcado.

A propósito das Luzes que revelam como utopia o ser revolucionário, Bronislaw Baczko recorda que o cotidiano do processo em curso a partir da Tomada da Bastilha tinha por objetivo pedagógico a transmissão de uma leitura uniforme mediante a qual os franceses pudessem visualizar sua Revolução, reconhecendo-se nela, como atores. Seja pelos sentidos, pela imaginação ou pela memória, havia que ser uniforme o sentimento de pátria, pela própria harmonização entre as leis que codificam o social e a dimensão íntima, interior a cada indivíduo. A imersão do sujeito

---

2 ROSANVALLON, 1990, p.110.

112 CARLOTA BOTO

no coletivo faria parte dessa "afetividade revolucionária", em que o episódio da transformação transmuta-se – por efeito de conversão – em todo um referencial emotivo, pela criação de esperanças e expectativas perante um futuro privilegiado. Nesse diapasão, haveria – segundo Baczko – um jogo de inversões, acenando para ritos e mitos, indícios de uma sociabilidade outra, composta segundo o signo da regeneração. Revolução tida como revelação[3] de uma verdade anteriormente inscrita no percurso da humanidade em direção ao seu aperfeiçoamento, a estratégia educativa passa a ser tomada em todo o seu potencial utópico; pode-se mesmo afirmar a existência de um deslocamento da esfera da sacralidade. Desde logo, a escola erige-se, no próprio discurso revolucionário, como templo da República. Nisso, há todo um ritual de revelação da realidade que supõe inclusive interditos eficazes para ocultar alguns dos seus mecanismos. Na luta de representações entre o olhar do Antigo Regime e o olhar revolucionário foram criados fetiches e mitologias com o fito de instrumentalizar a imaginação como racionalidade do amanhã.[4] Para além da Revolução objetiva, havia que se embrenhar no pantanoso terreno da subjetividade; havia que se capturar almas para fabricar o novo consenso social. O veio pedagógico da França revolucionária caminha *pari passo* com a acepção de história legada pelo Iluminismo. Apesar da ruptura, o movimento da perfectibilidade mantém-se harmonioso, sintonizado pelo ritmo dos novos caminhos traçados para a política. É por essa razão que a *Declaração de direitos* deveria – como prefácio da

---

3 Essa analogia entre revolução e revelação já foi sublinhada – a propósito do caso português – por Fernando José de Almeida Catroga, no ensaio intitulado "Política, história e revolução" (CATROGA, 1991b, p.34).

4 Pela definição de Baczko, utopia é a representação de uma sociedade por oposição àquela que existe. A representação dessa alteridade supõe, pelo imaginário, novas configurações institucionais. A meditação sobre a pedagogia costuma estar presente no pensamento utópico. Nos termos de Baczko: "Há que examinar sobretudo as utopias da educação e, nomeadamente, os projetos de educação pública que veiculam os sonhos de um homem novo para a Cidade Nova ou ainda o sonho de regeneração da cidade pela reeducação dos cidadãos. A história do debate sobre a educação pública durante a Revolução deverá ser retomada em seu conjunto. Reencontraremos as representações utópicas na consecução dos projetos que pululam à época e que chegarão até a propor a supressão quase total de todo o sistema escolar especializado e institucionalizado" (BACZKO, 1978, p.406).

nova Constituição – instruir os homens e fazer compreender a transformação. De uma certa maneira, o subtexto que dirige a leitura desse documento procura reportar-se à universalidade do Estado reconstruído, como se, pelo ato de se fazer conhecer os direitos, o povo, como categoria, tivesse sido ouvido e consultado. Ao declarar direitos universais, confere-se à Revolução um caráter sacralizado e também universal. Pretendia-se ali ritualizar a conversão; antes pela dimensão subjetiva do que por condições materiais.

A incursão pela pedagogia assumirá, desde logo, semblante institucionalizado perante a utopia de desenvolução dos talentos individuais pelo coletivo transformado. O reconhecimento da universalização dos talentos faria supor em cada indivíduo um potencial a ser explorado. Os critérios pedagógicos para a identificação dessas aptidões e inclinações naturais decorreriam da instrução oferecida pelos poderes públicos. Nesse aspecto, como já assinalou Mona Ozouf, há que se pontuar as duas distintas concepções acerca do objeto da regeneração. Em uma primeira acepção, teríamos a crença herdada dos iluministas acerca do aperfeiçoamento irreversível da espécie em seu percurso histórico. Pautada pela confiança no espírito humano, esta perspectiva acreditaria que o homem regenerado não mais degeneraria. Temos aqui o suposto primeiro do projeto pedagógico de Condorcet. Entretanto, havia os que entendiam que o processo de regeneração ainda não se completara, mas se inscrevia em uma longa caminhada no sentido da elaboração de novos registros mentais, capazes de traduzir no imaginário o lastro da mudança. Temos aqui o plano da Convenção, elaborado por Lepeletier. Duas matrizes de concepção da história, dois veículos de regeneração: direções distintas para sinalizar a utopia. Por ser assim, o debate pedagógico assumiria diferentes feições nos distintos períodos do percurso revolucionário. Cabe recordar que, dentre os intelectuais brasileiros que se debruçaram sobre o tema da Revolução Francesa, o trabalho de Eliane Marta Teixeira Lopes é, em nosso conhecimento, o único a debater os projetos educacionais dos revolucionários. Intitulado *Origens da instrução pública: a instrução na revolução burguesa do século XVIII*, a tese da referida historiadora abarca as expressões pedagógicas das diferentes etapas da Revolução, identificando as posturas e compromissos de classe dos protagonistas nos diferentes perío-

114   CARLOTA BOTO

dos.[5] Segundo Teixeira Lopes, teria sido desde os *Cahiers de Doléances* que a educação foi reputada objeto prioritário da transformação. Considerando, porém, que nosso intuito aqui será o de explorar o tema da regeneração nas duas vertentes com que o mesmo se apresentou, procuraremos resumir nossa interrogação com o estudo de apenas dois projetos, bastante diferenciados entre si, capazes de desvendar, à guisa de exemplo, as distintas perspectivas perante o sinal de educação no contexto revolucionário: Condorcet e Lepeletier. O traçado desses dois planos educativos tipificaria duas modalidades emblemáticas (que, talvez por isso, deixaram seus rastros) de olhar para o objeto pedagógico como vetor de regeneração política. Em Condorcet e Lepeletier visualizamos, sem dúvida, matrizes paradigmáticas da nossa contemporaneidade pedagógica.

CONDORCET E O ENCICLOPEDISMO APLICADO À HISTÓRIA

Já nas suas disposições preliminares, o texto da Constituição de 1791 assinalaria com o preceito herdado do Iluminismo acerca da distinção dos talentos como única fonte legítima de desigualdade entre os homens.[6] No ímpeto de abolição da nobreza, das cir-

---

5 O trecho abaixo transcrito ilustra o parecer político de E. M. Teixeira Lopes a propósito do tema: "através de um discurso igualitário, nas Constituições e nas Declarações, a burguesia atribui ao indivíduo, a cada cidadão individualmente, a responsabilidade pelo seu sucesso ou pelo seu fracasso. Nesse sentido, a análise do princípio de igualdade e a análise do princípio de individualismo são indissociáveis. Os indivíduos são proclamados iguais, mas a desigualdade econômica é reconhecida (como desconhecê-la?). Ao reconhecer a desigualdade econômica, a burguesia deve também indicar o caminho para sua superação e o faz: cabe à instrução tornar os cidadãos 'mais' iguais. Levando-se em conta que os 'indivíduos não são igualmente dotados pela natureza', alguns poderão ascender e superar a desigualdade real, outros não poderão. Depreende-se daí: o mesmo instrumento que pode tornar os indivíduos iguais, pode fazê-los permanecer desiguais. A instrução é acenada como veículo de liberação e de igualização, mas, assentada sobre a desigualdade econômica, permanece veículo de dominação de classe" (LOPES, 1981, p.115).

6 Anteriormente, como já foi dito, o artigo VI da *Declaração dos direitos do homem e do cidadão* – datado de 26.8.1789 – antecipava o empréstimo do emblema iluminista, ao afirmar o seguinte: "A lei é a expressão da vontade geral. Todos os cidadãos têm

cunscrições hereditárias, das ordens e do regime feudal, não mais se admitiriam prerrogativas pontuadas pelo nascimento. Sob tal orientação, as primeiras garantias de salvaguardar direitos imprescritíveis porque naturais manifestar-se-iam pelo texto da forma seguinte:

> A Constituição garante, como direitos naturais e civis: 1º que todos os cidadãos sejam admitidos aos lugares e empregos, sem outra distinção além daquela proveniente das virtudes e dos talentos.[7]

Dando consequência e substrato a tal premissa, o mesmo texto apresenta o prospecto de organização da instrução pública como compromisso firmado com a construção de tal sociedade aberta ao talento. Parece bastante simbólico o entrelaçamento da proposição das escolas com o projeto de festas nacionais que, a seu modo, contribuiriam para tornar perene o eco da glória revolucionária. Nos termos da Constituição de 1791, a pedagogia política já se dispunha sob duplo vértice:

> Será criada e organizada uma instrução pública comum a todos os cidadãos, gratuita no que tange às etapas do ensino indispensáveis para todos os homens e para a qual serão gradualmente distribuídos os estabelecimentos, em uma proporção combinada de acordo com a divisão do reino. Serão estabelecidas festas nacionais para conservar a lembrança da Revolução Francesa, prolongar a fraternidade entre os cidadãos e atá-los à Constituição, à pátria e às leis.[8]

Pelo teor da garantia legal, a gratuidade estaria circunscrita à etapa de ensino fundamental, que, de acordo com o projeto de Talleyrand, apresentado à Constituinte, deveria ser também obri-

---

o direito de concorrer pessoalmente ou por seus representantes para sua formação. Ela deve ser a mesma para todos, quer quando protege, quer quando pune. Todos os cidadãos sendo iguais a seus olhos, são igualmente admissíveis a todas as dignidades, lugares e empregos públicos, segundo sua capacidade e sem outra distinção que não seja aquela de suas virtudes e de seus talentos" (TULARD, 1997, p.771).

7 Constitution de 3-14 September 1791 (Idem, ibid., p.676).

8 Idem ibid., p.677.

116 CARLOTA BOTO

gatório. Essa gratuidade fundamental retomaria as inquietações da Ilustração a respeito dos inconvenientes de um ensino integralmente franqueado a todos. Sob tal enfoque, o ensino deveria deixar de ser obrigatório quando cessasse a utilidade social prescrita para ele. Nas palavras de Diderot, "nem todos seriam capazes de seguir essa longa avenida até o final. Alguns irão até aqui, outros até lá; mas à medida que eles avançarem seu número diminuirá".[9]

De qualquer modo, haveria um primeiro grau a e em que todas as crianças, mesmo as mais inaptas, teriam acesso e permanência. Porém, nos estágios posteriores, os enciclopedistas já vislumbravam certos desacertos passíveis de serem obtidos no caso de a gratuidade ser mantida: os estudos superiores seriam facultados a sujeitos medíocres, incapazes de aproveitá-los; haveria um substancial descompasso entre as candidaturas a carreiras liberais e os indivíduos destinados ao ofício agrícola, relegando a agricultura à escassez de mão de obra; o governo ver-se-ia obrigado a aumentar substancialmente os tributos, medida que prejudicaria as camadas economicamente menos favorecidas da população. Herdeiro dessa concepção de ensino público, Talleyrand, como relator do texto pedagógico da Constituinte, preconiza uma primeira instrução obrigatória, gratuita e universal. As etapas seguintes, no entanto, deveriam ser destinadas particularmente a um número relativamente restrito, em consonância com as necessidades dos lugares sociais a serem ocupados pelas diferentes profissões. A utilidade social aqui precederia o direito de desenvolver inclinações individuais. De acordo com a análise de Eliane Marta Teixeira Lopes,

> se a gratuidade para o primeiro grau representa, por um lado, uma real ampliação das oportunidades escolares para as camadas populares, por outro, representa o convite que a burguesia estende ao povo para que ele participe e assimile a instrução que ajudará a consolidação da nova ordem – burguesa – estabelecida. Assim, por que não a gratuidade nos demais graus de ensino? Indo além das respostas dadas por Talleyrand, podemos argumentar que a burguesia cede um pouco, não tudo. Por que, então, franquear a escola a uma classe a qual, pela natureza das coisas, era

---

9 DIDEROT, apud CAHEN, 1970, p.330.

chamada a ocupar posições não dirigentes – mas de fundamental importância – na hierarquia social?[10]

Seja como for, para Talleyrand, a proposta pedagógica centrar-se-ia substancialmente em um plano mais amplo de revolução linguística, o que seria, em seu entender, decorrência necessária do turbilhão de transformações na ordem da política. A Revolução havia criado significados novos, que não eram ainda apropriadamente nomeados. Esboçava-se, portanto, uma pedagogia de conteúdo cívico, capaz de oferecer uma certa competência linguística que adequasse o povo aos novos tempos que se supunha principiar. Dominique Julia sintetiza da seguinte maneira as grandes inquietações pedagógicas debatidas pelos revolucionários franceses:

> até onde o Estado pode estender seu poder em matéria de educação? Sobre esse ponto, as opiniões dos homens da Revolução se dividem e os debates que os opõem traduzem, para além das divergências no domínio pedagógico, os conflitos políticos que estruturam a própria acepção do regime revolucionário. Três questões primordiais dominam as discussões das assembleias: o Estado deve organizar todos os graus de ensino ou somente o nível mais elementar? O Estado deve exercer um monopólio ou, ao contrário, permitir a liberdade de ensinar? O Estado deve tornar a instrução obrigatória? Problemas essenciais que não são independentes uns dos outros e repousam sobre uma interrogação ainda mais fundamental: o Estado tem o direito de impor sua própria ideologia como verdade absoluta?[11]

---

10 LOPES, op. cit., 1981, p.65. Na sequência, preocupada em discorrer sobre o relatório de Talleyrand, a autora descreve: "Na hierarquização escolar, as escolas deveriam ser assim distribuídas: a escola primária deveria ser estabelecida em cada cantão, ao lado de cada assembleia primária. Seu programa envolveria princípios da língua nacional, regras elementares do cálculo e da medição, elementos de religião, princípios de moral, princípios da Constituição; o desenvolvimento das faculdades físicas (exercícios próprios para conservar, fortificar, desenvolver o corpo e colocá-lo em condições de enfrentar o trabalho manual), intelectuais (razão e memória) e morais. Acima das assembleias primárias colocam-se, na hierarquia administrativa, as dos distritos, que são compostos de elementos retirados das assembleias primárias. Assim, em cada distrito seriam estabelecidas escolas médias, intermediárias, abertas a todo mundo, mas destinadas pela 'natureza das coisas' apenas a um número retirado dentre os alunos das escolas primárias" (p.65).

11 JULIA, 1981, p.58. Acerca dos conteúdos pedagógicos recomendados para a escola primária – durante os anos revolucionários – comenta, ainda, o mesmo autor: "a

118   CARLOTA BOTO

É evidente que, não apenas as respostas, mas o próprio estilo da indagação sofreu inúmeras variações de acordo com o período e as prioridades dos projetos da Revolução.

Condorcet, por exemplo, daria uma nova dimensão para o problema da escola, distanciando-se de Talleyrand no que concerne à extensão das reais oportunidades para o cultivo intelectual. No parecer desse herdeiro das Luzes, haveria uma matemática social a regular o aproveitamento máximo dos talentos diferencialmente distribuídos pela espécie. Dar consequência à tese de que virtudes e talentos seriam as únicas fontes legítimas de distinção social supunha a equalização das oportunidades coletivas de desenvolver tais inclinações. Ora, para tanto, havia que se prever uma rede de escolarização gratuita em todos os níveis – por respeito à igualdade; no entanto – para não ferir o princípio natural da liberdade – o ensino facultado a todos não poderia, nem mesmo na primeira etapa, apresentar-se como obrigatório.

O projeto pedagógico da Assembleia Legislativa, levado a cabo pelo *Rapport* de Condorcet, configura-se indubitavelmente como a grande herança da Ilustração francesa, na radicalização da perspectiva oferecida às ideias de *talento* e de *perfectibilidade*. Radicando no interesse público o alicerce da instrução, Condorcet, ainda no período constituinte, discorreria acerca do problema pedagógico em suas *Cinco Memórias sobre Instrução Pública*.[12] Como dever do

---

atenção conferida pelos homens da Revolução ao problema intelectual da escola primária manifesta entre eles a vontade de romper com a rotina da 'petite école' tradicional. Sem dúvida, a missão moral de que são investidos esses novos estabelecimentos se substitui à antiga função religiosa, e nós poderíamos interpretar como uma simples laicização da finalidade educativa a substituição das orações dos antigos silabários por trechos de moral republicana servindo de exemplos de leitura e escrita. Mas trata-se de difundir um saber útil para um maior número de gente. Desde então a reflexão remete-se, simultaneamente, para os objetos de ensino e para os métodos educativos. Porque não se trata mais de recitar de cor palavras que não são compreendidas, mas de reter as ideias: trata-se de formar a inteligência por ideias justas e precisas e pelo exercício do raciocínio" (p.227).

12 Ainda ali, Condorcet diria: "A instrução pública é um dever da sociedade para com os cidadãos. Em vão se teria declarado que todos os homens possuem o mesmo direito; em vão as leis teriam respeitado o primeiro princípio da justiça eterna, se a desigualdade quanto às faculdades morais impedisse o maior número de homens de desfrutar de seus direitos em toda a sua extensão ... É impossível que uma ins-

poder público perante os cidadãos, a instrução seria, aos olhos do legislador, necessária para habilitar o homem para os diferentes lugares sociais a ele reservados no seio familiar, no ambiente social e na própria vida pública. Já no preâmbulo do relatório enviado à Assembleia Legislativa pela Comissão de Instrução Pública, lê-se o seguinte:

> Facultar a todos os indivíduos da espécie humana os meios de proverem as suas necessidades, de conseguirem o seu bem-estar; assegurar a cada um este bem-estar, torná-lo cônscio defensor dos seus direitos e esclarecido cumpridor dos seus deveres; garantir-lhe a facilidade de aperfeiçoar a sua indústria, de se habilitar para o desempenho de funções sociais a que tem o direito de ser chamado, de desenvolver completamente os talentos que recebeu da Natureza; estabelecer entre os cidadãos uma igualdade de fato e realizar a igualdade política reconhecida pela lei – tal deve ser o primeiro objetivo de uma instrução nacional e, sob este aspecto, ela é para os poderes políticos um dever de justiça.[13]

O projeto acerca da instrução pública, a ser apreciado pela Assembleia Legislativa, autoproclama-se como desdobramento necessário dos progressos alcançados pela civilização europeia nas ciências e nas artes. Afirmando ter por objeto o aumento da felicidade pública, o texto declara ser este um dever dos governantes para com o coletivo do gênero humano. Julia, que qualifica Con-

---

trução de fato igualitária não proporcione a superioridade daqueles que a natureza dotou de uma complexão mais feliz" (CONDORCET, 1968, v.7, p.169-70).

13 CONDORCET, 1943, p.5. Acerca desse projeto do qual Condorcet foi relator, Guillaume faz o seguinte comentário em sua introdução à publicação dos debates pedagógicos da Assembleia Legislativa francesa: "a obra capital do Comitê de Instrução Pública da Assembleia Legislativa é a preparação do célebre plano geral de organização da instrução pública, que foi lido à tribuna por Condorcet entre 20 e 21 de abril de 1792. Esse plano de instrução nacional é sem dúvida o mais importante dentre aqueles que nos legaram as assembleias revolucionárias. A Assembleia Legislativa, é verdade, não teve tempo de discuti-lo; mas a Convenção, desde as primeiras semanas de sessão, tomou-o para si e ordenou sua reimpressão; seu primeiro Comitê de Instrução Pública tomou-o por base de seu trabalho ... Pode--se dizer que, em lado algum, o espírito da Revolução em matéria de instrução pública manifestou-se de uma maneira mais completa e mais sistemática do que nesse plano no qual o nome de Condorcet permanece inscrito" (GUILLAUME, MDCCCXCIV, p.II).

120 CARLOTA BOTO

dorcet de "missionário das Luzes",[14] destaca a proeminência que o tema da educação adquire em seu discurso. Não seria por razões de ordem exclusivamente pedagógica que se deveria educar. Para a instrução do povo concorriam, antes, razões de outra natureza, concernentes ao modo pelo qual os homens se distribuem em sociedade e, nela, como repartem os frutos de suas conquistas e descobertas. O conhecimento adquirido na escola deveria ser, no parecer de Condorcet, mobilizado pelo homem adulto para que este se revelasse capaz de trazer a sua específica contribuição para o suposto progresso do espírito humano. O relatório de Condorcet remete o problema do ensino para o âmbito dos progressos sempre crescentes no conhecimento e, também, para a necessidade concreta de multiplicar por um conjunto mais amplo da população o conjunto desse saber acumulado pelo transcurso das gerações. A instrução preconizada deveria ser, para tanto, tão igual, tão ampla e tão universal quanto o permitissem as circunstâncias. Tal afirmação implicaria a defesa da máxima instrução para todos em um nível básico passível de ser partilhado. Dever precípuo do poder público – e, portanto, direito subjetivo do cidadão –, o ensino ministrado deveria ser oferecido pelos poderes públicos, sem, no entanto, depender destes. A proposta da Comissão faria por submeter os estabelecimentos de instrução à alçada do Legislativo que, segundo consta do texto,[15] seria menos corruptível e menos propenso a subjugar a disposições particulares o interesse público. Há quem acredite que essa ênfase na independência da educação em relação ao poder executivo tenha sido devida à desconfiança de Condorcet quanto à possibilidade de a monarquia instrumentalizar a rede de ensino em razão dos seus

---

14 JULIA, op. cit., 1981, p.332-3.
15 "Como, porém, esta independência não pode ser absoluta, resulta do mesmo princípio que é preciso fazê-los depender da Assembleia dos Representantes do Povo, porque, de todos os poderes, é este o menos corruptível, o mais refratário a ser arrastado por interesses particulares, o mais submetido ao influxo da opinião geral dos homens ilustrados e, sobretudo, porque, sendo aquele donde emanam essencialmente todas as iniciativas, é, consequentemente, o menos inimigo dos progressos das luzes e o menos oposto aos melhoramentos a que este progresso deve conduzir" (CONDORCET, op. cit., 1943, p.8).

específicos objetivos, o que constituiria medida em total desacordo com os preceitos revolucionários.

Ainda nas considerações preliminares, o *Rapport* de Condorcet manifesta para a instrução uma amplitude que pretende abranger todas as idades da vida, de maneira que os conhecimentos adquiridos na escola pudessem ser reavivados e mesmo atualizados por um projeto de formação continuada e permanente. Todos os cruzamentos discursivos confluem, nesse sentido, para a crença, sempre retomada, de uma desenvolução do tecido social pela erradicação do obscurantismo popular. Se a natureza dotara o homem de talentos, havia que se permitir seu pleno desenvolvimento; o aprendizado – conservado e ampliado – contribuiria assim para, derramando as Luzes, aperfeiçoar a nação. Pelos termos do texto, a profecia iluminista:

> Não queremos mais que um só homem, no império, possa dizer no futuro: – a lei assegura-me uma inteira igualdade de direitos, mas recusa-me os meios de os conhecer. Não devo depender senão da lei, mas a minha ignorância torna-me escravo do que me rodeia. Ensinaram-me bem, na minha infância, o que tinha necessidade de saber, mas, forçado a trabalhar para viver, brevemente se me apagaram estas primeiras noções e resta-me apenas a dor de sentir, na minha ignorância, não a vontade da natureza, mas a injustiça da sociedade.[16]

De acordo com o *Rapport* de Condorcet, a instrução divide-se nos seguintes graus: escolas primárias, escolas secundárias, institutos, liceus e Sociedade Nacional das Ciências e das Artes.

As escolas primárias compreenderiam a etapa de ensino universal, com o fito de oferecer a todos os representantes da espécie os instrumentos teóricos e os dispositivos conceituais que lhes oferecessem habilidades para a autonomia facultada pela razão. Além disso, as funções públicas mais simples poderiam ser ocupadas por cidadãos detentores dessa primeira aprendizagem institucional. Administrativamente, supunha-se uma escola primária para cada agrupamento de quatrocentos habitantes. A respeito da estrutura curricular desse primeiro degrau da instrução, previam-se os co-

---

16 Idem, ibid., p.9.

122 CARLOTA BOTO

nhecimentos elementares da leitura e da escrita em língua materna, algumas noções de gramática, os princípios da aritmética e do cálculo, além dos novos instrumentos de medida. Regras de conduta, de civilidade e moralidade também deveriam ser inculcadas, com o objetivo de traçar as diretrizes da ordem social, passíveis de serem elucidadas pela mente infantil.[17] As escolas primárias funcionariam também aos domingos, quando os professores deveriam ministrar as chamadas Conferências Públicas aos cidadãos jovens e adultos, interessados em atualizar e aprofundar o aprendizado que tiveram na primeira educação. A instrução, assim continuada, permitiria a retenção pela memória dos conhecimentos úteis oferecidos pela escola, proporcionando, ainda, o aprofundamento de tais saberes, diante do infinito progresso atingido nas ciências e nas artes. Lembre-se que, em Condorcet, acelerar a progressão dos conhecimentos supunha também partilhá-los com maior número de indivíduos. A meta da razão em movimento seria, portanto, a ferramenta da felicidade. Condorcet, nessa medida, elegia como objeto natural a subjetividade de uma caminhada da racionalidade da espécie em constante progressão. A regeneração proposta para a pátria não teria como alicerce nem mesmo a dogmática da lei. Na trilha do espírito para a perfectibilidade inelutável,

> nem a Constituição francesa, nem mesmo a *Declaração dos direitos* serão apresentados a nenhuma classe de cidadãos como tábuas descidas do céu, que é preciso adorar e crer. O seu entusiasmo não será fundado em preconceitos nem em hábitos de infância e poder-se-á dizer-lhes: esta *Declaração dos direitos* que vos ensina o que deveis à sociedade e o que tendes direito a exigir-lhe; esta Constituição que deveis manter à custa da

---

17 Como declara Karl Löwith, a crença de Condorcet na ordem como componente intrínseco do progresso perpassaria todo o seu trabalho teórico. No entanto, diz Löwith: "Para Condorcet, a ideia de progresso difere do conceito positivo de desenvolvimento de Comte, através daquilo que o próprio Comte chamou 'as expectativas quiméricas e absurdas' de Condorcet em relação à perfectibilidade do homem; mas é o próprio caráter extremo da fé de Condorcet no progresso que o une, mais estreitamente do que Comte, à esperança cristã de alcançar a perfeição, pois também a fé cristã é, por natureza própria, extrema e absoluta. Em homens como Condorcet, Turgot, Saint-Simon, Proudhon, a paixão setecentista pela razão e pela justiça deu origem a um fervor que, na verdade, pode ser chamado 'religioso', apesar de irreligioso" (LÖWITH, 1991, p.96).

A ESCOLA DO HOMEM NOVO   123

própria vida – não são senão o desenvolvimento daqueles princípios simples, ditados pela Natureza e pela Razão, cuja verdade eterna aprendestes
a conhecer desde os vossos primeiros anos. Enquanto houver homens
que não obedeçam exclusivamente à razão e recebam as suas opiniões
duma opinião estranha, em vão se quebrarão todas as algemas e em vão
procurariam ser úteis estas verdades impostas; o gênero humano nem
por isso ficaria menos dividido em duas classes: a dos homens que racio-
cinam e a dos homens que creem; a dos senhores e a dos escravos.[18]

Demonstrando sua plena intencionalidade quanto à formação
da capacidade de crítica pelo desenvolvimento do juízo racional, o
texto de Condorcet supera o projeto da Assembleia Constituinte
que preconizava, pela voz de Talleyrand, a preparação de um catecismo cívico suficiente para preparar uma cidadania útil ao
Estado.[19] Condorcet partilhava, indubitavelmente, do desejo de
prescrever uma pedagogia cívica mediante a qual os atores sociais
pudessem vir a se apropriar da acepção de pátria. Porém essa vereda não seria, a seus olhos, incompatível com a eterna revisão do
próprio estatuto de tal patriotismo.

A prioridade assumida pela Comissão de Instrução Pública da
Assembleia Legislativa em relação ao ensino primário levou à
formulação de uma estratégia de elaboração e difusão de livros escolares. Havia que se pensar na composição de um material impresso, unificado – tendo em vista a necessária normatização linguística –, capaz de se transformar em recurso didático eficaz e
também apreciado pelos professores e alunos, que dele viriam a
fazer uso. Seja como for, é sempre sob o signo do provisório que
Condorcet reconhece os limites das possibilidades do plano que então apresentava. De fato – reconhece ele –, se havia urgência

---

18 CONDORCET, op. cit., 1943, p.13-4.
19 Como observa Cahen: "Condorcet quer que o mestre ensine a Constituição como
    um fato, Talleyrand, como um dogma. O primeiro, imbuído da ideia de progresso,
    incita os jovens à crítica; o segundo pretende instituir na escola um catecismo polí-
    tico" (CAHEN, 1970, p.370). Não foi, porém, esta a única divergência entre o pro-
    jeto da Comissão de Instrução Pública da Assembleia Legislativa e o texto-base de
    Talleyrand, elaborado quando da Constituinte. Este último – como observara o
    trabalho de Eliane Marta Teixeira Lopes – ao contrário do *Rapport* de Condorcet,
    não previa gratuidade na instrução, a não ser no ensino primário.

124   CARLOTA BOTO

quanto a esse procedimento de multiplicação das luzes, a situação do ensino em França revelava, sem retoques, certa lentidão quanto à marcha da humanidade. Otimista, mesmo assim, e coerente com sua teoria sobre o progresso histórico e sobre o aperfeiçoamento intrínseco ao gênero humano, mesmo as constrições tenderiam a ser superadas.[20] Tal utopia de regeneração social passava, porém, por terrenos outros, para além da alçada pedagógica. Nos termos do texto:

> A necessidade ... de nos limitarmos a um só professor por cada estabelecimento; a de colocar as escolas perto da população escolar; os poucos anos que os filhos das famílias pobres podem consagrar ao estudo obrigaram-nos a encerrar esta primeira instrução em limites estreitos. Mas seria fácil alargá-los, quando a melhoria das condições de vida do povo, a distribuição mais equitativa das fortunas, consequência necessária das leis, e os progressos dos métodos de ensino tenham feito chegar o momento oportuno; quando, enfim, a diminuição da dívida e dos gastos

---

20 A grande obra de Condorcet, segundo seus biógrafos, foi o *Esquisse d'un tableau historique des progress de l'esprit humain*, escrito em 1793, quando seu autor estava já refugiado. Aqui a ideia de progresso e de perfectibilidade viria, como nunca, revestida pelos ventos da própria história imediata. A concepção de história do intelectual vem assim resumida: "Se existe uma ciência capaz de prever os progressos da espécie humana, de dirigi-los, de acelerá-los, a história dos progressos já realizados deve ser sua primeira base. A filosofia proscreveu sem dúvida essa superstição, que praticamente acreditava não poder encontrar outras regras de conduta que não fossem aquelas da história dos séculos passados, ou outras verdades que não as extraídas do estudo das opiniões antigas. Mas não deve ela compreender na mesma proscrição o preconceito que a leva a rejeitar com orgulho as lições da experiência? Sem dúvida, apenas a meditação pode, por combinações felizes, conduzir-nos às verdades gerais da ciência do homem. Mas, se a observação dos indivíduos da espécie humana é útil ao metafísico, ao moralista, por que a das sociedades lhes seria menos? Por que ela não seria útil também ao filósofo político? Se é útil que se observe as diferentes sociedades que existem em uma mesma época, de estudar-lhes as relações, por que não seria útil observá-las também na sucessão dos tempos? Mesmo supondo que essas observações possam ser negligenciadas na busca das verdades especulativas, deveriam elas sê-lo, em se tratando de aplicar essas verdades à prática e de deduzir da ciência a arte que lhe possibilita o resultado útil? Nossos preconceitos, os males que deles decorrem, não têm sua fonte nos preconceitos de nossos ancestrais? Um dos meios mais seguros de nos livrarmos de uns e de prevenir os outros não é o de revelar a origem e os efeitos?" (CONDORCET, 1988, p.88). Pelo trecho acima, nota-se a plena confiança do iluminista nas faculdades da razão humana, para, descobrindo o passado, tecer com maior precisão o futuro. Condorcet não parecia duvidar da razão, do progresso, ou das novas gerações. Daí, talvez, seu entusiasmo para abordar o problema da educação.

supérfluos permita consagrar a fins verdadeiramente úteis uma porção maior das receitas públicas".[21]

Herdeiro fiel da Ilustração, Condorcet não supõe pela via exclusiva da instrução a possibilidade de alterar radicalmente a estrutura em que se assenta a sociedade. Pragmático quanto à aplicabilidade do seu plano, afirma, desde logo, que as *escolas secundárias* destinar-se-iam, a princípio, àquelas crianças cuja família pudesse arcar por mais longo tempo com o suporte do ensino, já que, no caso, muitas não poderiam se dar o direito de prescindir do trabalho infantil. Não há muita ilusão no diagnóstico: se a meta é preparar um futuro aberto ao talento como fonte exclusiva de distinção, o presente exigia o reconhecimento dos demais focos de desigualdade, até para poder ensaiar sua correção. As escolas secundárias seriam situadas proporcionalmente em cada povoação de quatro mil habitantes, e sua estrutura curricular compreenderia matemática, história natural, química, além de princípios de moral, ciência social e comércio. Percebe-se, pelas próprias áreas de estudo previstas, o objetivo de – por esta etapa do aprendizado – preparar os sujeitos sociais para empregos públicos e profissões relacionadas a atividades mercantis que não exigissem muita complexidade teórica. O texto alerta para o fato de haver, com o aperfeiçoamento das manufaturas, uma tendência para uma divisão mecanizada dos variados ofícios, com o risco de o aperfeiçoamento técnico converter-se em fonte de estupidez: o trabalho reduzido a movimentos simples reduziria a capacidade de interação do espírito com o seu produto.[22] Os professores das escolas

---

21 CONDORCET, op. cit., 1943, p.17.
22 Eliane Marta Teixeira Lopes destaca que Condorcet identificava já no processo da manufatura e na divisão do trabalho produtivo fatores responsáveis pelo aumento da produção e causadores de modificações no plano das estruturas mentais coletivas. Até certo ponto, creio que se poderia dizer que Condorcet visualizava, ainda no século XVIII, alguns conceitos que Marx viria a explorar tempos depois. Vale a pena reproduzir o trecho já transcrito por Teixeira Lopes: "à medida que as manufaturas se aperfeiçoam, as suas operações dividem-se cada vez mais ou tendem, sem cessar, a encarregar cada indivíduo dum trabalho puramente mecânico ou reduzido a um pequeno número de movimentos simples, trabalho que ele executa melhor e mais prontamente, mas apenas em consequência do hábito e no qual o seu espírito deixa quase inteiramente de atuar. Assim, o aperfeiçoamento

126   CARLOTA BOTO

primárias seriam formados pelas secundárias. Estas contariam, ainda, com o mesmo recurso às conferências públicas, previsto – diga-se de passagem – para todos os graus do ensino oficial.

Os *institutos* seriam consagrados a habilitar os indivíduos para o preenchimento de cargos públicos mais complexos, para cujo desempenho fosse exigido maior conjunto de conhecimentos. Além disso, teriam também o encargo de preparar os professores das escolas secundárias. Nesse terceiro grau de instrução "se ensinará não somente o que é útil saber ao homem e ao cidadão, seja qual for a profissão a que se destina, mas ainda o que pode sê-lo para cada grande ramo destas profissões, como a agricultura, as artes mecânicas e a arte militar. E ainda se juntarão os conhecimentos médicos necessários aos simples praticantes, às parteiras e aos práticos veterinários".[23] Quanto ao rol de matérias elencadas, o texto ancora sua distribuição no entrelaçamento das faculdades cognitivas reconhecidas pelo movimento enciclopedista: memória, imaginação e razão deveriam ser compreendidas como categorias operatórias cuja circunscrição só se pode delinear na dinâmica de interlocução que elas exercem entre si.[24] Ao apresentar as dificuldades percorridas pelo espírito quando este se perde no labirinto enciclopédico sem poder atentar nele para todos os caminhos do saber acumulado, o texto passa a tratar da especificidade de cada área do conhecimento em uma classificação passível de ser reconhecida como didática. Ora, nas artimanhas do discurso construído, evidentemente Condorcet pretende apresentar sob roupagem científica aquilo que é resultado de um ato de preferência pessoal. A prioridade atribuída ao ensino científico é justificada como opção derivada de um propósito de imitação da marcha percorrida pelo espírito humano em suas indagações intelectuais. Aqui se apresenta o manifesto intuito de fazer crer que o homem deve

---

da arte converter-se-ia, para uma parte da espécie humana, numa causa de estupidez" (CONDORCET, op. cit., 1943, p.20).

23 Idem, ibid., p.23-4.

24 "Como poderemos atribuir tal parte dos conhecimentos humanos à memória, à imaginação, à razão, se, quando pedimos, por exemplo, a uma criança que demonstre num quadro uma proposição de geometria, ela não pode fazê-lo, sem empregar ao mesmo tempo a memória, a imaginação e a razão?" (Idem, ibid., p 24-5).

perfilhar em suas etapas de desenvolvimento a reprodução da caminhada evolutiva da espécie. O engendramento discursivo busca ocultar o veio de subjetividade contido na eleição da matemática como objeto prioritário da grade curricular. Mesmo assim, o autor elenca suas razões manifestas para oferecer tal estatuto preferencial às ciências físicas e matemáticas:

1 desenvolvimento mais seguro do raciocínio e das faculdades intelectuais, pela obtenção de precisão, método e lógica;

2 facilidade das crianças no aprendizado desse ramo do conhecimento científico;

3 utilidade social, em todas as profissões;

4 instrumento eficaz no combate aos preconceitos e superstições.

Por fim, no tocante à aplicabilidade dessa matemática social que prescrevia, Condorcet dá asas a sua profecia:

> Quem segue a sua marcha, vê aproximar-se a época em que a utilidade prática da sua aplicação vai alcançar uma difusão que ultrapassa as suas esperanças, e em que os progressos das ciências físicas devem produzir uma feliz revolução nas artes; e o meio mais seguro de adiantar esta revolução é espalhar estes conhecimentos, em todas as classes da sociedade, e facilitar-lhes os meios de os adquirir.[25]

Pelo desenvolvimento e multiplicação dessas ciências, o texto vislumbra um momento de inflexão na história humana, quando a ambição de ilustrar pudesse ser substituta do anseio de dominar.

A intervenção de Condorcet no temário pedagógico alia-se substancialmente à sua filosofia da história e à percepção que tinha do futuro. Em Condorcet, a perfectibilidade – filha do Iluminismo – estaria ameaçada, se não fossem empregados vigorosos esforços no sentido de erradicar a ignorância. Pelo paradigma da natureza humana como uma rota evolutiva, Condorcet parece atrelar a raiz do seu otimismo a esse prospecto de multiplicação dos letrados. Seu diálogo abarca também os desvios do ensino em seu tempo, quando reconhece como derradeira razão para preconizar o ensino científico o fato de este ramo do conhecimento haver sido des-

---

25 Idem, ibid., p.28-9.

128 CARLOTA BOTO

curado durante todo o tempo de vigor jesuítico: "parecia procurar-se apenas fazer teólogos e palradores; nós aspiramos a formar homens ilustrados".[26]

Na trilha da Ilustração, mas radicalizando seus pressupostos, Condorcet não apenas minimiza, mas recomenda a supressão do latim, dado que, segundo ele, sua única utilidade, a eloquência, representaria o "germe de uma corrupção destruidora"[27] nas sociedades contemporâneas. Argumentando, como enciclopedista, que os grandes textos em latim já haviam sido traduzidos, o autor adenda que persistir em um ensino pautado por uma retórica arcaica e em desuso significaria incitar o espírito a *comover o público* quando, de fato, dever-se-ia tratar de *convencê-lo.*

Como bem observa Löwith, em Condorcet, o progresso metódico conduziria ao aperfeiçoamento sem termo do conhecimento e, por conseguinte, da felicidade.[28] Aquela ideia de Saint-Just de que "a felicidade é uma ideia nova na Europa" parece ser compartilhada por esse imaginário da Revolução, tomando formas e contornos diversos, à luz dos diferentes perfis de ser revolucionário. Em Condorcet, pensar a educação pressupunha antever as novas gerações, tendo em vista o exercício cada vez mais pleno de suas faculdades intelectuais como estratégia de aprimoramento da

---

26 Idem, ibid., p.29.

27 "Hoje pronunciamos um discurso, não perante o povo, mas perante os seus representantes, e este discurso, reproduzido pela imprensa, tem imediatamente tantos julgadores frios e severos como cidadãos há na França, preocupados com as coisas públicas. Se uma eloquência arrebatadora, apaixonada, sedutora, pode desorientar algumas vezes as assembleias populares, aqueles a quem empolga têm apenas que decidir sobre os seus próprios interesses, e os seus erros recaem sobre si mesmos. Mas os representantes do povo que, seduzidos por um orador, cedessem a outra força que não fosse a sua razão, atraiçoariam o seu dever, pois que decidiriam sobre interesses de outrem e perderiam bem depressa a confiança pública, na qual exclusivamente está apoiada toda a constituição representativa" (Idem, ibid., p.33).

28 Nos termos de Löwith, "o objeto de estudo de Condorcet é o desenvolvimento das faculdades humanas nas sucessivas sociedades 'para exibir a ordem em que as mudanças tiveram lugar'. A meta natural deste progresso metódico é a perfeição do conhecimento e, por conseguinte, da felicidade. O nosso contributo para o processo natural de progressão consiste em assegurá-lo e acelerá-lo. O raciocínio e os fatos demonstram, de igual modo, que a natureza não impôs limites ao nosso aperfeiçoamento" (LÖWITH, op.cit., 1991, p.96).

moral, da política e do bem-estar coletivo. Nessa trilha, haveria um tributo a ser prestado. Como já dizia Condorcet em sua *Premier mémoire sur l'instruction publique; nature et object de l'instruction publique:*

> se os que as formarem houverem cultivado seu espírito pelo estudo, as gerações seguintes nascerão com maior facilidade para receber instrução e com maior aptidão para aproveitá-la. Qualquer opinião que nós pudermos ter sobre a natureza da alma, ainda que estejamos absorvidos pelo ceticismo, será difícil negar a existência de órgãos intelectuais intermediários necessários inclusive para os pensamentos que parecem se distanciar das coisas sensíveis ... Assim, a intensidade de nossas faculdades está ligada, ainda que parcialmente, à perfeição dos órgãos intelectuais, e é natural acreditar que essa perfeição não é independente do estado em que se encontravam nas pessoas que nos transmitem a existência. Nós não devemos encarar como um obstáculo tal aperfeiçoamento indefinido, a imensa massa de verdades acumuladas por uma longa sucessão de séculos. Os métodos de reduzir-lhes a verdades gerais, de lhes ordenar segundo um sistema simples, de abreviar-lhe a expressão por meio de fórmulas mais precisas, são também suscetíveis dos mesmos progressos; e quanto mais o espírito humano houver descoberto verdades, mais ele se tornará capaz de retê-las e combiná-las em um número maior. Se esse aperfeiçoamento indefinido da nossa espécie é, como eu acredito, uma lei geral da natureza, o homem não deve mais se encarar como um ser restrito a uma existência passageira e isolada, destinado a se dissipar ... ele torna-se uma parte ativa do grande todo e o cooperador de uma obra eterna. Em uma existência de um momento sobre um ponto do espaço, ele pode, por seus trabalhos, abraçar todos os lugares, ligar-se a todos os séculos, e agir ainda muito tempo depois que sua memória houver desaparecido da Terra.[29]

---

29 CONDORCET, 1968, p.182-3. Por esse longo excerto, verifica-se nitidamente até que ponto ia a acepção de progresso desse que talvez representasse o último dos iluministas de "primeira hora". A história da desenvolução da espécie e a noção de perfectibilidade por vezes pareciam até coincidir, embora com frequência o discurso enveredasse para o recurso à instrução, como única garantia e segurança para essa rota de um progresso intermitente. Ao apostar na instrução pública, o século XVIII estaria agilizando o futuro; ou, pelas palavras do *Rapport*: "Devemos à nação francesa uma instrução ao nível do século XVIII, desta filosofia que, ilustrando a geração contemporânea, pressagia, prepara e antecipa já a razão superior a que os progressos necessários do gênero humano chamam as gerações futuras. Tais têm

130 CARLOTA BOTO

A ideia da razão como chave de toda a independência possível parece ser aqui acompanhada da suposição de que a vida moral exigiria o conhecimento dos direitos; algo próximo, talvez, da acepção de virtude tão cara a Rousseau. Em Concordet, se o rol de direitos provém da esfera da natureza, os instrumentos que nos asseguram a possibilidade de fazer uso desses direitos decorrem da nossa sabedoria. Assim, a necessidade de acatar as leis deve ser precedida pela faculdade de julgá-las.[30] Nessa medida, a instrução oferecida pelos institutos ofereceria, aos que dela desfrutassem, uma superioridade da razão e do desenvolvimento intelectual pela via da ilustração. Esse reconhecido instrumento de poder – que atende pelo nome de cultura – seria, por seu turno, o melhor antídoto para contrapor os sábios aos sabidos. Nos termos do *Rapport*:

> para procurar formar homens instruídos e não homens espertos; para não esquecer, enfim, que os inconvenientes desta superioridade se atenuam, à medida que ela é partilhada por maior número de indivíduos; que, quanto mais ilustrados são os que a gozam, menos perigosa ela é; e

---

sido os nossos princípios; e é de acordo com esta filosofia, livre de todas as peias, emancipada de toda a autoridade e de todo o hábito antigo, que temos escolhido e classificado os objetos da instrução pública. De acordo com esta mesma filosofia, temos considerado as ciências morais e políticas como uma parte essencial da instrução geral. Como esperar, com efeito, elevar mais a moral do povo, se não pudermos dar-lhe por base a dos homens que devem ilustrá-lo, que são chamados a dirigi-lo, numa análise exata e rigorosa dos sentimentos normais, das ideias que deles resultam e dos princípios de justiça que são a sua consequência? ... Mas, para que os cidadãos amem as leis sem deixar de ser inteiramente livres; para que conservem esta independência da razão, sem a qual o ardor pela liberdade é somente uma paixão e não uma virtude – é preciso que conheçam estes princípios da justiça natural, estes direitos essenciais do homem, dos quais as leis não são mais que a razão, o desenvolvimento ou as aplicações" (CONDORCET, op. cit., 1943, p.35-6).

30 "Jamais um povo gozará duma liberdade constante e segura, se a instrução nas ciências políticas não for geral e independente de todas as instituições sociais, se o entusiasmo que exciteis na alma do cidadão não for dirigido pela razão, se puder nutrir-se de outra coisa que não seja a verdade, se, ligando o homem pelo hábito, pela imaginação e pelo sentimento à sua constituição, às suas leis e à sua liberdade, não lhe preparais, mediante uma instrução geral, os meios de chegar a uma constituição mais perfeita, de se conferir melhores leis e de atingir uma liberdade mais completa" (Idem, ibid., p.37).

que, então, é verdadeiro, o único remédio contra esta superioridade de esperteza que, em vez de dar apoios e guia à ignorância, só é fecunda em meios de a seduzir.[31]

Pelo relatório da Assembleia Legislativa, aquela ideia de encantamento do homem pela Revolução como signo de prosperidade foi tomada com uma certa hesitação. Na verdade, sob a liderança intelectual de Condorcet, a Comissão de Instrução Pública assumira em seu trabalho a hipótese iluminista de que, sendo interminável a possibilidade de aperfeiçoamento humano, não se poderia erigir quaisquer instâncias legais ou civis como redutos inalteráveis. O texto manifesta seu descrédito perante a sacralização do social. Nessa medida, o anteparo do entusiasmo cívico deveria ser sempre a razão crítica. O entusiasmo como sentimento passível de atender tanto ao erro quanto à verdade poderia constituir-se em perigoso alicerce para uma nova dogmática, tão arraigada de preconceitos quanto a que se pretendeu extirpar. Em virtude da própria filosofia da história que perpassa o universo mental da Ilustração francesa, Condorcet deixa seu recado:

> É preciso pois que um exame frio e severo, em que somente seja escutada a razão, preceda o momento do entusiasmo. Assim, formar primeiramente a razão, ensinar a escutá-la exclusivamente, e a defender-se do entusiasmo que poderia desnorteá-la ou obscurecê-la e deixar-se arrastar depois pelo que ela aprova, tal é a marcha que prescreve o interesse da Humanidade, e o princípio sobre o qual deve basear-se a instrução pública. É preciso, sem dúvida, falar à imaginação das crianças, porque convém excitar essa faculdade como as restantes; mas será censurável querer apoderar-se dela, mesmo em favor do que no fundo da nossa consciência julgamos ser a verdade.[32]

O texto da Comissão alerta para o perigo que pode consistir no ato de um professor apoderar-se da sensibilidade (ou razão sensitiva) infantil, para corromper e alterar a imaginação das crianças por intermédio do recurso exclusivo da sedução. Na esteira do cartesianismo, pelo alerta contra qualquer argumento fundado

---

31 Idem, ibid., p.38.
32 Idem, ibid., p.94.

132 CARLOTA BOTO

exclusivamente na autoridade do professor, incita-se à recorrência a uma outra "espécie de autoridade que pode, sem prejudicar os progressos do conhecimento, influir sobre a nossa crença provisória: a que dá a superioridade da cultura".[33] Para atingir tal propósito haveria que – aí sim – reconhecer a escola como templo nacional, capaz de, no exercício do seu lugar institucional, "substituir os livros aos charlatães, o raciocínio à eloquência e de levar enfim às ciências morais a filosofia e o método das ciências físicas".[34] De um certo modo, caminhava-se para uma civilização do livro e sua importância, no âmbito da cultura, havia sido intensamente apregoada pelos filósofos da Ilustração. Deste império que a tipografia já passava a exercer na formação de mentalidades coletivas, havia que se pensar em como regrar a leitura. Nessa medida, não ficou ausente dos planos sobre instrução pública levados a cabo no período da Revolução a discussão sobre o tema dos livros escolares. Até certo ponto, compreendia-se que a escola que ensina a ler deveria também proporcionar as diretrizes de uma leitura proveitosa.[35] Posteriormente, analisaremos os rumos tomados pelo debate sobre a leitura nesses tempos revolucionários e a expressão disso nas discussões dos plenários, tendo em vista que a própria compreensão do que deveria ser ensinado seria alterada em razão da perspectiva dos sujeitos envolvidos acerca da ideia de regeneração. De acordo com o parecer da Comissão da Assembleia

---

33 Idem, ibid., p.95.

34 Idem, ibid.

35 Acerca da questão das leituras recomendadas no período em pauta, Roger Chartier destaca o papel da literatura que pretendia fundar um nova sensibilidade republicana, e que de certo modo estrutura alicerces de uma pedagogia da civilidade; pretendia-se formar para a pátria cidadãos capazes de apresentar um conjunto de condutas e de disposições psicológicas apropriadas para o – nos termos de Chartier – "comércio do mundo". Uma redefinição da própria acepção de civilidade supunha que, muito mais do que de "maneiras arbitrárias", tratava-se de incutir nas gerações mais jovens o sentimento desse novo mundo que se pretendia ter inaugurado; ou, nas palavras de Chartier: "as virtudes exigidas pela civilidade são aquelas que fortalecem uma nação republicana, 'que não reconhece outro chefe além de si mesma, outro poder além do povo, e na qual todas as instituições tendem para o bem geral': assim, a franqueza, a temperança, a atenção, a justiça ... a civilidade é assim erigida ao estatuto de virtude republicana por excelência, compreendendo todas aquelas necessárias à nova forma de governo" (CHARTIER, 1987, p.77).

A ESCOLA DO HOMEM NOVO   *133*

Legislativa, a tarefa de civilidade destinada à escola expressar-se-ia fundamentalmente no que diz respeito a proporcionar um certo conjunto de hábitos prescritos, extirpando simultaneamente outros, que seriam prejudiciais. No plano de Condorcet:

> no regime interno das escolas, ensinar-se-á cuidadosamente às crianças a ser boas e justas; levar-se-ão a praticar entre si os princípios que lhes tenham sido incutidos, e assim, ao passo que se lhes faça adquirir o hábito de conformarem com eles a sua conduta, aprenderão a entendê-los melhor e a sentir mais profundamente a sua verdade e a sua justiça. Far-se-á compor, tanto para os adultos como para as crianças, livros apropriados que possam ler sem fadiga e que um interesse, quer de utilidade próxima, quer de prazer, os levará a procurar.[36]

Os professores dos Institutos deveriam também, uma vez por mês, proferir conferências públicas, estas destinadas a uma parcela mais instruída da população adulta. Cada colégio deveria ser dotado de biblioteca e jardim botânico, de maneira a que se pudesse proceder a novos experimentos e novas descobertas, com o fito de exercitar as faculdades intelectuais dos estudantes. Além de recursos didáticos inovadores, previam-se também estratégias de ensino ativo que pudessem levar os interessados a se tornarem sujeitos do seu próprio aprendizado. Por demonstrações ou discussões, todos os que não pudessem ter anteriormente adquirido os conhecimentos necessários para a vida cotidiana, teriam ali oportunidade de fazê-lo. Isso propiciaria um efeito multiplicador dos progressos das ciências e das técnicas, de maneira a irradiar a difusão e distribuição dos saberes nas diferentes áreas. Nesse

---

36 CONDORCET, op. cit., 1943, p.15. Em outros trechos do *Rapport*, verifica-se claramente a preocupação dos políticos quanto à regulação da ordem de uma sociedade que – sabia-se – não iria mudar radicalmente de uma hora para outra: "Daqui vem, entre quase todos os povos, o uso imoderado de bebidas ou drogas estupefacientes, substituído entre outros pelo do jogo, ou por hábitos deprimentes duma falsa voluptuosidade. Se, pelo contrário, uma instrução suficiente permitir ao povo opor a curiosidade ao enfado, esses hábitos devem naturalmente desaparecer e, com eles, o embrutecimento ou a grossura que deles derivam. Assim, a instrução é ainda, sob este ponto de vista, a salvaguarda mais segura dos costumes do povo" (Idem, ibid., p.92). Nessa medida, acredita-se aqui que a instrução, que desenvolve as aptidões naturais, orienta também as disposições de conduta.

134   CARLOTA BOTO

cruzamento da cultura, seria desencadeado um processo de apropriação de conhecimentos elementares, mas necessários para o bem-estar da civilização.[37]

Acerca da questão do *ensino religioso*, o *Rapport* de Condorcet defende com veemência a completa laicidade da instrução; laicidade esta que derivaria do próprio suposto da igualdade. Um ensino fincado sobre qualquer pilar de religiosidade repeliria já a princípio uma parcela da população devota de outras crenças. Os cultos religiosos deveriam ser, pois, reservados aos seus templos específicos sem qualquer ingerência do poder público; que, neste caso, não poderá arbitrar sobre o princípio da verdade.[38] Tal orientação, de acordo com o que propõe o plano da Assembleia Legislativa, seria válida também para o que a época entendia por *religião natural*, já que, também esta, não poderia ter outro estatuto que não o da crença. Assim, prescreve-se, no que tange à formação das consciências, um fundamento laico da moral. Nesse aspecto o substrato da ética seria, em consonância com o texto, decorrente da orientação racional. Em uma perspectiva talvez tributária da "profissão de fé..." do *Emílio*, Condorcet sugerirá algo próximo do que se pode compreender por "autonomia da vontade"; em outras palavras: a conduta ética não necessita do suporte religioso. Daí se justificar a separação destes dois objetos e a defesa integral da laicidade escolar.

O quarto degrau da instrução abarcaria o ensino ministrado nos *liceus*, onde haveria o aprendizado de todas as ciências para a

---

37 "Enquanto não chegue a ensinar-se nos institutos a teoria elementar das ciências médicas, teoria suficiente para aclarar a prática da arte, os médicos dos hospitais poderão ensinar essa prática e dar lições de cirurgia; de maneira que, multiplicando as escolas em que se recebam estes conhecimentos, elementares mas precisos, pode-se assegurar à classe mais pobre dos cidadãos os serviços dos homens ilustrados, formados por um bom método, instruídos na arte de observar e livres dos prejuízos da ignorância como daqueles outros das doutrinas sistemáticas" (Idem, ibid., p.41-2).

38 "Seja qual for a opinião que se tenha sobre uma causa primeira e sobre o influxo dos sentimentos religiosos, não se pode sustentar que seja útil manter a mitologia duma religião sem se dizer que pode ser útil enganar os homens; porque, se um católico romano quer ensinar a sua religião, segundo este princípio, um maometano deve, pela mesma razão, querer ensinar a sua ... porque o poder público não pode ser juiz da verdade de uma religião" (Idem, ibid., p.97).

formação dos "sábios – aqueles que fazem da cultura do espírito e do aperfeiçoamento das suas próprias faculdades uma das ocupações da sua vida; aqueles que se dedicam a profissões que não podem ter grande êxito, senão por um estudo profundo de uma ou de várias ciências".[39] Os professores dos Institutos seriam formados por nove liceus que – de acordo com a proposta – deveriam ser distribuídos pelos diversos Departamentos na França, sob o exemplo do que, segundo o texto, já teria ocorrido em países como a Inglaterra, Itália e Alemanha. O ensino dos liceus corresponderia ao nível universitário; daí o intuito de atrair para tais cursos alunos estrangeiros.[40] O objetivo maior desses estabelecimentos seria o de garantir a preservação e a transmissão do leque de cultura acumulada entre gerações que se vão entrecruzando. Ao discorrer sobre isto, de uma certa forma, Condorcet anteciparia a célebre definição de Durkheim acerca do papel da educação. Referindo-se ao ensino dos liceus, dirá o relator: "por meio destes estabelecimentos, cada geração pode transmitir à seguinte o que recebeu da anterior e o que ela mesma pôde acumular".[41]

Como preceito de equalização social, defende-se a gratuidade do ensino em todos esses quatro graus de instrução, de maneira a possibilitar que as crianças e jovens provenientes das camadas sociais economicamente menos favorecidas pudessem desfrutar da possibilidade real do desenvolvimento de suas capacidades. A equalização da instrução pública como dispositivo político para

---

39 Idem, ibid., p.45.

40 "O ensino que propomos estabelecer é o mais completo; a sua proporção está mais ao nível do estado normal das ciências na Europa, que em nenhum dos estabelecimentos deste gênero existentes nos países estrangeiros. Somos de opinião que nenhuma espécie de inferioridade deve existir no ensino francês e, visto que cada ano fica marcado na ciência por novos progressos, não ultrapassar o que se encontra estabelecido seria ficar atrasado. Estabelecer-se-ão alguns destes liceus, de forma a atraírem estudantes estrangeiros. A vantagem econômica que daí resulte é pouco importante para uma grande nação; mas a de espalhar por um maior espaço os princípios de igualdade e de liberdade, aquela reputação que dá a um povo o afluxo de estrangeiros que lá vão instruir-se, as amizades que esse povo contrai, entre os jovens educados no seu seio, *a vantagem imensa de tornar a sua língua mais universal*, a fraternidade que pode criar-se entre as nações, todos estes aspectos duma mais nobre utilidade não devem ser esquecidos" (Idem, ibid., p.47-8). (Grifo nosso).

41 Idem, ibid., p.45.

136   CARLOTA BOTO

atenuar as desigualdades de riqueza é preconizada no texto com o seguinte argumento:

> importa à prosperidade pública dar às crianças da classe pobre, que são as mais numerosas, a possibilidade de desenvolver as suas faculdades. É um meio, não só de assegurar à pátria mais cidadãos em estado de a servir e, à ciência, mais homens capazes de contribuir para o seu progresso, mas antes de *diminuir essa desigualdade que nasce da diferença das fortunas e fundir entre si as classes que esta diferença tende a separar.* A ordem da natureza não estabeleceu na sociedade outra desigualdade, além da que é fundada na instrução e na riqueza e, alargando a instrução, atenuaremos ao mesmo tempo os efeitos destas duas causas de distinção.[42]

Sob tal enfoque, compreendia-se que a igualdade de instrução permitiria a correção dos desvios e das distâncias demarcados no território social pelas distinções de outra ordem. A escola gratuita, aberta a todos, poderia ser a esperança de encadear a liberdade gerada na formação do espírito público – que só a razão pode oferecer – e a igualdade prescrita no plano de intenções. Além de tais razões derivadas dos princípios, outros motivos decorrentes de questões mais cotidianas são também apresentados para a defesa dessa escola, universal no primeiro nível, porém, integralmente gratuita em todos os seus graus. Se o ensino não fosse gratuito – argumenta o relator – as cidades mais ricas teriam condições de pagar melhor o professorado, o que estabeleceria uma desigualdade excessiva nos ordenados dos profissionais do ensino, ocasionando, por conseguinte, uma disparidade indesejável na própria qualidade do ensino ministrado. A diferença nos salários produziria, além disso, a rivalidade entre as próprias instituições de ensino e entre os professores que, desejosos de atrair maior número de alunos que lhe permitissem um acréscimo nos seus vencimentos, interessar-se-iam antes em brilhar do que em instruir.

Buscando conferir estatuto de cientificidade ao ofício da instrução, o *Rapport* chega a prever a proporção de crianças que, egressas de cada etapa do ensino preconizado, seguiriam as fases ulteriores prescritas para a escolarização.[43] Aliás, em Condorcet,

---

42 Idem, ibid., p.51-2. (Grifo nosso).
43 "Segundo o plano da Comissão, 3.850 crianças, aproximadamente, receberiam uma soma suficiente para seu sustento; 1.000 seguiriam a instrução dos institutos, 600

pensar a educação é fundamentalmente ater-se ao âmbito da escolarização, já que sua perspectiva pedagógica delegaria uma parcela fundamental da tarefa educativa ao encargo autônomo, e, até certo ponto, espontâneo, da família e da vida social como um todo. Daí a frontal divergência entre este plano e o outro, proposto por Lepeletier, que seria debatido na Convenção Jacobina. De qualquer modo, todos os atributos agendados para compor essa escola do futuro visualizavam, em princípio, a diretriz da igualdade e do direito natural de cada indivíduo para desenvolver suas aptidões. Contudo, havia nesse ensaio um criterioso mapeamento do espaço e do tempo, com vista ao estabelecimento da unidade da nação. Ora, se fazer uma nação era unificar a língua, espraiar códigos de civilidade e saberes elementares e introjetar tradição, era preciso instrumentalizar institucionalmente tal estratégia. A escola engendrada no discurso poderia ser instância prioritária para esse rumo da nacionalidade. Ainda que radicado nas entrelinhas do texto, o intento unificador chega a ser, por vezes, manifesto:

> O sistema de uma instrução igual e por toda a parte semelhante não é menos útil para estabelecer sobre uma base inquebrantável a unidade nacional, ao passo que, abandonada a instrução às vontades individuais, serviria apenas para intensificar estas diferenças de costumes, de opiniões, de gostos, de caráter que tanto importa fazer desaparecer.[44]

Os conhecimentos a serem veiculados pela escola e os parâmetros da estrutura desses conteúdos didáticos também foram objeto do *Rapport* da Comissão de Instrução Pública. Sugeriu-se, neste aspecto, que os livros adotados nas escolas primárias e secundárias fossem selecionados mediante um concurso público, ao passo que os autores dos livros utilizados nos institutos seriam indicados dentre os especialistas de renome nas diversas áreas do saber. De um certo modo, essa visibilidade que se passa a atribuir ao texto

---

a dos liceus; e aproximadamente 400 sairiam deles todos os anos para preencher empregos úteis na sociedade, ou para se dedicar às ciências; e jamais em algum outro país o poder público teria aberto à parcela pobre do povo uma fonte tão abundante de prosperidade e de instrução; jamais se haveria empregado meios tão poderosos de manter a igualdade natural" (CONDORCET, op. cit., 1968, p.493-4).

44 CONDORCET, op. cit., 1943, p.100.

escolar revela o lugar de destaque que este vinha adquirindo. Acerca dessa configuração "livresca" da Revolução, Dominique Julia destaca o fato de tais iniciativas perfilharem o desejo de "povoar com signos o espaço cotidiano"; ou, em outras palavras:

> todo o programa que termina de ser esboçado inscreve-se entretanto no interior de uma relação pedagógica tradicional na qual a palavra do professor desempenha um papel fundamental; o livro ou o jornal são os vetores essenciais das Luzes. Seus meios são os mesmos que a Reforma católica havia utilizado: missões ambulantes, sermões, difusão maciça de textos de propaganda. O que, em contrapartida, é novo, é a vontade de pensar toda a sociedade como um trabalho pedagógico ininterrupto e essencialmente o espaço e o tempo. Trata-se, antes de mais nada, de erradicar da toponímia todos "os nomes que podem recordar as lembranças da realeza, da feudalidade e da superstição.[45]

Finalmente deveria haver uma Sociedade Nacional das Ciências e das Artes, como reduto último da instrução,

> criada para dirigir e vigiar os estabelecimentos de instrução, para se ocupar do aperfeiçoamento das ciências e das artes, para recolher, estimular, aplicar e divulgar as descobertas úteis. Não se trata já da instrução particular, mas da instrução da geração inteira, do aperfeiçoa-

---

45 JULIA, op. cit., p.338. Acerca do tema da leitura e das inúmeras configurações que esse gesto adquire, se considerarmos o ato de apropriação como uma dimensão específica do leitor, a Revolução Francesa, sem dúvida, produziu algo próximo do que Chartier compreende por "modalidades partilhadas do ler": atos específicos de produção de sentidos, de construção de significados partindo, por um lado, da irredutível liberdade dos leitores e, por outro, de todos os condicionamentos, que vão das ortodoxias do autor impressas no texto ao estilo que o editor ofereceu ao livro, passando, inequivocamente, pelo modo como os professores sugerem e direcionam a leitura, no caso, escolarizada. É assim que o cotidiano da sala de aula da escola primária não tem correspondência direta com o discurso sobre suas práticas. É assim que, para o estudo aprofundado das práticas escolares da Revolução ou fora dela, vale atentar para a advertência de Roger Chartier: "Orientado ou colocado numa armadilha, o leitor encontra-se, sempre, inscrito no texto, mas, por seu turno, este inscreve-se diversamente nos seus leitores. Daí a necessidade de reunir duas perspectivas, frequentemente separadas: o estudo da maneira como os textos, e os impressos que lhe servem de suporte, organizam a leitura que deles deve ser feita e, por outro, a recolha das leituras efetivas, captadas nas confissões individuais ou reconstruídas à escala das comunidades de leitores" (CHARTIER, op. cit., 1990, p.124).

mento geral da razão humana; assim, não se trata já de agregar mais noções às noções de tal indivíduo em particular. É a massa inteira dos conhecimentos que é preciso enriquecer, com novas verdades; é ao espírito humano que é preciso preparar novos meios de elevar os seus progressos e de multiplicar as suas descobertas.[46]

Nos moldes das sociedades científicas e literárias que tanto contribuíram para o influxo das transformações mentais, tal agremiação deveria ocupar-se de abarcar as interfaces dos diferentes ramos da ciência e o possível intercâmbio entre eles. Isso produziria avanço no saber acumulado, acelerando os progressos da civilização em direção a uma sociedade que, aperfeiçoada pela razão, pudesse subjetivamente consagrar "relações que façam a sua união mais suave e mais íntima".[47] Além da atividade de investigação, a Sociedade Nacional das Ciências e das Artes deveria exercer a tarefa de dirigir a transmissão dessas novas descobertas. Objetivava-se, aqui, uma prática sistematizada, capaz de selecionar, classificar e divulgar os avanços do conhecimento e dos métodos adotados para sua obtenção. Tal iniciativa justificava-se à luz do desejo de efetuar uma diminuição das distâncias sociais. É a filosofia das Luzes, pela voz de Condorcet, que irá impregnar todo o discurso do relatório apresentado à Assembleia Legislativa. Deseja-se, pelo espírito da Ilustração, libertar a racionalidade das teias que ainda a prendiam. Nessa direção, o texto, mais uma vez, justifica e retoma o argumento fulcral que norteia todas as suas digressões:

> A distribuição do trabalho nas grandes sociedades estabelece, entre as faculdades intelectuais dos homens, uma distância incompatível com esta igualdade, sem a qual a liberdade não é, para a classe menos ilustrada, mais que uma ilusão enganadora; e apenas dois meios existem de destruir esta distância: – deter por toda a parte, sendo possível, a marcha do espírito humano; reduzir os homens a uma eterna ignorância, fonte de todos os males, ou deixar ao espírito toda a sua atividade e restabelecer a igualdade, espalhando a instrução.[48]

---

46 CONDORCET, op. cit., 1943, p.58.
47 Idem, ibid., p.64.
48 Idem, ibid., p.64-5.

140 CARLOTA BOTO

Já que a juíza do sábio e homem de letras é irredutivelmente a opinião pública, os membros da Sociedade Nacional deveriam escolher seus pares, tendo em vista esse condicionamento do crivo crítico da sociedade. Confiante no espírito público das academias e sociedades literárias europeias,[49] o relatório recorda que quaisquer escolhas que não viessem ao encontro do rigor público teriam contra si "a única censura verdadeiramente útil – a da opinião, armada exclusivamente com o poder da verdade".[50] Caberia à Sociedade Nacional a eleição dos professores dos liceus, os quais, por sua vez, deveriam nomear os dos institutos. Estes, no entanto, apenas comporiam a lista dos elegíveis para as escolas primárias e secundárias, posto que "a eleição pertencerá, para os primeiros, à corporação municipal do lugar em que exista a escola e, para os últimos, à assembleia de pais de família do respectivo distrito".[51]

Dos critérios de escolha dos professores à total independência que a Sociedade Nacional (e, por decorrência, os demais níveis de ensino) desfrutaria em face dos poderes públicos, perpassa aqui toda uma concepção das relações de poder e de hierarquia do e no conhecimento escolar. Erigindo-se em juiz, o texto oculta o sujeito da enunciação, dando a ver como objeto natural e racional a preponderância de uma sociedade de sábios para conferir critérios éticos e pedagógicos adequados aos diferentes níveis de ensino. Entretanto, seguidores das pistas da Ilustração, retomava-se aqui o conteúdo dos verbetes da enciclopédia: para as escolas primárias, afirma-se, então, preferir, ao sábio, o professor dotado de qualidades morais. Estes seriam, nos termos do texto, escolhidos por pessoas mais apropriadas para "velar pela felicidade da geração nascente ou, pelo menos, dos seus mais imediatos representantes".[52]

---

49 "Desde há dois anos que muito se tem escrito contra o espírito dominador das academias. Tem-se pedido a citação de um único exemplo de descoberta real que elas tenham repelido; de um homem cuja reputação lhe haja sobrevivido e que tenha sido excluído por outro motivo que não seja a sua intolerância política ou religiosa, e sábio notável por obras conhecidas na Europa, que tenha sido repelido várias vezes; mas ninguém ainda respondeu" (Idem, ibid., p.70).

50 Idem, ibid., p.71.

51 Idem, ibid., p.72.

52 Idem, ibid., p.73

Perante os mesmos critérios que haviam norteado o processo de escolha dos professores, a inspeção dos estabelecimentos de ensino seria realizada no interior do próprio tecido hierárquico, e, diante disso, cada estabelecimento seria controlado por aquele outro correspondente no nível de autoridade imediatamente superior. O Estado ficaria, pois, sem qualquer dispositivo para agenciar as instituições educativas, que, por sua vez, constituiriam praticamente uma rede autoadministrada.[53] O texto da Comissão da Assembleia Legislativa explicita seu propósito de tornar público o espaço da escola, seja no que tange à escolha de professores por aqueles que pudessem ser (por critérios vários) tomados por pares,[54] seja no que diz respeito à manutenção e ao controle do processo pedagógico interno a cada grau de ensino propagado.

> Enfim, a Sociedade encarregada de vigiar a instrução nacional, de se ocupar dos progressos da filosofia e das artes, em nome do Poder público, deve ser unicamente composta de sábios, isto é, de homens que abraçaram uma ciência em toda sua extensão e penetraram em toda sua profundidade, ou que a enriqueceram com as suas descobertas ... As sociedades livres só podem existir, admitindo, ao mesmo tempo, os sábios e os amadores das ciências que, por este modo, sobretudo, inspirarão o gosto por elas, ajudarão a espalhá-lo, e divulgarão e aperfeiçoarão os bons métodos para os estudos; então estas sociedades estimularão as artes, sem proteger o charlatanismo, formarão para as ciências uma opinião comum

---

53 "Pelos diretórios formados na Sociedade Nacional, os liceus e os institutos serão encarregados da inspeção habitual dos estabelecimentos inferiores. Em casos importantes, a decisão caberá a uma das classes da Sociedade Nacional ou à assembleia dos professores, quer dos liceus, quer dos institutos" (Idem, ibid., p.73-4). Pelo trecho acima transcrito percebe-se, pela sugestão, procedimentos bastante caros à ainda atual concepção que costumamos ter acerca do processo de democratização da escola.

54 "A razão exige que os homens encarregados de instruir as crianças ou os cidadãos sejam escolhidos por aqueles que se pode supor terem conhecimentos iguais ou superiores" (Idem, ibid., p.76). Além de preconizar a escola única e a coeducação, Condorcet – enquanto relator deste anteprojeto da Assembleia Legislativa – defende também o magistério feminino, prescrevendo o seguinte: "Nas vilas onde haja somente uma escola primária, serão admitidas nela as crianças de ambos os sexo e receberão de um mesmo professor uma instrução igual. Quando uma vila tiver duas escolas primárias, uma delas será confiada a uma professora e as crianças dos dois sexos serão separadas" (Idem, ibid., p.75).

142   CARLOTA BOTO

dos homens ilustrados que seria impossível desconhecer e que a Sociedade Nacional não será mais do que o intérprete.[55]

Em todo o texto, a marca de Condorcet é perceptível por essa fé que se pretende racional em tudo o que diz respeito ao domínio da ciência. De uma certa forma, é como se o discurso não contasse com o veio da parcialidade, enunciando e anunciando como universais juízos de valor que constroem um feixe de sentidos e de representações do real, pretensamente postos como irredutíveis. O projeto pedagógico vai, assim, ao ser contado, tomando contorno de realidade, tornando-se a utopia possível, a ilusão viável. É mesmo uma racionalização da crença o vetor primordial deste trabalho da Comissão de Instrução Pública da Legislativa. Por ele intuímos toda uma simbologia com que se pretende, à época, partilhar o imaginário da escola. A fabricação desse universo mental, capaz de reconstituir a pedagogia da Revolução, deveria ser alicerçada pelo suporte inquebrantável da racionalidade, erigida como reduto último da autoridade no processo civilizatório.[56]

---

55 Idem, ibid., p.79-80.
56 Condorcet chega a declarar que os sábios e letrados seriam, ao contrário dos governantes, os únicos que possuiriam de fato um espírito público, na medida em que os representantes do governo tendem a preconizar, para a manutenção dos seus postos, a perpetuidade das opiniões, em face da qual não poderia existir rota progressiva da razão. Nos termos do *Rapport*, lê-se o seguinte: "Sejam quais forem as instituições que se deem a um povo, estabelece-se necessariamente uma divisão entre os que querem mais submissão e os que querem mais liberdade, entre os que se aferram às coisas estabelecidas, os que só veem a ordem e a paz na conservação do existente e os que impressionados pelos defeitos inerentes a todas as instituições creem, talvez, demasiado facilmente, que mudá-las equivale a corrigi-las; entre os que seguem os progressos da cultura e os que se lhes antecipam. A primeira opinião é a dos homens que ocupam os cargos públicos ou esperam obtê-los; a segunda reúne os que preferem aos lugares a glória ou o bom nome. Esta divisão não é um mal. Os defensores do que está estabelecido impedem uma substituição excessivamente rápida; os amigos da novidade opõem-se a uma corrupção igualmente rápida das instituições antigas. Uns mantêm a paz, outros conservam espírito público numa atividade útil e permanente e, se os primeiros querem atribuir-se exclusivamente as honras das virtudes e, os outros, a glória do patriotismo ou do talento, são todos igualmente injustos. Resulta, porém, destas observações, que o governo, qualquer que ele seja, em todas as suas divisões como em todos os seus graus, tenderá sempre para conservar, e, portanto, para favorecer a perpetuidade das opiniões. De modo que o seu influxo sobre o ensino tenderá naturalmente para suspender os progres-

A ESCOLA DO HOMEM NOVO   143

Condorcet julgava a necessidade da transformação pela via de um reformismo radical que, por si, fosse capaz de deter a torrente desordenada e irracional que conduzia muitas vezes o percurso da Revolução. Contrário à mudança brusca, Condorcet jamais escondera seu medo da multidão. Supondo a necessidade de atribuição de regras para a vida civil, creditava à política o estatuto de uma ciência exata, cujas implicações poderiam ser, portanto, deduzidas *a priori* de princípios simples decalcados da razão. No entanto, a arte política, tal como esta deveria se constituir pela evolução do espírito, exigiria alterações quanto às próprias disposições mentais das massas populares que, sem o crivo crítico e criativo da racionalidade, agiam pelo empréstimo de uma direção que lhes era alheia, conduzidas por vontade heterônoma. Em todo o trabalho teórico de Condorcet percebe-se sua inquietação quanto às distorções políticas que a carência cultural da população poderia vir a trazer em um período de democratização do sufrágio e das instituições. Se o marquês era antes um liberal que um democrata, se precisou ver a Tomada da Bastilha para convencer-se da conveniência histórica da universalização do sufrágio, todas essas hesitações de cariz político derivam da proeminência com que ele via o problema da instrução popular. Em Condorcet, chega a ser obsessiva a crença na escolarização, não apenas para o desenvolvimento das aptidões individuais, mas para capacitação do pleno exercício da condição de cidadania, tendo em vista o estabelecimento de leis que assegurassem a liberdade na esfera civil, exigência última para a felicidade coletiva.[57]

---

sos da razão e para favorecer tudo o que possa alijar dos espíritos a ideia do aperfeiçoamento" (Idem, ibid., p.105).

57 Não seria necessário, por razões óbvias, justificar a atualidade das preocupações educacionais de Condorcet diante da crise institucional de países, ditos democráticos, do Terceiro Mundo. Não resisto, porém, à tentação de transcrever – à guisa de ilustração – o parecer de um dos nossos teóricos da política, que, refazendo a trilha do raciocínio, remonta à mesma indagação que, há dois séculos, já angustiava a pedagogia. Pela profundidade analítica aliada à relevância do tema para o Brasil de hoje, damos aqui a palavra a Boris Fausto: "Se a questão da desigualdade é vital, a da educação não é menos importante. Só através de uma educação escolar digna desse nome, a massa da população brasileira poderia chegar ao hábito regular da leitura, instrumento básico para desenvolver o raciocínio, apreender questões em nível mais abstrato, ter conhecimento adequado de propostas alternativas ... Tudo isto parece banal e ao mesmo tempo utópico ... Como ampliar e melhorar o

144   CARLOTA BOTO

Ao desconfiar do homem político, por definição, e do poder público por implicação lógica, Condorcet não poderia deixar de advogar a completa liberdade da rede de ensino diante de quaisquer ingerências derivadas de tais autoridades estranhas a esse projeto de perfectibilidade social. O espírito público coincidiria, no juízo da Comissão, com o espírito da Ilustração, representado antes por homens cultos que pelos sujeitos poderosos. A razão como fim dificilmente seria, em tais indivíduos, corrompida ou desorientada. O texto atribui quase uma fé racional nesses homens célebres que, por assim sê-lo e pela reputação que já lhes fora conferida, teriam adquirido o que aqui eles chamam de "posteridade antecipada". Ancorados pela alçada da única autoridade inquebrantável – a que é oferecida pela cultura do espírito – teriam, de certa maneira, prioridades na legitimidade de julgar, até porque

> a independência da instrução forma, em certo modo, uma parte dos direitos da espécie humana. Visto que o homem recebeu da Natureza uma perfectibilidade cujos limites desconhecidos se estendem, se é que existem, muito para além, ainda, do que podemos conceber; visto que o conhecimento das verdades novas é para ele o único meio de desenvolver esta ditosa faculdade, origem da sua felicidade e da sua glória; que poder terá o direito de dizer-lhe: "está aqui o que é preciso que saibais, o limite onde deveis deter-vos"? Visto que só a verdade é útil, que todo o erro é o mal, com que direito um poder, qualquer que fosse, ousaria determinar onde está a verdade e onde está o erro? Por outro lado, um poder que impedisse de ensinar uma opinião contrária à que serve de fundamento às leis estabelecidas, atacaria diretamente a liberdade de pensar e contradiria o fim de toda a instituição social – o aperfeiçoamento das leis –, consequência necessária do combate de opiniões e do progresso cultural. De resto, que autoridade poderia prescrever o ensino de uma doutrina contrária aos princípios que orientaram os legisladores?[58]

---

conteúdo da educação, diante da crise do Estado e do desinteresse pelas prioridades sociais? ... De fato o caminho é banal e difícil, mas não existe outro à disposição. Enquanto ele não começar a ser trilhado a sério, o país corre o risco de ter uma vitrine iluminada de democracia política e, atrás dela, uma casa onde as grandes massas ficam na sombra, vislumbrando-se na vitrine, apenas um jogo de luzes que oculta os privilégios e a corrupção dos poderosos..." (FAUSTO, 1993, p.3).

58 CONDORCET, op. cit., 1943, p.83-4. Eliane Marta Teixeira Lopes, ao comentar esse trecho, ressalta o fato de Condorcet entender liberdade tanto em relação aos conteúdos ministrados quanto para promover a instrução (LOPES, op. cit., p.75).

Já nas *Mémoires sur l'instruction publique*, Condorcet assinalava que, em sua concepção, os progressos do espírito não estariam reduzidos à descoberta de novos conhecimentos, mas consistiriam fundamentalmente na partilha das descobertas do gênero humano por um número cada vez maior de pessoas, o que permitiria que a humanidade efetivamente pudesse mobilizar sua sabedoria acumulada para aprimorar suas maneiras de estar no mundo.[59]

Assinalando os paradoxos entre os progressos da razão e os interesses do poder instituído, o texto sinaliza de fato o efeito de verdade que procura engendrar ao dar a conhecer sua acepção de racionalidade. Seja como for, esta é uma clivagem fundamental para o estabelecimento das distâncias entre este projeto e o que a ele se seguirá, pelo punho de Robespierre, em nome de Lepeletier na Convenção Jacobina. A ideia de uma sacralização do civismo seria, aos olhos de Condorcet, uma heresia política, disfarçada com colorações pedagógicas, contrária, por isso, tanto ao intento de democratização da própria vida civil quanto ao objetivo de configurar planos de instrução que – pautados no princípio da liberdade do ensino – pudessem apresentar-se como instrumentos de aperfeiçoamento coletivo entre gerações.[60]

---

59 "Observando o que o gênio pôde executar, a despeito de todos os obstáculos, podemos calcular os progressos que o espírito humano teria feito se uma instrução melhor dirigida tivesse ao menos centuplicado o número dos inventores. É verdade que dez homens, partindo do mesmo ponto, não irão em uma ciência dez vezes mais longe do que um dentre eles que houvesse caminhado só. Mas os verdadeiros progressos da ciência não se limitam a ir adiante; consistem, antes, em aprofundar-se sobre um mesmo ponto, a reunir um número maior de verdades obtidas pelos mesmos métodos e frutos dos mesmos princípios ... Há que se observar ainda que, multiplicando os homens ocupados de uma mesma classe de verdades, nós aumentamos a esperança de encontrar novas, porque a diferença entre seus espíritos pode corresponder facilmente às dificuldades, e o acaso, que influi tão frequentemente sobre a escolha dos objetos de nossas buscas e até sobre os seus métodos, deve, então, produzir maior número de combinações favoráveis" (CONDORCET, op. cit., 1968, v.7, p.180-1). Em seu elã de apresentar a sociedade como uma ciência exata, pode-se perceber que é da "lei" da probabilidade que Condorcet extrai justificativa teórica para seu desejo de multiplicar o número de letrados.

60 Sobre o tema da democratização do ensino, inspiramo-nos na perspectiva desenvolvida por Azanha, em seu ensaio intitulado "Democratização do ensino: vicissitudes da ideia no ensino paulista", em *Educação*: alguns escritos (1987).

146   CARLOTA BOTO

Desde o início do movimento revolucionário, Condorcet, cuja personalidade – no parecer de Cahen – equilibrava audácia e prudência, defendera um conjunto de medidas, no sentido de não permitir que as vicissitudes políticas conjunturais se tornassem obstáculos ao aprimoramento das instituições públicas, imprescindível para a prosperidade. Recorreríamos aqui a alguns trabalhos biográficos[61] sobre a vida de Condorcet para elencar algumas de suas propostas políticas no período em pauta:

a) a Constituição deveria ser periodicamente revisada por uma Assembleia Extraordinária, o que permitiria a atualização dos dispositivos legais devido às modificações que o próprio ritmo do tempo impõe ao tecido social;

b) dever-se-iam estabelecer assembleias primárias e regionais que pudessem, com poder de deliberação, descentralizar – sob alguns aspectos – as instâncias decisórias;

c) poder-se-ia propor, acerca dos grandes temas do cenário nacional, a ocorrência de referendos que traduzissem, de fato, a vontade popular.

Tais procedimentos permitiriam uma conciliação entre a soberania inalienável, preconizada por Rousseau, e a teoria da representatividade dos três poderes expressos nos escritos de Montesquieu. Sob este pressuposto da revogabilidade das leis, a pluma de Condorcet revela-se veemente quando o texto apresentado à Assembleia Legislativa diz:

a própria Constituição francesa faz desta independência um dever rigoroso. Reconhece que a nação tem o direito inalienável e imprescritível de reformar todas as suas leis; quis, pois, que na instrução nacional tudo fosse submetido a um exame rigoroso. Não deu a nenhuma lei uma irrevogabilidade superior a dez anos. Desejou, portanto, que os princípios de todas as leis fossem discutidos e que todas as teorias políticas pudessem ser ensinadas e combatidas; que nenhum sistema de organização social fosse oferecido ao entusiasmo ou ao preconceito, como objeto

---

61 As informações concernentes às propostas políticas de Condorcet, em aspectos não relacionados à instrução, foram extraídas fundamentalmente das obras de ALLEN-GRY (1971) e CAHEN (1970).

de um culto supersticioso, mas que todos fossem apresentados à razão, como combinações diversas, entre as quais haja o direito de escolher.[62]

Desconfiado tanto da ignorância cega quanto do entusiasmo apressado, o texto revela uma arguta sensibilidade perante a hipótese de uma recaída que fizesse retroceder o tempo da razão. Há que se matizar, por essa chave, aquilo que se costuma considerar otimismo em Condorcet. Na esteira das preocupações manifestas neste *Rapport*, depreende-se que poderia haver, inclusive, um retrocesso na caminhada do espírito humano, se não fossem encetados esforços no sentido de eliminar os grilhões do obscurantismo. Se o texto revela a interdependência intrínseca entre democracia e educação, como processos em constante interação, a regeneração vislumbrada ali fincava-se sobre um pilar imprescindível: o da instrução pública que, repartindo o conhecimento acumulado, libertaria o povo da pior das servidões: aquela que decorre da pequenez do espírito.[63]

Sempre fazendo coincidir prosperidade material e democracia política com a obtenção da felicidade pública, Condorcet já assinalava o lugar da escola nessa conjunção:

> Examinando geograficamente a França, ver-se-á que, se a instrução ficar abandonada a si mesma, não poderá repartir-se senão com funesta desigualdade. As grandes cidades e as regiões ricas encontrariam meios de estender e aumentar as suas vantagens já demasiado reais; as outras partes da República, ou careceriam de professores, ou só os teriam maus. Esta grande desigualdade de instrução destrói quase toda a sua utilidade. Enquanto deixardes uma grande parte da população presa da ignorância e, portanto, à mercê da sedução, dos preconceitos e das superstições, não realizareis o objetivo que vos deveis propor: o de mostrar, enfim, ao mundo uma nação em que a liberdade e a igualdade sejam para todos um bem real de que sabem gozar e cujo preço conhecem. Não conciliareis jamais a liberdade com a paz; jamais estabelecereis aquela obediência às leis, a única digna dos homens livres, a que se funda num respeito

---

62 CONDORCET, op. cit., 1943, p.85-6.

63 "A qualquer altitude a que ele (o espírito humano) haja chegado, se um poder suspender os seus progressos, nada pode garanti-lo contra o regresso dos erros mais grosseiros, nem evitar-lhe o retrocesso; e desde o momento que lhe indicam assuntos que não pode examinar nem julgar, este primeiro limite, posto a sua liberdade, deve fazer temer que bem cedo lhe imponham a servidão" (Idem, ibid., p.85).

148 CARLOTA BOTO

voluntário, sobre a razão e não sobre a força. Tereis sempre duas populações diferentes na instrução, nos costumes, no caráter e no espírito público. Pelo contrário, a igualdade de instrução deve diminuir as outras desigualdades naturais ... O sistema de uma instrução igual e por toda a parte semelhante não é menos útil para estabelecer sobre uma base inquebrantável a unidade nacional, ao passo que, abandonada a instrução às vontades individuais, serviria apenas para intensificar estas diferenças de costumes, de opiniões, de gostos e de caráter que tanto importa fazer desaparecer.[64]

A prosperidade pública suporia, por tal cruzamento discursivo, a preservação da liberdade e a ampliação do leque da igualdade e, portanto, das oportunidades sociais. Sem perfazer a trilha da Ilustração, os povos surpreender-se-iam detidos pelos acasos da história ou pela astúcia de tiranias e oligarquias. Sem o exercício da razão como faculdade de cálculo social, a liberdade e a igualdade, mesmo se já conquistadas, recrudesceriam. Em Condorcet, não é, pois, apenas por amor à liberdade ou por disponibilidade da vontade de justiça que um povo passa a ser livre e a ser igual. A faculdade de julgar, desenvolvida na plenitude das suas possibilidades, é que permite o desenvolvimento da alma nacional na trilha do seu prospecto de aperfeiçoamento. Aqui, pode-se mapear a frontal divergência desta perspectiva em relação àquela que ganhará os contornos de uma religião cívica, apregoando escolas instrumentalizadas a serviço da República instituída. Pelo estilo do *Rapport*, a ênfase da advertência: "Enganar-nos-íamos se julgássemos que, alimentando nas almas o amor da liberdade e da igualdade, inspirando-lhe desde a infância e fortificando-lhe, mediante instituições morais, se asseguraria a um povo o gozo dos seus di-

---

64 Idem, ibid., p.99-100. Remetendo o mesmo argumento a todas as combinações que lhe são possíveis, o *Rapport* enfatiza: "Por outro lado, os progressos das artes úteis são muito limitados, se os das ciências não vierem em seu socorro. Os que se devessem somente à observação dos homens que as cultivam pareceriam demasiado lentos e incertos. Portanto, os progressos das ciências morais e físicas são necessários para que a sociedade possa esperar um grau de prosperidade permanente. Suponhamos agora que as ciências e as artes se aperfeiçoaram; é evidente que a mesma soma de conhecimentos que bastaria hoje para assegurar a independência dos indivíduos, para tornar extensiva a todos, a igualdade da lei se enfraquecerá muito. É preciso, pois, que a instrução se torne mais extensa e se aperfeiçoem os métodos de ensino" (Idem, ibid., p.106).

A ESCOLA DO HOMEM NOVO   149

reitos ... Uma instrução universal que se aperfeiçoe sem cessar é o único remédio para estas três causas gerais [tirania, superstição, poder sacerdotal] dos males do gênero humano".[65]

Para concluir, a Comissão situa os parâmetros adotados, declarando que o texto elaborado – não poderia deixar de ser – vem ao encontro do estado atual das ciências e das artes na civilização contemporânea.[66] Fazendo profissão de fé na readequação da marcha do espírito humano na rota da sua perfectibilidade, o relator assegura convicção quanto ao contributo daquele projeto no sentido de prover o futuro. Ora, mas como o progresso é, por si, indefinido e ilimitado,[67] a espécie aperfeiçoada deveria chegar – na prospecção que encerra o *Rapport* – a uma etapa em que pudesse haver uma autodissolução das sociedades literárias e dos próprios estabelecimentos públicos de instrução. Aqui se visualiza, sem retoques, a configuração máxima da profecia iluminista: o pensamento sobre a escola com o objetivo de acabar com ela. Pela letra do texto:

> será aquele tempo em que nenhum erro geral ainda seja temido, no qual todas as causas que conclamam o interesse ou as paixões em socorro dos preconceitos tenham perdido o seu influxo, em que as luzes sejam espraiadas igualmente sobre todos os lugares de um mesmo território e

---

65 Idem ibid., p.107-8. Eliane Marta Teixeira Lopes enfatiza o caráter ilustrado da perspectiva de Condorcet em relação a outros projetos de sua época. Acerca disso, constata a autora: "a instrução teria para Condorcet uma função re-humanizadora, isto é, teria por função recuperar o que de humano fosse perdido no novo processo de produção e divisão do trabalho. A instrução vai re-humanizar, como também vai socializar e politizar ... O elemento revelador do mundo ao homem seria a Razão. A Razão seria uma 'força histórica', no sentido de fazê-lo capaz de compreender o existente e de transformá-lo. Só algum tempo depois é que o pensamento burguês de crítico da realidade, em nome do progresso e do futuro das possibilidades reprimidas, se transforma em uma justificação teórica do existente" (LOPES, op. cit., 1981, p.121-2).

66 "O plano que apresentamos à Assembleia foi concebido em função do exame do estado atual das Luzes na França e na Europa; em função daquilo que as observações de vários séculos nos permitiram aprender sobre a marcha do espírito humano nas ciências e nas artes; enfim, em função do que se pode esperar e prever desses novos progressos. Nós procuramos o que poderia, com mais segurança, contribuir para lhe dar um caminho mais firme, para tornar seus progressos mais rápidos" (CONDORCET, op. cit., 1968, v.7, p.528).

67 LÖWITH, op. cit., 1991, p.98.

150 CARLOTA BOTO

> por todas as classes de uma mesma sociedade; no qual todas as ciências e todas as aplicações da ciência sejam igualmente subtraídas do jugo de todas as superstições e do veneno das falsas doutrinas; no qual, cada homem, por fim, encontrará em seus próprios conhecimentos, na retidão do seu espírito, as armas suficientes para repelir todo o ardil da charlatanice: mas este tempo ainda está distante; nosso objeto devia ser prepará-lo, acelerar-lhe a época; e, trabalhando para formar essas novas instituições, nós haveremos nos ocupado sem cessar de apressar o feliz instante em que elas se tornarão inúteis.[68]

O conjunto de propostas explicitadas no "Relatório da Comissão de Instrução Pública" da Assembleia Legislativa aponta claramente em direção da missão emancipatória da escola, à luz de um suporte teórico radicado na perspectiva filosófica do Iluminismo francês. É menos pela razão do que pela fé que se pontua a esperança de um efeito transformador alicerçado pelos estabelecimentos de ensino. Há, sem dúvida, um teor de sacralidade na esperança da regeneração, já que esta far-se-á pela revolução cultural. Como vimos, o trabalho de Eliane M. T. Lopes – cujo título já é por si revelador da abordagem: *Origens da educação pública: a instrução na revolução burguesa do século XVIII* – percorre as diferentes etapas do movimento revolucionário francês, dialogando com os diferentes projetos pedagógicos nesse percurso gestados. No parecer da autora, a igualdade preconizada nos planos educativos tem como contraponto os parâmetros desiguais de uma sociedade capitalista em construção. De qualquer modo, a autora reconhece, ao concluir, o avanço representado por tal ideário, formulado como pauta do discurso pedagógico de nossa contemporaneidade. Por suas palavras:

> essa mesma Revolução propiciou também a publicização da instrução que, se por um lado foi instrumento de e para a hegemonia burguesa, foi

---

68 CONDORCET, op. cit., 1968, v.7, p.528-9. Da mesma forma que ansiava pelo tempo no qual as escolas, como instituições, pudessem deixar de existir, Condorcet acreditava que os progressos nas ciências, na educação e nos costumes poderiam vir a possibilitar o prolongamento quase indefinido da vida. Em Condorcet, como destaca Löwith, a aplicação da vida humana decorreria praticamente da herança cumulativa da espécie (LÖWITH, op. cit., 1991, p.98).

também conquista, resultante de uma luta política encetada por todo o Terceiro Estado. Ao final desse momento revolucionário, a instrução, já desadjetivada, foi incorporada ao patrimônio burguês. Mas sua ideia, enquanto passo além na luta pela libertação das classes dominadas, permaneceu.[69]

Ao apostar no futuro da Revolução, Condorcet conferia significado sacralizado para o território da instituição escolar. O novo tempo reclamava o novo homem e este deveria ser criado pelo templo da nação: a escola pública, universal e gratuita. Pode-se indagar até que ponto a posteridade não teria sido tributária dessa ilusão que remete à escola a magia de uma transcendência capaz de se sobrepor ao próprio tecido social, como alavanca motriz de sua transformação. De qualquer modo, o *Rapport* de Condorcet persiste sendo objeto de intriga pedagógica.

---

69 LOPES, op. cit., 1981, p.123. Sobre o texto do *Rapport* de Condorcet, Eliane Lopes dirá que seus principais princípios, embora fossem efetivamente importantes para a consolidação da sociedade burguesa, de um certo modo interessavam também às camadas populares, que tinham nessa conquista algum instrumento para superação de sua própria condição (p.71). Lopes, porém, considera que "a face democrática dessa revolução burguesa foi esboçada no ano II e na Constituição de 1793. Aliada ao caráter progressista do capitalismo naquele momento e ao alto grau de desenvolvimento da filosofia francesa, ela propiciou às classes subalternas, se não a Liberdade, pelo menos algumas formas de liberdade política, a partir das quais o trabalho de emancipação das classes subalternas passaria a se dar" (p.123).

4 A UTOPIA JACOBINA DE FORMAÇÃO INTEGRAL

A EDUCAÇÃO PÚBLICA PELO SIGNO DA UTOPIA

Pela perspectiva pedagógica expressa pelo Comitê de Instrução Pública da Assembleia Legislativa francesa, detectamos facilmente o lugar social atribuído à escola na mentalidade revolucionária. Sob a liderança de Condorcet, a equipe colaboradora no projeto concebia a tarefa de ensinar como ofício do reduto escolar, com o objetivo de fortalecer o espírito público pelo desenvolvimento de consciências livres. Acerca disso, Cahen já pontuaria a diferença entre o plano relatado por Condorcet e o anterior projeto pedagógico, da Constituinte: Condorcet quer que o mestre ensine a Constituição como um fato, Talleyrand, como um dogma. O primeiro, imbuído da ideia de progresso, incita os jovens à crítica; o segundo pretende instituir na escola um catecismo político.[1] De fato, o anteprojeto da Assembleia Legislativa revelava nitidamente as proposições que Condorcet já defendia anteriormente em suas *Cinco Memórias sobre Instrução Pública*.[2]

---

1 CAHEN, 1970, p.370.

2 Algumas diferenças entre o plano do Comitê e as *Memórias* de Condorcet são, entretanto, sublinhadas por Cahen:

154   CARLOTA BOTO

A 20.4.1792 Condorcet subia à tribuna da Assembleia Legislativa para apresentar seu plano. No entanto, naquele mesmo dia, a sessão seria interrompida pelo rei, que conclamou a Assembleia para declarar guerra à Áustria. Somente no dia seguinte a leitura poderia ser concluída, mas, devido a algumas críticas da imprensa, deduz-se que o plano da Comissão não fora muito bem recebido.[3] A questão da guerra tornara-se, de qualquer modo, prioritária, e quando, em meados de maio, a Assembleia solicitou uma estimativa dos custos a serem despendidos para a implementação daquele projeto, Condorcet – auxiliado por Romme – atende ao pedido. Porém, nada disso se consumaria, já que a Assembleia não utilizaria os documentos que ela própria reclamara. Talvez os deputados julgassem que todos os recursos devessem se destinar às despesas bélicas, sendo assim impossível comprometer somas vultosas para outras finalidades. Condorcet mesmo negligenciará o Comitê de Instrução Pública para dedicar-se especificamente à luta contra o rei. No final desse período – em 10.8.1792 – busca recolocar o *Rapport* em discussão, quando então já era tarde demais: o plenário não se sensibilizou com a primazia da questão pedagógica. A Legislativa terminou sem nada deliberar a propósito da questão do ensino, deixando, porém, o legado de sua obra para inspirar o

---

a) quanto ao ensino secundário, as *Memórias* previam dois tipos de ensino – um comum e outro especial – a ocorrerem paralelamente; no *Rapport*, a proposta defendida atém-se a uma modalidade de escola também nesse nível;

b) nas *Memórias*, Condorcet propunha um único liceu, ao passo que a Comissão sugere a instituição de vários.

3 Como constata Cahen, a Assembleia não rendeu justiça àquele projeto que era "remarcável pelo conteúdo, pelas ideias ali expressas; e o era também pela forma, pelo rígido ordenamento de seu plano, pela simplicidade e pelo vigor do estilo" (Idem, ibid, p.378). De acordo com esse mesmo autor, a imprensa também não aplaudiria o trabalho pedagógico da Assembleia Legislativa:

a) *Gazette de Paris* qualifica o *Rapport* de "romance constitucional, permeado por jargões filosóficos" (Apud CAHEN, op. cit., 1970, p.378).

b) *Revolutions de Paris* critica o fato de o texto não fazer menção aos pais, considerados educadores primeiros da natureza.

c) *Amis du Roi* salienta que a pretensa educação nacional carece de valor por fugir da orientação cristã.

d) Havia, ainda, quem desejasse a submissão integral das instituições escolares às autoridades departamentais. Entretanto, havia queixas por causa do excesso de valorização das áreas científicas, em prejuízo do aprendizado do latim.

A ESCOLA DO HOMEM NOVO   155

projeto de Romme na Convenção, como diretriz daquilo que a posteridade tomaria por paradigma da escola democrática.

A 20.12.1792, Romme apresentava em seu nome, já no decurso da Convenção (no qual ele votara pela morte do rei), um outro relatório sobre "a instrução pública tomada em seu conjunto".[4] Posteriormente, já como integrante da Comissão de Instrução Pública da Convenção Nacional, ele seria o responsável pelo projeto de decreto por ela apresentado a 20.10.1793. A grande preocupação de Romme, como teórico da política pedagógica, consistia em estabelecer as limitações e as especificidades da *educação* e da *instrução* como estratégias públicas que, ao fim e ao cabo, apareciam entrelaçadas. Em sua perspectiva, a possibilidade de regeneração dos costumes exigiria inelutavelmente a interface dessa dupla tarefa conferida ao poder público. Aliás, o acirramento das contradições sociais e políticas presenciado por esse período da Convenção Nacional parece propício à radicalização desse discurso que, tomando por álibi a necessidade de reconstrução do pacto social, sinaliza para a premência do objetivo regenerador, até por suas implicações a médio prazo no que tange à tarefa de recriar a nação. Era preciso inverter os códigos, inventar tradições, tecer o véu de uma identidade ainda por se fazer. Erigia-se um calendário republicano para pulsar o novo ritmo impresso pelo tempo da Revolução. Era preciso, também, unificar o sistema de medidas, de forma a homogeneizar critérios de mensuração, capazes de – supostamente objetivos – refrear a diversidade[5] e, por isso, conferir exatidão

---

4 Acerca do percurso de Romme, afirma Soboul: "Eleito para a Convenção em setembro de 1792, Romme se destacaria como um dos membros da Assembleia que sustentava a união de todos os republicanos. Conciliador por temperamento, ele seguiu a Montanha quando a salvação da Revolução assim o exigiu. Mas se, no processo do rei, ele votou contra o apelo popular, pela morte ('essa é a única pena que poderá fazê-lo expiar seus crimes') e contra o 'sursis' na execução, ele persistiu por manter suas distâncias perante a Comuna e os Sans-culottes parisienses" (SOBOUL, 1986, p.252).

5 A esse respeito, Soboul recorda que – em final de 1793 – Romme teria participado na elaboração do calendário republicano. Os objetivos de tal reforma foram por ele expostos no seu *"Rapport sus l'ère de la République"*: "Vocês projetaram uma das operações mais importantes para o progresso das artes e do espírito humano e que só poderia ter êxito em um tempo de revolução; a de terminar com a diversidade, a incoerência e a falta de exatidão de pesos e medidas, que entravam sem cessar a

156 CARLOTA BOTO

ao exame da nacionalidade. Todas essas táticas de reinvenção do espaço e do tempo repercutiam pelo universo mental da população, cujo cotidiano deveria, por esses pequenos detalhes, sofrer – talvez – grandes inflexões. Da mesma forma, circunscreve-se o pensamento sobre a escola: qualquer projeto deveria imprimir a feição da racionalidade contra os arcaicos preconceitos que ainda se fincavam nas camadas majoritárias da população francesa. O segredo da Revolução supunha, também aos olhos de Romme, a descoberta de novos códigos de conduta, de hábitos de civilidade e de exercício da sociabilidade. Assim, havia que se recorrer ao duplo dispositivo pedagógico, capaz de fundir, num mesmo ato simbólico, o rito da instrução com o mito da educação cívica. Pelas palavras de Romme:

> Nós temos razão em distinguir educação e instrução. A instrução desenvolve as faculdades intelectuais, a educação desenvolve o caráter e as qualidades morais; pela instrução obtemos os meios de agir corretamente nas ciências; pela educação, obtemos aqueles que nos permitem uma boa conduta em sociedade. A educação sozinha daria bons costumes, mas manteria os preconceitos; a instrução por si favoreceria os talentos, mas traria com eles a arrogância. Reúna-as e podereis oferecer aos homens costumes puros e ilustração.[6]

Supondo o entrecruzamento das práticas da instrução e da educação, poder-se-ia dizer que Romme – nessa indissociabilidade – afasta-se da prescrição de Condorcet, para quem os progressos da razão tinham sempre o primado último para direção do ensino ministrado. Aqui – ao contrário – não se tratava apenas de ensinar, mas fundamentalmente de modelar corações e mentes com o intuito de fortalecer a permanência da Revolução e precaver a possibilidade de um refluxo social e político. Com a caminhada da Revolução, seguir-se-iam as pegadas da escola projetada:

---

indústria e o comércio, e de adotar, pela própria medida da terra, o tipo único e invariável de todas as novas medidas. As artes e a história, para quem o tempo é um elemento ou um instrumento necessário, reclamam também novas medidas de duração, que sejam, da mesma maneira, libertadas dos erros que a credulidade e uma rotina supersticiosa transmitiram desde há séculos de ignorância até nós" (ROMME, apud SOBOUL, op. cit., 1986, p.254).

6 Idem, ibid., p.253.

A instrução recolhe os frutos da experiência e das meditações dos homens de todos os tempos e de todos os lugares. A educação faz neles uma escolha e fortifica, assim, o homem físico e moral, segundo o degrau da perfectibilidade e a posição de cada indivíduo. A instrução, sem educação, cria talentos e orgulho, possibilidades e arrogância; e pode tornar-se, para o homem que não possui nem o freio da razão nem o do exemplo, o instrumento funesto das suas paixões desordenadas. A educação sem instrução não pode formar nada além dos hábitos e conduzir a todos os preconceitos; limitada em seus meios, sua marcha é incerta e lenta ... Para purgar o sol da liberdade desse lodo de corrupção e de estupidez, por meio do qual o despotismo arrebata os homens para melhor sujeitá-los, associemos, de agora em diante, instrução e educação: uma será o guia e a outra a chama da vida social. É da indissolubilidade dessa união que se passará a designar sob o nome de *instrução pública* – da qual dependerá a regeneração dos costumes – os progressos das ciências, das letras e das artes e sua justa aplicação para a prosperidade pública.[7]

A Convenção jacobina, acoplando em si os poderes Legislativo e Executivo, organizaria o Terror – como medida máxima de salvação pública. Com vistas a eliminar as práticas e os pensamentos divergentes de sua orientação, os líderes assumiriam para si a tarefa teleológica de cumprir os destinos já conferidos pela missão emancipatória inerente à Revolução. A justiça fala pela voz de Robespierre – que, incorruptível, garante, na forma e no conteúdo, a verdade inscrita em suas palavras e em seus atos. Há todo um ritual de sacralização da política que tende a fundir e confundir terror e pedagogia: ambos como notas distintas de um mesmo acorde cujo tom clama pela harmonia. Equilibrar contrários, no caso, significava fabricar o consenso e liquidar a dissensão. O Terror era justificado como a expressão possível da justiça no tempo da guerra. Em nome de um futuro agendado pelos atores do drama, havia que – pela causa da liberdade – refrear a própria liberdade. Eis aqui, como grande paradoxo dessa Revolução paradigmática, a democracia que, nem bem fora gestada, passaria a ser, desde logo, driblada. Efetivamente, com a queda dos girondinos, foram os extremistas jacobinos, ou montanheses, que revisaram a Constituição anterior para promulgar um texto constitucional que jamais viria

---

7 Idem, ibid., p.261.

a ser colocado em prática, já que o governo revolucionário se considerava em estado de guerra – e, portanto, de exceção – até a paz. Considerada por alguns como obra demagógica com intenção de apaziguar os ânimos inquietos contra as atrocidades do regime,[8] a Constituição do ano I, datada de 24.7.1793, seria, de fato, institucionalmente suspensa a partir de outubro daquele ano; quando, então, todos os poderes passariam a ser exercidos pelo Comitê de Salvação Pública, o que viria a oficializar o império do terror.[9]

Seja como for, a nova Constituição traria certas proposições relevantes para o embate posterior acerca da diretriz pedagógica norteadora do curso revolucionário. Objetivando fundamentalmente os planos de intenção anteriormente traçados, tratava-se agora de dar substância à acepção político-social da escola pública advogada. Fundando a justificativa da nova *Declaração dos direitos do homem e do cidadão* na liberdade e na felicidade, referendadas pelo Ser Supremo, aponta-se – já ao princípio – a nova ideia tão cara à Europa: "O objetivo de toda a sociedade é a felicidade comum. O governo é instituído para garantir ao homem o desfrute de seus direitos naturais e imprescritíveis ... A instrução é a necessidade de todos. A sociedade deve favorecer com toda sua força o progresso da razão pública e colocar a instrução ao alcance de todos os cidadãos".[10] Acoplada ainda à razão, mas cada vez mais exposta como instrumento de revelação da felicidade futura, há um nítido deslocamento da ênfase atribuída à tarefa pedagógica, cuja bússola parece caminhar cada vez mais para a orientação do civismo. Por esta trilha, o projeto elaborado pelo Comitê de Instrução Pública da Convenção jacobina – sob orientação de Lakanal, Sieyés e Daunou – ainda que mantivesse os princípios

---

8 TULARD et al., 1987, p.694. Remarca o autor que "essa Constituição jamais aplicada, que não estava destinada a sê-lo, já que a sua implementação diferiria até 'a paz', comporta uma nova *Declaração dos direitos do homem e do cidadão*, na qual aparecem novas ideias sobre o sufrágio universal, sobre o direito ao trabalho, o direito à instrução, o direito à petição, o direito à insurreição no caso de o governo não mais corresponder aos anseios da maioria, o direito, enfim, à felicidade, ideia copiada dos Estados Unidos" (Idem, Ibid).

9 BARNARD, 1969, p.111.

10 TULARD et al., op. cit., 1987, p.694-5. Os textos acima reproduzidos coincidem com os artigos 1º e 22 da *Declaração dos direitos* do Ano I.

orientadores do plano de Condorcet, dava destaque ao intento de conformação da totalidade do educando pela escola. Formar o homem completo significava abarcar o ser físico, o ser moral e o ser intelectual de cada aluno. A supervisão passaria a ser tarefa conferida ao poder do Estado, ainda que não fosse conferido à tutela estatal o monopólio do ensino ministrado.[11] O projeto de Lakanal, impregnado pela sedução de uma pedagogia cívica, inauguraria um calendário para as datas e respectivos motivos a serem comemorados em feriados nacionais. Ritos a serem celebrados, cortejos, desfiles patrióticos, tudo o que pudesse ser evocado como recordações do evento ou como propaganda oficial deveria ter a devida repercussão. De uma certa forma, era uma substituição dos cultos de sacralização eclesiástica pelo enaltecimento também sacralizado do altar da nação. Nos cortejos cívicos, assim como nas procissões cristãs, todos deveriam tomar parte.[12]

Dando a ver o povo como repositório e essência mesmo de uma inalienável soberania, havia que se engendrar dispositivos de reconhecimento popular na "festa" da Revolução. O próprio Condorcet salientara a relevância de festividades nacionais como ritos que recordavam o caráter emancipatório inscrito na história imediata.[13] Na trilha já defendida por Rousseau em sua *Lettre à D'Alembert*, as festas cívicas agiam no sentido de subtrair as vontades particulares na torrente de um coletivo, cuja identidade, ao fim e ao cabo, confundir-se-ia com o caráter e a alma da nação. Por esse coletivo imaginário, inaugurar-se-ia um mundo no qual as representações de poder seriam revestidas de uma simbologia de repetição do drama, que daria vigor à própria baliza mental sustentadora desse poder simbólico. Eis que, como bem remarcou Furet,[14] se coloca aqui toda a utopia da Revolução, cuja tônica faz crer que os atores do enredo deveriam supor que o desenrolar da ação dependia de um ato de vontade. Os rituais de celebração cívica

---

11 BARNARD, op. cit., 1969, p.114.
12 Idem, ibid., p.115.
13 Idem, ibid., p.116.
14 FURET, 1989a.

160   CARLOTA BOTO

repunham e compunham velhos e novos discursos para comemorar e reatualizar a memória da Revolução.[15]

A primazia da festa na Revolução estaria colocada inclusive nos debates sobre a instrução pública, posto que havia, na identidade conferida a esse projeto, uma intensa coloração pedagógica, para efetivar o que Mona Ozouf denomina "escolas do homem feito".[16] No discurso que fez à Convenção Nacional, na sessão do 15 Bru-

---

15 Entre os documentos que foram escritos por Mirabeau e publicados após a sua morte, havia um memorando concernente à "Organização de festivais nacionais". Seu objeto era o de comemorar a Revolução e a Constituição: "através deles poder-se-á falar ao povo dos eventos que propiciaram o nascimento de suas novas instituições". Mirabeau, além disso, propunha que todos os anos passasse a haver quatro festivais militares e quatro festivais cívicos, bem como uma grande celebração nacional. As emoções que eles deveriam estimular e a maneira pela qual elas deveriam ser expressas são descritas de maneira altamente retórica. Da mesma forma, no relatório de Talleyrand, *festas nacionais* coincidem com os meios de incutir princípios republicanos: "*vous voudrez conduire les hommes au bien par la route du plaisir*" (BARNARD, op. cit., 1969, p.116). De acordo com Barnard, as datas propostas para a agenda cívico-patriótica seriam fundamentalmente as seguintes: Primeiro de janeiro (Fraternidade do gênero humano); 14 de julho (Revolução); 10 de agosto (Abolição da monarquia e proclamação da República); e o dia do povo francês, que deveria coincidir com a data da promulgação da revisão constitucional. Além disso, outras datas prenunciavam a invasão do Estado sobre a esfera da intimidade: amor paternal, ternura maternal, piedade filial, infância e juventude. E, por fim, como destaca Barnard, "cada cantão, distrito ou departamento poderia ter os seus específicos dias festivos" (Idem, ibid., p.117).

16 Mona Ozouf (1976) desenvolve profundamente o tema da festa na Revolução em seu livro intitulado *La fête révolutionnaire: 1789-1799*. No capítulo dedicado especificamente às relações entre festa e pedagogia, a autora revela o componente pedagógico impresso em todas as festas da federação. Além de se endereçar também aos adultos – visando, com isso, atingir fundamentalmente a parcela da população para a qual a escola primária não mais se dirigiria – a festa se apresentava aos olhos revolucionários como a instrução obrigatória, no sentido de não se poder fugir da sua visibilidade. No parecer de Ozouf – que trabalha a concepção de festa de Durkheim a Freud – tratava-se da maneira como a Revolução sonhava projetar-se no futuro e deixar nele a sua marca. Ozouf passa da teoria às interpretações desse modo de representar a peça da Revolução: "Trata-se de comemorar a Revolução, sem dúvida, mas também de impedir seu desenvolvimento; de acantonar a multidão ativa pela obediência; e de evitar sua contaminação pela guarda nacional. A festa é o instrumento dessa organização conservadora, mediante a qual a lei da Revolução, uma vez colocada, todos – rei, corpo legislativo, exército – devem se fazer estritamente seus servidores; onde ninguém tem o direito de dominar o outro" (p.107). A festa seria, portanto, uma "exaltação coletiva", na qual toda a comunidade dos cidadãos se reconheceria.

mário do ano II da República, Chénier – deputado do departamento de Seine-et-Oise – disse o seguinte:

> A primeira coisa que se apresenta ao espírito, no concernente à educação moral, é o estabelecimento de festas nacionais. É lá que a imaginação deve estender seus inconfessáveis tesouros, que ela deve acordar na alma dos cidadãos todas as sensações liberais, todas as paixões generosas e republicanas ... Qualquer dia eu voltarei à tribuna para propor uma organização completa das festas nacionais ... A liberdade será a alma das festas públicas; elas só existirão por ela e para ela. A arquitetura elevando seu templo, a pintura e a escultura reescrevendo, invejosas, a sua imagem, a eloquência celebrando seus heróis, a poesia cantando sua apologia, a música lhe submetendo os corações por uma harmonia tocante, a dança colorindo seus triunfos, os hinos, as cerimônias, os emblemas, variados segundo as diferentes festas, mas sempre animados de seu gênio, todas as gerações prostradas diante de sua estátua, todas as artes engrandecidas e santificadas por ela, unidas para torná-la venerada: esse é o material que se oferece aos legisladores quando se trata de organizar as festas do povo; esses são os elementos aos quais a Convenção Nacional deve imprimir movimento e vida. Não é, então, suficiente, cidadãos, estabelecer uma festa da Infância e outra da Adolescência, tal como foi aqui proposto. Ideias mais elevadas e mais desenvolvidas apresentam-se a vós: há-de se irradiar o ano das grandes recordações, compor, mediante o conjunto de nossas festas cívicas, uma história anual e comemorativa da Revolução Francesa. Evidentemente não se trata de fazer rememorar anualmente sob nossos olhos a imagem de acontecimentos passageiros, mas descaracterizados, que pertencem a qualquer revolução; mas trata-se de consagrar no futuro tanto as épocas imortais, quando as diferentes tiranias foram varridas diante dos ventos da nação, quanto esses grandes passos da razão, que libertam a Europa e irão abater as fronteiras do mundo; enfim, livres de preconceitos e dignos de representar a nação francesa, vós sabereis fundar, sobre os restos das superstições destronadas, a única religião universal, que traz a paz e não a espada, que faz cidadãos e não reis ou sujeitos, irmãos e não inimigos, que não possui seitas ou mistérios, cujo único dogma é a igualdade, da qual as leis são os oráculos, da qual os magistrados são os pontífices...[17]

A festa cívica, que pretendia comemorar e perpetuar o fato revolucionário como uma tradição, reorganizaria, assim, os espaços físicos e arquitetônicos. Verifica-se o desejo dos contemporâ-

---

17 CHÉNIER, apud GUILLAUME, MDCCCXCIV, t.2, p.756-7.

162   CARLOTA BOTO

neos de comemorar aquilo que nem bem terminara. De um certo modo, tratava-se também de concluir aquela era da Revolução, fazendo que o povo se contentasse em imortalizar suas conquistas pela lembrança. Assim, uma pedagogia permanente agiria no sentido de imprimir no subjetivo daquela população – e, se possível, no restante da Europa, talvez no mundo todo – uma dada ideia que delimitaria aqueles tempos revolucionários como origem de um mundo completamente novo.[18] Chénier prevê, ainda na sequência, que nas festas houvesse homenagens e recompensas para os cidadãos que revelassem um certo destaque em termos de utilidade patriótica.

Pela produção de uma certa afetividade coletiva, a festa carrega de função emotiva a linguagem do real. Por ser assim, mapeavam-se sonhos e postulavam-se esperanças de um amanhecer radioso, graças à purificação revolucionária. Tal imagética deveria vir em ritmo ascendente para alcançar seu apogeu nos anos que, justamente, coincidem com a exterminação da democracia. A Revolução Francesa – como sugere Lynn Hunt – leva a uma intrusão da vida pública naquilo que seria de domínio privado.[19] O espetáculo,

---

18 Recordamos aqui os trabalhos de François Furet sobre as representações que a época da Revolução na França legou à posteridade. Os revolucionários, no discurso, declaravam, com frequência, que a Revolução inaugurava um novo tempo, um novo homem, um novo mundo. E, no parecer de Furet, os tempos que se seguiram teriam se apropriado dessa interpretação dos atores. Sobre isso, destaca Furet: "O que faz a originalidade da França contemporânea não é que ela tenha passado da monarquia absoluta ao regime representativo, ou do mundo nobiliário à sociedade burguesa: a Europa percorreu o mesmo caminho sem revolução e sem jacobinismo – apesar de os acontecimentos franceses terem podido, aqui e ali, acelerar a evolução e produzir imitadores. A Revolução Francesa não é uma transição, é uma origem, uma fantasia de origem. É isso que há de único nela, que constitui seu interesse histórico; e é aliás esse 'único' que se tornou universal: a primeira experiência de democracia" (FURET, 1989, p.95).

19 "Durante a Revolução, as fronteiras entre a vida pública e a vida privada mostraram uma grande flutuação. A coisa pública, o espírito público invadiram os domínios habitualmente privados da vida. Não resta dúvida de que o desenvolvimento do espaço público e a politização da vida cotidiana foram definitivamente responsáveis pela redefinição mais clara do espaço privado no início do século XIX. O domínio da vida pública, principalmente entre 1789 e 1794, ampliou-se de maneira constante, preparando o movimento romântico do fechamento do indivíduo sobre si mesmo e da dedicação à família, num espaço doméstico determinado com uma maior precisão. No entanto, antes de chegar a esse termo, a vida privada iria sofrer

os desfiles, as comemorações patrióticas, o tratamento por "tu", tudo exibe esse pendor dos revolucionários para a derrocada dos redutos de privacidade. Isso evidentemente coincide com a perseguição de quaisquer vozes divergentes; o tempo do terror, como vimos, inscreve-se nessa publicização exacerbada da existência. Aliás, mesmo durante as discussões do projeto de Lakanal, havia já a má vontade jacobina contra a Comissão de Instrução Pública que, com Sieyès, chegou a abrigar antigos membros do clero que foram, desde logo, tidos por suspeitos.

Pela dúvida perante a validade de um projeto que, em sua formulação, contara com o contributo da Igreja, a Convenção Nacional abandonou o exame do relatório da Comissão. Neste momento, com a astúcia que lhe caracterizava, Robespierre entra em cena para submeter àquele plenário o projeto de Lepeletier. E a fala de Robespierre, que, por princípio, apresenta a si própria como a emanação da vontade geral e, portanto, como legítima representante dos interesses do povo, situa-se em patamar simbolicamente diferenciado em relação a qualquer outra voz ali presente.[20] Todo um imaginário, carregado de significados coletivos acompanharia naquele momento a leitura feita por Robespierre do projeto educativo de Lepeletier. Mais uma vez, o artifício recorrente da história daria aparência pedagógica àquilo que, radicado em seu tempo, era muito mais um estratagema político.

---

a mais violenta agressão já vista na história ocidental" (HUNT, Revolução Francesa e vida privada, in ARIÈS & DUBY, 1991, p.21). Por tal razão, os revolucionários habitualmente qualificavam de faccioso, sedicioso, contrarrevolucionário, qualquer tipo de organização de facções que divergisse da diretriz geral, coletiva, e, portanto, pública, da Revolução.

20 "Transformada em poder, a opinião deve fazer-se uma com o povo, a palavra não deve mais ocultar intrigas, mas refletir como um espelho os valores. Nesse delírio coletivo sobre o poder, que a partir de então regula as batalhas políticas da Revolução, a representação está excluída ou perpetuamente vigiada; o povo, como em Rousseau, não pode por definição alienar seus direitos a interesses particulares: deixaria no mesmo instante de ser livre. A partir desse momento, a legitimidade (e a vitória) pertence àqueles que figuram simbolicamente sua vontade e conseguem monopolizar sua distância. O paradoxo inevitável da democracia direta consiste na substituição da representação eleitoral por um sistema de equivalências abstratas, através do qual a vontade do povo nunca deixa de coincidir com o poder, e pelo qual a ação é exatamente idêntica ao seu princípio de legitimidade" (FURET, op. cit., 1989, p.64).

A ARQUITETURA PEDAGÓGICA DE LEPELETIER
LIDA POR ROBESPIERRE

Louis-Michel Lepeletier fora eleito para os Estados Gerais como representante da nobreza, ainda que – Marquês de Saint- -Fargeau – tenha defendido em 1790 a abolição das ordens feudais. Eleito para a Convenção, pronunciar-se-ia favoravelmente à execução de Luís XVI, o que – segundo consta –[21] teria contribuído para decidir o voto de inúmeros hesitantes. Ao sair do Palais-Royal, Lepeletier seria assassinado por um guarda-costas que pretendia, daquela maneira, vingar a morte do rei. Como destaca Barnard, a partir daí o político se transformaria em mártir da memória revolucionária. Seu funeral já teria o caráter solene de homenagem ao herói e ao símbolo. De acordo com Barnard, "foi isso que conferiu um prestígio e interesse especiais para o projeto de um sistema nacional de educação encontrado entre os seus papéis após sua morte. Robespierre havia sido um indicado dentre os seis membros da Comissão encarregada da matéria pedagógica; e o documento de Lepeletier foi por ele lido na Convenção em 13 de julho de 1793 – o mesmo dia em que Marat fora assassinado por Charlotte Corday que o reputava responsável pela proscrição dos girondinos".[22]

Na luta de representações que estava em jogo no cenário político, o discurso de Robespierre – por seu encadeamento interno e suas correlações externas – teria um potencial bastante mobilizador da emotividade como recurso persuasivo. Represen-

---

21 NOUVEAU LAROUSSE ILLUSTRÉ, 1898, apud, *ENFANCE* 1989, p.89. Alguns autores registram Le Peletier.

22 BARNARD, op. cit., 1969, p.119. Também Dominique Julia recorda que o assassinato de Lepeletier e todas as circunstâncias que concorreram para a leitura de seu texto agiram no sentido de torná-lo "o herói republicano por excelência, mártir da liberdade e da igualdade, morto sob o ferro assassino dos partidários da realeza. O plano de Lepeletier é, portanto, um plano para além da morte; que, de mais a mais, provinha de um homem a quem a Convenção havia oferecido as honras do Panthéon e cujos traços David havia imortalizado ... O que significa dizer que havia uma carga sacralizada que acompanharia a publicação desta obra que aparece como seu testamento político. Note-se, ainda, que o debate sobre o plano se abre em um momento particularmente crítico para a República: a Vendeia não havia sido vencida, a invasão estrangeira era uma ameaça..." (JULIA, 1981, p.92).

tando em Lepeletier, de certa forma, a radicalização do heroísmo de "cada um do nós", afigurava-se-lhe o contorno do novo homem proposto por aquele que poderia já ser considerado um exemplário de seu próprio modelo. Tecendo a fita que enreda o drama, Robespierre articularia a sensibilização do plenário com a objetividade estratégica das medidas que então propunha. Acionando todo um sistema de objetos intercalados na enunciação, propugnava, de imediato, a irreparável grandeza da obra pela memória do seu autor. Na tênue fronteira que revela o que pretendeu ocultar, invoca-se a própria presença ausente do criador como autoridade máxima da sua criação. Vale a pena transcrever, para ilustrar, a apresentação que Robespierre dá ao texto que será por ele lido:

> Cidadãos,
> Vossa Comissão de Instrução Pública estará em breve pronta para apresentar-vos o produto do importante trabalho que vós a encarregastes. Ela julga-se a partir de hoje no dever de apresentar à Nação e a vós uma garantia de seus princípios e pagar um justo tributo à impaciência pública, remetendo sob vossos olhos a obra de um homem ilustre, que foi vosso colega ... Mediante a memória de suas virtudes, Michel Lepeletier legou à pátria um plano de educação pública que parece ter sido traçado pelo gênio da humanidade. Esse grande objeto ocupava ainda seus pensamentos enquanto o crime fez submergir em suas entranhas o ferro sacrílego. Aquele que dizia: "Eu morro contente, minha morte servirá à liberdade" podia se alegrar também por lhe haver rendido outros serviços menos dolorosos para a pátria; ele não deixava de modo algum a terra sem ter preparado a felicidade dos homens por meio de uma obra digna de sua vida e de sua morte. Cidadãos, vós ouvireis Lepeletier dissertando sobre a educação nacional, vós reve-lo-eis na mais nobre parte dele mesmo. Escutando-o, vós sentireis mais dolorosamente a grandeza da perda de que foram acometidos e o Universo terá mais uma prova de que os implacáveis inimigos dos reis (que a tirania retrata como sendo tão ferozes e sanguinários) não são nada além de ternos amigos da humanidade".[23]

Adjetivando o texto pela recorrência aos clichês da Revolução, Robespierre torna coletivo o objeto que enuncia, sem demarcar

---

23 "Plan d'éducation nationale présenté à la Convention nationale par Maximilien Robespierre, le 13 juillet 1793" (ENFANCE, op. cit., 1989, p.91).

166 CARLOTA BOTO

nele o lugar de onde fala. Por apresentar suas impressões como absolutos inarredáveis, o discurso adquire um notável tom apelativo, já que pretende ser o porta-voz do "gênio traçado pela humanidade". O projeto não é posto sob o crivo da crítica, e, desde logo, surge como tributo – ou seja, aquilo que necessariamente deve saldar a dívida contraída. A peripécia discursiva estaria dada no início, desde que Robespierre conclama o plenário a ouvir a voz de Lepeletier – e, portanto, do além –, cujo trabalho teria coincidido com o artefato da felicidade pública. Entremeando virtude e ternura para evocar o mártir da liberdade, cada vez mais o discurso da regeneração situar-se-á em nome da humanidade: é a Revolução Francesa julgando, por um ato de vontade, representar o teatro do gênero humano; e nunca a França se supôs tão universal como naqueles tempos. Sugestivo, Robespierre evidencia – a seu modo – o novo estilo que os revolucionários vinham assumindo: estilo este que ganharia em eloquência o que perdia em rigor, se pensarmos – como Condorcet – na ilegitimidade de postular a percepção revolucionária como verdade última da história.[24] O modelo pedagógico concebido por Lepeletier e defendido por Robespierre será, por esta razão, o principal interlocutor histórico do legado educativo de Condorcet, situando-se ambos como dois referenciais paradigmáticos para pensar a educação.[25]

---

24 Acerca do discurso revolucionário como vetor da representação simbólica do que pretende enunciar, Marc Eli Blanchard dirá o seguinte: "a palavra é por si legislativa. Ela ordena o mundo revolucionário – daí a gravidade inalterável do discurso ... Mesmo se o orador lê seu texto na tribuna, a translação do escrito à oralidade adquire um formidável significado. Ele é sábio; demiurgo; ele é o Deus; e num país, numa época na qual a história, o acontecimento, situam-se menos nos jornais do que nas memórias, ele é profeta. É ele quem, no incrível labirinto de denúncias, de divulgação, de acusações, informa à nação reunida, fala da Revolução e – como Sain-Just – funda o terror" (BLANCHARD, 1980, p.28).

25 Se pudemos já detectar no projeto de Condorcet, pela trilha do Iluminismo, muito da similitude em relação ao imaginário ainda corrente entre nós, no que diz respeito à acepção de uma escola democrática, há quem reconheça no projeto de Lepeletier a matriz do modelo de escola socialista, tal como foi instituído posteriormente em países que caminharam para esse regime político. Julio de Reverend, da Universidade de Havana, dirá, a esse respeito, o seguinte: "Parto de uma premissa: o Plano Lepeletier – nunca realizado – havia previsto uma transformação radical que se reconhece claramente na Revolução Cubana" (Huellas de la Revolución Francesa en Cuba, in *EDUCADORES...* 1990, p.13).

Segundo consta do *Procès–Verbaux du Comitê d'Instruction Publique de la Convention Nationale*, a leitura de Robespierre, que durava horas, teria sido interrompida várias vezes, por intensos aplausos. Depois de concluída, "a Assembleia ordenou a impressão do plano de Lepeletier e a distribuição de seis exemplares para cada membro".[26] Na sessão de 3 de julho – diz ainda o processo – Félix Lepeletier (que era irmão de Louis-Michel) havia solicitado à Convenção a possibilidade de ter naquele plenário admitida a leitura do texto de seu irmão. Consultados, os deputados teriam optado apenas por autorizar a impressão e distribuição do referido plano educativo. Ocorre que nem isso pôde ser feito, dado que o proponente Félix não cedeu o manuscrito. O que se sabe é que

a 13 de julho o manuscrito se encontrava em mãos de Robespierre, e que ele foi lido à Convenção, frustrando assim Félix Lepeletier de uma satisfação de amor próprio ... Eis o que se passou: a 12 de julho, Robespierre, tendo encontrado Félix Lepeletier nos jardins das Tulherias, revelou-lhe seu vivo desejo de conhecer a obra de seu irmão sobre educação, e lhe pediu informações sobre o precioso manuscrito. Félix Lepeletier, depois de muita hesitação, consentiu em emprestar-lhe por um dia. Ele iria se arrepender disso: Robespierre, tendo julgado a obra de Michel Lepeletier interessante e útil à República, entusiasmou-se e – após haver consultado o Comitê de Instrução Pública – foi, ele mesmo, lê-la à Convenção no dia seguinte. Félix Lepeletier ficou muito irritado com esse procedimento e, depois de mais de trinta anos, ele falava disso com amargura...[27]

---

26 GUILLAUME op. cit., MDCCCXCIV, t.2, p.31.

27 Idem, ibid., p.32. Félix Lepeletier relata do seguinte modo sua versão sobre o ocorrido : "Qual foi minha perplexidade, no dia seguinte, pelas cinco horas, quando os vendedores de jornais aturdiram as ruas de Paris com suas palavras para mim fulminantes: *Grand rapport à l'assemblée du plan de Michel Lepeletier sur l'éducation publique, par Maximilien Robespierre.* Dificilmente eu me dominei. Fui até a casa dele e, abordando-o, ainda muito emocionado, eu lhe cobrei pela falta de palavra. 'Este plano é tão bom – respondeu-me ele – que eu não pude resistir. É admirável! É a primeira obra que está à altura da República!'. Nada disso me acalmou. 'Com que então você desaprovou o que eu fiz?' – disse-me ele. [Eu lhe respondi:] 'A única coisa que me leva a desculpar seu procedimento, é que sua popularidade aumenta a esperança que eu tenho de ver adotado pela Convenção o parecer de meu irmão sobre objeto tão importante para a pátria'" (Idem, ibid., p.62-3).

Seja como for, a consciência revolucionária que era naquele momento "dita" por Robespierre conjecturava toda uma teleologia para projetar que se supunha como único futuro digno de um dado passado. Sob tal referencial é que já na primeira frase do projeto lido, Lepeletier recorda o sentido autorizado da sua intervenção, cuja circunstância fora ocasionada como derivação da necessidade de oferecer à história "três monumentos", a que ela teria direito: "a Constituição, o Código de Leis Civis, a Educação Pública". Atribuindo a cada uma dessas obras a mesma importância para o reordenamento social, dirá o texto: "Possamos nós oferecer-lhes a perfeição da qual elas são susceptíveis! Porque a glória das conquistas e das vitórias é por vezes passageira; mas as belas instituições permanecem e *imortalizam* as nações".[28]

Ao ressaltar que a instrução pública já havia sido objeto consistentemente abordado, Lepeletier argumentava sobre a necessidade de fortalecer a estrutura coletiva da Revolução mediante um plano arquitetado para pensar a esfera da educação nacional. O projeto de Lepeletier demarca – por essa via – sua frontal divergência perante a acepção de Condorcet no que tange ao lugar social da escola instituída. Nessa medida, cabe dar passagem para a justificativa do autor, quando ele tenta oferecer outro encaminhamento à discussão acerca da escola. O deslocamento do tema é manifesto:

> Julgo, no entanto, que o que se disse até aqui não preenche a ideia – tal como eu a entendo – de um *plano completo* de educação. Eu ousei conceber um pensamento mais alargado; e considerando a que ponto a espécie humana foi degradada pelo vício do nosso antigo sistema social, sinto-me convencido da necessidade de operar uma *regeneração integral,* por assim dizer, de *criar um novo povo.* Formar os homens; propagar os conhecimentos humanos; tais são as duas partes do problema para o qual nós propomos descobrir a solução. A primeira constitui a educação, a segunda, a instrução. Esta, ainda que seja oferecida a todos, torna-se, pela própria natureza das coisas, a propriedade exclusiva de um pequeno

---

28 "Plan d'éducation nationale présenté à la Convention nationale par Maximilien Robespierre, le 13 juillet 1793" (*ENFANCE*, op. cit., 1989, p.91). (Grifo nosso). Percebe-se, pelos códigos de produção do sentido, que o texto de Lepeletier emite com muita frequência o desejo de *imortalidade* da Revolução. Toda a construção do discurso conceituará tal utopia.

número de membros da sociedade, em decorrência da diferença de profissões e de talentos. A outra (educação) deve ser comum a todos e universalmente benfazeja. Acerca da primeira, o Comitê já se ocupou e apresentou-lhes orientações úteis. Acerca da segunda, ela foi totalmente negligenciada. Em uma palavra, seu plano de instrução pública parece-me bastante satisfatório, mas ele não abarca de forma alguma a educação.[29]

Reconhecendo ser procedente a estrutura prescrita para a organização de uma rede de ensino que englobasse quatro níveis de instrução – tal como previam todos os projetos que se seguiram ao de Condorcet e rastrearam suas pistas –, Lepeletier elogiaria fundamentalmente as três etapas que se seguiriam à escola primária como pilares sólidos do desenvolvimento dos talentos revelados pela cultura do espírito.[30] A crítica dirige-se, portanto, ao estágio que abriga a escola primária, cuja diretriz – tal como fora concebida – estaria longe de corresponder ao exercício da política de regeneração via escola, tal como esta teria passado a ser entendida. Formar o homem novo, para integrar um povo novo, requereria – como dispositivo fundante – uma releitura do papel do educador coletivo. Forjar a unidade nacional, refundar a nação – sob o signo da inauguração do tempo inédito –, era ofício precípuo do educador da infância. Isto posto, Lepeletier dirá:

> antes desses degraus superiores, que são úteis apenas para um pequeno número de homens, eu busco uma instrução geral para todos, que convenha às necessidades de todos, em uma palavra, uma educação verdadeira e universalmente nacional; e eu suponho que o primeiro degrau que o Comitê lhes propõe, sob o nome de escolas primárias, parece-me extremamente distante de apresentar todas essas vantagens.[31]

Enumerando as razões pelas quais apresentara tal juízo, o deputado circunscreve, na emissão desse parecer, o leque de propos-

---

29 Idem, ibid., p.92.
30 Nos termos do texto, "Eu encontro nesses três últimos níveis um plano que me parece sabiamente concebido para a conservação, a propagação e o aperfeiçoamento dos conhecimentos humanos. Esses três degraus sucessivos abrem à instrução uma fonte fecunda e habilmente trilhada e eu vejo os meios ao mesmo tempo convenientes e eficazes para abrigar os talentos dos cidadãos que se dedicarão à cultura das letras, das ciências e das belas-artes" (Idem, ibid., p.92).
31 Idem, ibid., p.92.

tas pedagógicas a serem posteriormente decalcadas. A primeira crítica decorreria do fato de, pelos planos anteriores, a criança escapar à vigilância do legislador, sujeitando-se, assim, a ser modelada pela pedagogia eivada de preconceitos subsistentes nos adultos que a rodeassem. Outro problema referir-se-ia aos locais prescritos para a localização física das escolas, concentradas fundamentalmente em redutos urbanizados, reproduzindo já aí a desigualdade de oportunidades entre as diferentes famílias. Sugere-se, para minimizar tal distorção, uma redistribuição das escolas pelas paróquias. Lepeletier encontra, ainda, mais um fator de distinção: algumas famílias poderiam, de fato, prescindir do trabalho infantil para cobrir suas despesas; outras não. Daí o legislador remarcar sua preocupação, dizendo:

> Mas quanto à classe indigente, como será? Essa criança pobre, você lhe oferece instrução; mas antes lhe falta o pão. Seu pai trabalhador priva-se de uma porção para lhe oferecer; mas é necessário que a criança ganhe outra. Seu tempo é encarcerado no trabalho porque ao trabalho está atada a sua subsistência. Depois de haver passado no campo uma jornada penosa, vocês querem que, como repouso, ela se dirija a uma escola distante talvez meia légua de seu domicílio? Em vão, vocês estabeleceriam uma lei coercitiva contra o pai; este não poderia prescindir do trabalho de uma criança que, com oito, nove, ou dez anos, ganha já qualquer coisa. Um pequeno número de horas por semana é o máximo que ele pode sacrificar. Assim, o estabelecimento de escolas tal como foi proposto seria, para falar a verdade, um bem produtivo apenas para o pequeno número de cidadãos, independentes em sua vida material, livres das constrições da necessidade.[32]

De acordo com esse novo plano, haveria que se pensar a dupla finalidade para as quais se deveriam dirigir os esforços educativos:

a) aperfeiçoamento do "ser físico", com todas as implicações que este projeto acarretaria – em termos de alimentação, exercícios, trabalhos, para poder levar à introjeção de novos hábitos;

b) formação do "ser moral", a ser pensada como um objeto que se estenderia, ainda que acabada a lição; até porque, do contrário, a criança, após os deveres escolares, facilmente reabsorveria costu-

---

32 Idem, ibid., p.93.

A ESCOLA DO HOMEM NOVO   171

mes indisciplinados e desregrados. E aí, então, o autor questiona se, de tal maneira, seria possível "verdadeiramente formar os homens, os cidadãos, os republicanos; em uma palavra a Nação, será ela regenerada?".[33]

Ora, se o patamar físico e moral imprescindível para a tarefa educativa não se situava nos projetos anteriores, tenciona-se aqui delinear aquele que passaria a ser considerado o verdadeiro, o único, o definitivo plano de educação nacional. Fundado por uma nova lei, o novo sistema educativo viria a ser caracterizado como o grande artífice da regeneração: regeneração da pátria, da humanidade e da espécie.

A própria construção do discurso evidencia, já de início, pela tônica dos advérbios, o intuito totalizante de um projeto que se pretende "*verdadeiramente* nacional, verdadeiramente republicano, eficaz e *igualmente* comum a todos ... capaz de regenerar a espécie humana, seja pelos dons físicos, seja pelo caráter moral".[34] Tratava-se não mais de radicar na instrução o ofício precípuo da escola. Engendrar institucionalmente a educação nacional supunha algo para além do ensino. Almejava-se a consolidação de um princípio que perfilhasse a dinâmica do social como um todo orgânico, a começar pela escola. Uma sociedade harmônica; uma sociedade que veda o conflito: tais seriam os horizontes dessa formação integral da criança, o que Lepeletier denominava "santa lei da igualdade": "Eu proponho que se decrete que, a partir da idade dos cinco anos até aos doze para os meninos e até aos onze para as meninas, todas as crianças, sem distinção e sem exceção, serão educadas em comum, às expensas da República; e que todos, sob a santa lei da igualdade, recebam as mesmas roupas, a mesma alimentação, mesma instrução, os mesmos cuidados".[35]

Para a manutenção dos encargos e despesas do ensino, pensou-se o estabelecimento de um imposto progressivo, com taxas praticamente nulas para os mais pobres, de maneira a fazer recair os tributos sobre as camadas mais favorecidas da população. Subs-

---

33 Idem, ibid., p.94.
34 Idem, ibid., p.94. (Grifos nossos).
35 Idem, ibid., p.94.

172 CARLOTA BOTO

tituídas as escolas primárias pelas casas de educação nacional, apregoava-se, na esteira do imaginário jesuítico de isolamento e vigilância da criança, um controle integral do mestre sobre os seus discípulos, "todos os dias, em todos os momentos".[36] Tributário integral da perspectiva rousseauniana, Lepeletier destaca, como no *Emílio*, que o ofício que pretende ensinar é o de ser humano: "Até os doze anos, a educação comum é boa porque até lá tratar-se-ia de formar não os trabalhadores, não os artesãos, não os sábios, mas homens para todas as profissões".[37] Aos 12 anos, a criança que fora retirada da esfera do ambiente familiar para adquirir os conhecimentos necessários para a vida social, seria reenviada ao lar para prolongar seu aprendizado com os distintos trabalhos que deveria vir a exercer. Começaria nesse período a etapa diversificada de um currículo caracterizado, ao fim e ao cabo, como profissional.[38] Na verdade, o autor recorre a artifícios discursivos que tentam demarcar o território das utopias tidas por viáveis. Nessa linha de análise, eis o alerta de Lepeletier:

> Prolongar a instituição pública até o fim da adolescência é um belo sonho; algumas vezes nós o imaginamos deliciosamente com Platão; por vezes nós o lemos com entusiasmo, realizado nos fastos da Lacedemônia; algumas vezes nós reencontramos sua insípida caricatura nos colégios; mas Platão só formava filósofos, Licurgo só fazia soldados, nossos professores só formam estudantes; a República francesa, cujo esplendor consiste no comércio e na agricultura, tem necessidade de fazer homens para todos os ofícios: então não será mais nas escolas que eles serão encerrados, mas nos diversos "ateliers", qualquer outra ideia é uma quimera que, sob a enganosa aparência da perfeição, paralisaria os braços necessários, exterminaria a indústria, reduziria o corpo social e em pouco tempo engendraria sua dissolução.[39]

---

36 Idem, ibid.
37 Idem, ibid., p.95.
38 "Até os doze anos, a educação comum é boa porque se trata de oferecer às crianças as qualidades físicas e morais, os hábitos e os conhecimentos que, para todos, tenham uma utilidade comum. Quando chega a idade das profissões, a educação comum deve cessar porque para cada um a instrução deve ser diferente; reunir em uma mesma escola o aprendizado de tudo é impossível" (Idem, ibid., p.95).
39 Idem, ibid., p.95-6. Acerca do projeto de Lepeletier, Eliane M. T. Lopes polemiza com seus críticos: "Ensaio sem valor pedagógico, disseram uns, curiosidade histórica, um mal pastiche, uma mistura de rudeza espartana e ideologia platônica, com

Depreende-se desse trecho, a par dessa ruptura da escola única como princípio fundante, todos os referenciais teóricos e as matrizes históricas com as quais Lepeletier atribuía autoridade ao discurso proferido: da república dos filósofos com Platão até o modelo espartano de formação de subjetividades para o serviço integral da pátria, o homem novo da cidade nova mapeada pela recém-fundada República francesa teria as feições do coletivo. É por isso também que a matriz de *aperfeiçoamento individual* tão cara ao espírito da Ilustração será aqui substituída pelo *interesse público*, em nome do qual todos os sacrifícios seriam, por si, legítimos.

A obrigatoriedade de os pais enviarem suas crianças à escola seria correlata à punição de quem não o fizesse, mediante a cassação de seus direitos de cidadania. Em termos de circunscrição espacial das instituições escolares, deveria haver um estabelecimento de educação nacional proporcionalmente a cada seção nas cidades e a cada cantão nos campos. Tais instituições deveriam conter entre quatro e seiscentos alunos e seria previsto um professor para cada cinquenta alunos. Inspirando-se em técnicas do modo de ensino mútuo, o projeto previa uma gestão supervisionada das classes, de forma que as crianças mais velhas pudessem auxiliar o professor, tomando conta dos mais novos e atuando como repetidores das lições expostas pelo mestre. Na verdade, delegando aos professores a autoridade última sobre seus alunos, o discurso assume um teor pragmático que atua como veículo de aproximação entre o legislador que fala sobre educação e o mestre de primeiras letras que traduz a concretização desse pensamento teórico a propósito de seu cotidiano profissional. Pelo desprezo à teoria e à abstração, o veio manifesto do discurso invoca a criação do método. Pretende-se, ao denegar a especulação teórica, obter a

---

alguns traços roubados de Rousseau, disseram outros. Espartano-platônico-rousseauniano, sim, se quisermos examinar esse 'pastiche' do ponto de vista das ideias; violento-cruel-autoritário, sim, se quisermos examinar esse 'pastiche' do ponto de vista da relação pedagógica; mas também, e sobretudo, uma obra-prima do discurso burguês jacobino. Nele saltam aos olhos as alianças de classes feitas pelos jacobinos, as atenções e concessões a serem feitas às massas, as promessas a serem cumpridas, os interesses a serem preservados e defendidos, enfim, o jogo de forças políticas e os rumos do novo modo de produzir a vida concebido pela burguesia" (LOPES, op. cit., 1981, p.94).

174 CARLOTA BOTO

descoberta de uma estratégia capaz de educar todas as crianças e espraiar-se, ainda, como receituário de formação da humanidade. Nessa caminhada, sacraliza-se o universo da pedagogia, como patamar imanente a uma missão conferida a certos notáveis de um povo eleito. O legislador da pedagogia revela-se, ao fim e ao cabo, como o portador da razão histórica que os tempos reivindicavam:

> Aqui eu descarto toda a teoria abstrata; eu abandono as pesquisas intelectuais sobre a natureza do homem, sobre a perfectibilidade moral e física da qual ele é suscetível, sobre a origem e causa de seus afetos, de suas paixões, de suas virtudes, de seus vícios. Que os observadores, que os metafísicos meditem sobre essas grandes questões; eu reconheço que estimo apenas as ideias simples e claras. Eu procuro um bom método bem usual, bons meios bem familiares, bons resultados bem evidentes: que aqui nada seja fruto de grandes descobertas, mas que tudo seja útil. Eu sempre julguei que em política, em legislação, em economia social, as concepções excessivamente finas, excessivamente sutis e – se eu puder me exprimir assim – excessivamente perfeitas, são de pífia utilidade. Há que se operar efeitos gerais, há que se produzir em massa e se eu puder prover a existência de vantagens para a sociedade inteira e para os indivíduos em particular, acreditarei ter bem servido à humanidade e ao meu país.[40]

A ideia de servir à humanidade vinha acoplada a um pressuposto segundo o qual a emergência e consolidação do novo sistema político-pedagógico na França teriam efeito irradiador no âmbito dos demais países europeus. Pensar os projetos de formação da juventude significaria, por essa chave, pensar a República e fazer da escola seu templo. O confronto intertextual revela com nitidez, na própria ordenação discursiva, o referencial rousseauniano: ao sair das mãos do educador, a criança deverá revelar os elementos necessários para fazer-se homem novo. Com juízos de valor tendentes a conferir universalidade aos procedimentos que elege, a legitimação do processo educacional apresentar-se-ia como decorrência lógica de uma trilha já aceita:

> em uma palavra, nós preparamos, por assim dizer, uma matéria primeira, que tendemos a supor essencialmente boa, da qual nós trabalharemos os

---

40 *ENFANCE*, op.cit., 1989, p.97-8.

elementos de tal maneira que, saindo de nossas mãos, ela possa receber as alterações específicas mediante as diversas profissões de que se compõe a República.[41]

As estratégias pedagógicas destinadas a fazer cumprir o objetivo estipulado remeter-se-iam a toda uma rígida regulamentação do espaço e do tempo educativo. Os hábitos adquiridos na infância seriam concatenados de maneira a propiciar uma posterior adaptação à sociedade adulta. Para tanto, o legislador recomenda uma disciplina severa e cronometrada, em que todos os passos da criança, nos seus deveres escolares, exercícios físicos e mesmo nas horas de alimentação e repouso, fossem rigorosamente acompanhados pelo olhar incansável do educador.[42] De uma certa forma, havia que se estabelecer um cotidiano institucional que fosse – por assim dizer – o prefácio de uma felicidade coletiva marcada pela harmoniosa convivência e pelo equilíbrio da sociabilidade que sonhava subtrair o conflito. Ora, se os hábitos adquiridos na

---

41 Idem, ibid., p.98. Registre-se aqui que a vertente rousseauniana de tal proposição pode ser depreendida não apenas da consideração de uma natureza primordialmente boa, mas fundamentalmente da própria construção do texto, cuja acepção muito se aproxima daquele trecho do *Emílio*, que diz: "Saindo de minhas mãos ele não será, concordo, nem magistrado, nem soldado, nem padre; será primeiramente um homem" (Rever nota 7 do capítulo 1).

42 "Continuamente pelas mãos e sob os olhos de uma ativa vigilância, cada hora será reservada, quer para o repouso, quer para a refeição, o trabalho, o exercício, o descanso; todo o regime de vida será invariavelmente regrado; os desafios graduais e sucessivos serão determinados; os gêneros de trabalhos corporais serão designados; os exercícios de ginástica serão indicados, um regulamento salutar e uniforme prescreverá todos esses detalhes e uma execução constante e fácil lhes assegurará bons êxitos" (Idem, ibid., p.98). Nessa trilha de metodologia, o cotidiano viria recortado pela restrição de tudo o que pudesse vir a ser considerado supérfluo. Portanto, o artigo XIX do "Plano de Educação Nacional" recomendará: "As crianças receberão igual e uniformemente, cada um de acordo com a sua idade, uma alimentação sadia, mas frugal, um vestuário cômodo, mas grosseiro; eles se deitarão sem conforto: de tal maneira que, qualquer que seja a profissão que eles abracem, seja qual for a circunstância em que possam se encontrar no decorrer das suas vidas, eles carreguem o hábito de poder renunciar às comodidades e ao supérfluo, e o desprezo pelas necessidades factícias" (Idem, ibid., p.116). A ideia era a de compor a República de elementos saudáveis e robustos, de maneira a multiplicar, pelo – *avant la lettre* – *capital humano*, os produtos provenientes da agricultura e da indústria.

176 CARLOTA BOTO

infância são por si uma segunda natureza, acreditava-se em uma quase mutabilidade genética para desenvolução da espécie tendo em vista o aperfeiçoamento do ser social. Percebe-se nos próprios clichês do discurso a nítida tentativa de amalgamar constrição e liberdade. Isso porque se tratava de uma história em que o futuro já era quase passado, na medida em que, descartados o acaso e a indeterminação inscritos no tempo, acreditava-se numa rota já profetizada – quase uma fatalidade – cuja imanência deveria ser apenas revelada. Confiante no que diz, Lepeletier – pelo eco de Robespierre – reitera:

> Lembremo-nos de que nós formamos os homens destinados a desfrutar a liberdade e que não existe liberdade sem obediência às leis. Curvemo-nos todos os dias e em todos os instantes sob o jugo de uma regra exata e os alunos da pátria se conformarão pela santa dependência das leis e das autoridades legítimas ... Sem a educação nacional havia que se abdicar de formar o que eu chamo os costumes da criança e que, em breve, por esse plano, tornar-se-ão costumes nacionais; e neles será compreendida a sociabilidade; seu caráter, uma linguagem que não seja de forma alguma grosseira, a atitude e o porte de um homem livre, enfim, as maneiras francas, igualmente distantes tanto da polidez quanto da rusticidade. Entre cidadãos iguais de uma mesma República, é necessário que essas diversas vantagens da educação sejam por todos repartidas; porque, para dizer a verdade, esses matizes, ainda que existam, criam incalculáveis diferenças e estabelecem desigualdades demasiadamente reais entre os homens. Eu não sei se exagero, mas me parece que todos os hábitos por mim até aqui enumerados são uma fecunda fonte de vantagens para as crianças e para o Estado; esses são os verdadeiros fundamentos de uma educação salutar; sem eles não existe educação. Se durante a infância não oferecermos nada a todos os cidadãos, a Nação não poderá ser profundamente regenerada.[43]

Veículo privilegiado da feitura dos costumes, o plano anterior do Comitê de Instrução Pública – aos olhos de Lepeletier – não teria dado a devida proeminência para selecionar os próprios saberes escolares que enquadrariam o conteúdo das matérias ministradas. Liberto de quaisquer dimensões religiosas, o currículo deveria partir das instruções de uma *moral universal,* cujas raízes não se firmariam por quaisquer ensinamentos de crenças particu-

---

43 Idem, ibid., p.100.

lares. O currículo escolar se resumiria, assim, em algumas áreas e objetos privilegiados para esse primeiro grau de aprendizagem: ao ler, escrever e contar, seriam acrescidos os sistemas de medida e de economia doméstica e rural, além de "um conhecimento sumário da Constituição, para desenvolver o dom da memória, gravando--lhe os mais belos relatos da história dos Povos livres e da Revolução Francesa; eis o que é necessário para cada cidadão, eis a instrução que se deve a todos".[44]

Os saberes escolares, veiculando o que o Estado recém-inaugurado pretendia registrar como legítimo, elegiam, para tanto, objetos que pudessem modelar a alma da criança para seu quadro mental futuro. Sugerem-se hábitos físicos, aprendizagens cognitivas e lições de moral capazes de, pela utopia da infância, radicar a perfeição do amanhã. Pretendia-se, em tal modelo, uma sociedade liberta de preconceitos ou vícios de qualquer espécie. É como se a virtude fosse o próprio espírito da Revolução, a condição da mudança. E formar para a virtude era – aos olhos do legislador – introjetar estados de ser criança bastante distintos de todos os anteriormente compostos. Para aperfeiçoar física e moralmente a espécie, propunha-se-lhe soluções práticas. A regeneração nacional exigia o veículo privilegiado da educação primária pública, gratuita, obrigatória, universal e laica. Universo de ensaio da civilidade adulta, à escola primária deveria ser confiada a totalidade da criança. Como no modelo espartano, nada deveria escapar ao olhar vigilante do educador da República. Justificando-se, Lepeletier recorda que

pelas escolas primárias nós obteremos apenas uma instrução imperfeita. Seu vício radical é o de tomar apenas algumas horas e abandonar as demais. Conceberemos em vão teorias engenhosas; em vão, para formar, para instruir a infância, adotaremos métodos perfeitos: tudo isso, nas escolas primárias, falhará sempre pela execução; com um tal meio é impossível produzir outra coisa, além de efeitos nulos, parciais ou aproveitáveis apenas por um número muito pequeno de indivíduos. Na instituição pública, pelo contrário, a totalidade da criança nos pertence; a matéria – por assim dizer – não mais sairá da forma; nenhum objeto exterior poderá deformar a estrutura que lhe foi dada.[45]

---

44 Idem, ibid., p.101.
45 Idem, ibid., p.102.

Evidentemente um projeto pedagógico, cuja estratégia pressupõe modelar os estudantes em uma mesma forma, diverge, por princípio, da proposta da Assembleia Legislativa, já que – quer queira, quer não – aqui a individualidade é proscrita. Mesmo que o objeto final seja convergente, no que tange à ilusão de diminuir a desigualdade de riqueza pela equalização da instrução, não há mais o suposto de perfectibilidade da espécie, já que a Revolução – quando terminada – colocaria também seu termo à história. Desfecho final da caminhada humana, os revolucionários parecem julgar a si próprios epílogos daquele enredo; daí a demarcação tão cerrada de objetos e saberes escolares apresentados como definitivos. Sob esse aspecto, há radical ruptura com a perspectiva iluminista, segundo a qual, na caminhada do esclarecimento humano, não haveria ponto final.

Em termos de administração e financiamento das escolas, propõe-se um imposto específico e progressivo em função da renda, destinado às despesas das instituições de educação nacional, para as quais os cidadãos de cada cantão deveriam, dessa maneira, dar a sua contribuição. Seria, na verdade, uma contribuição direta.[46] As escolas contariam também com um orçamento suplementar, decorrente do trabalho dos alunos.[47] Na verdade, a gestão escolar não teria funcionários contratados, para que se pudesse desenvolver o hábito de os pais de família efetuarem por revezamento as tarefas logísticas da instituição. No projeto do *"Rapport"* de Lepeletier consta o seguinte:

> Eu proponho que todos os anos os pais de família do cantão, reunidos, escolham, para cada casa de educação nacional que seja ali

---

46 "é um depósito comum, formado pela reunião de várias contribuições desiguais: o pobre coloca pouquinho; o rico coloca muito; mas assim que se constitui o depósito ele é imediatamente partilhado igualmente entre todos: cada um retira dele a mesma vantagem, a educação das crianças" (Idem, ibid., p, 103).

47 O plano de Lepeletier prevê também que, já que as despesas cessam de existir por completo para todos os alunos como discípulos da nação, deveria haver uma contrapartida no sentido de os eventuais rendimentos pertencentes a algumas crianças poderem ser apropriados pelo poder público, no sentido de fazer jus à transferência de obrigações. Nas palavras de Lepeletier: "Os pais e mães, por direito de guarda, desfrutam dos proventos dos seus filhos menores; no entanto, as despesas para com as crianças estavam também sob sua responsabilidade e encargo: ora, transferindo o encargo para a pátria parece justo e conveniente que ela goze também das vantagens" (Idem, ibid., p.106). Com isso, multiplicar-se-ia de todos os lados o orçamento destinado à educação.

estabelecida, um conselho de 52 pais eleitos dentre eles. Cada um dos membros do conselho será obrigado a dar, durante o decorrer do ano, sete dias de seu tempo, e cada um fará sua semana de residência no edifício escolar para seguir a conduta das crianças e dos mestres. Dessa maneira haverá, no decorrer de todos os dias do ano, um pai de família encarregado da vigilância; assim o *olho* da paternidade não perderá de vista a criança, nem por um só instante.[48]

Além de exercer a tarefa de vigilante e, como tal, em princípio, delator, o pai semanal deveria prover a casa com os alimentos necessários, zelar pela boa distribuição do horário escolar no cumprimento das atividades programadas, dispor do necessário para que se mantivesse a saúde e a boa qualidade de vida das crianças e, nos termos do texto, "regrar constantemente crianças e mestres pela estreita linha de deveres que seriam traçados para uns e outros".[49] O processo de democratização da gestão pedagógica não supunha aqui interlocução entre pais e professores. Uma vez por mês, os pais reunir-se-iam no conselho (do qual não faziam parte os mestres) e fariam um balanço da situação da escola, em termos do que puderam efetivamente averiguar pela observação. Para tais sessões, para que pudessem ter eco as queixas e elogios, previa-se a presença de autoridades locais, cuja função primordial seria a de "sem demora, remediar os abusos dos quais tiverem conhecimento".[50]

A desconfiança perante a corruptibilidade do mundo edificava um universo pedagógico no qual a criança era retirada da tutela

---

48 Idem, ibid., p.107. O grifo é nosso e revela o quanto a metáfora do olhar era cara à eloquência revolucionária. Olhar que vela, zela, revela, desvela, guarda, vigia, aterroriza, descobre e pune. O mesmo olhar que capturava os suspeitos era – pelo imaginário – aquele que compunha a fidelidade pátria. Por aí, percebe-se que – no teatro da Revolução – a mesma oratória que ameaçava a guilhotina, prometia a educação.

49 Idem, ibid., p.107.

50 Idem, ibid., p.107. O texto abarca questões ainda mais específicas do cotidiano institucional: "Para a administração pecuniária, para a receita e as despesas, o conselho de 52 pais formará um comitê de quatro membros destacados dentre eles, cuja função será a de regulamentar todas as compras para o vestimento, a alimentação e a manutenção da casa, de prescrever, de acordo com as estações, a natureza dos alimentos que serão fornecidos às crianças; de determinar os gêneros de trabalhos físicos a serem empregados; de fixar a remuneração por seus trabalhos; enfim, de ter todos os registros. Todos os meses seriam prestadas contas ao conselho dos 52 pais de família e o excedente seria remetido às autoridades constituídas" (Idem, ibid., p.107-8).

180 CARLOTA BOTO

paterna e paradoxalmente forjava-se uma circularidade segundo a qual os pais teriam a tarefa de inspetores do regime. O registro autoritário do discurso recorda o clamor das lideranças pela unanimidade. O texto não é apresentado como uma versão possível, como um olhar sobre a escola, mas, antes, é postulado como reduto último da verdade pedagógica. Uma pedagogia centrada apenas sobre a instrução primária, único degrau universal e gratuito, pela crença de edificar – durante esses anos que compreendem a educação nacional –, em cada estudante, a renovação da raça.[51] Sob tal perspectiva é que a prosperidade pública viria, na conclusão de Lepeletier, subordinada a essa recriação institucional:

> Aqui está, Representantes, um esboço do plano que eu vos submeto. Até o momento, pareceu-me que todos aqueles que trataram dessa matéria dedicaram-se exclusivamente a formar um sistema de instrução pública. Cá para mim, creio que, antes da instrução, deve ser fundada a instituição pública. A primeira é o proveito de alguns; a segunda é um bem de todos. Aquela propaga conhecimentos úteis; esta cria e multiplica os hábitos necessários. Em breve, por este meu plano, a instrução pública terá o seu lugar assinalado, é uma decoração parcial do edifício; mas a instituição pública é a base fundamental sobre a qual se assenta o edifício inteiro.[52]

À guisa de conclusão, o deputado recorda que a guarda das crianças pelo Estado poderia apresentar-se como único recurso para preservar a vida dos filhos das camadas indigentes que, sem condições materiais de sobrevivência, tinham seu direito à vida reduzido e uma declaração de intenções; porque se, de fato, "a feudalidade fora destruída, não o foi em seu benefício, porque eles

---

51 "Assim, a partir dos cinco anos até os doze, quer dizer, nesse espaço de vida tão decisivo para propiciar modificações no ser físico e no ser moral, a impressão, a conduta que ele conservará para sempre, tudo o que deve compor a República, será lançado numa forma republicana. Lá, tratados, vestidos, alimentados e ensinados todos igualmente, a igualdade tornar-se-á para todos os jovens alunos, não uma teoria especiosa, mas uma prática continuamente efetiva. Assim, formar-se-á uma raça renovada, unida, trabalhadora, regrada, disciplinada e uma barreira impenetrável terá separado do contato impuro com os preconceitos da nossa espécie velha" (Idem, ibid., p.109). Percebe-se, pelo teor do texto, a perspectiva de etnia nele contida. O Antigo Regime, degenerescente, era também poluído por excrescências humanas. Supõe-se, pela mecânica de uma simples lógica formal, que o regulamento político-institucional poderia agenciar uma espécie purificada. O homem novo é, sob tal enfoque, a raça remodelada.

52 Idem, ibid., p.109.

nada possuíam nos campos libertados".[53] Para, nesse sentido, arrematar suas considerações acerca da necessidade de uma educação para regeneração nacional, Lepeletier recorda que, se houve na França uma repartição das fortunas, tal situação não foi suficiente para equalizar as oportunidades sociais e nem sequer para minimizar as distâncias. Como em Condorcet, neste aspecto, o legislador enfocava a complementaridade entre a igualdade civil e a possibilidade de acesso à instrução.[54] A propriedade – cuja manutenção este jacobino defende – não era tomada como patrimônio universal, que, assim como a língua, fora histórica e coletivamente construída. Para, porém, conciliar o direito à propriedade com o também direito à igualdade – aqui pelo mesmo registro de Condorcet – Lepeletier alça a instituição educativa quase a um templo redentor, por meio do qual, miraculosamente, seriam pouco a pouco corrigidas as desigualdades decorrentes da disparidade e concentração de riqueza. Otimista diante do futuro que pretende prenunciar, o deputado anuncia:

> Eis a revolução do pobre ... mas revolução doce e pacífica, revolução operada sem alarmar a propriedade e sem ofender a justiça. Adoteis as crianças dos cidadãos sem propriedade e a situação de indigência não existirá mais para eles. Adoteis suas crianças e eles sentir-se-ão assegurados na porção mais cara de seu ser. Que essas árvores jovens sejam transplantadas no solo nacional; que um mesmo sol forneça-lhes os sucos nutritivos; que uma vigorosa cultura possa confeccioná-los; que confundidos uns com os outros, vivificados como que por raios de um astro benfeitor, eles cresçam, desenvolvam-se, enlacem-se todos reunidos, sob a vigilância, sob os olhares e sob a doce influência da pátria.[55]

Lepeletier torna explícito seu parecer quanto à delimitação do direito à educação universal, ao declarar que aos doze anos cessa para o ser humano o acolhimento pedagógico público e gratuito,

---

53 Idem, ibid., p.108.
54 Acerca do tema, remarca Eliane M. T. Lopes: "Lepeletier demonstra agudo senso de presente, aguda consciência da conjuntura e sua inserção num projeto mais amplo de sociedade e confere à educação um papel que ela não mais perderá no discurso pedagógico liberal-burguês: o de ser a promotora não apenas da igualização dos indivíduos, mas o de ser instrumento revolucionário: revolução doce e pacífica, revolução que não fere a propriedade nem a justiça dos proprietários, revolução dos pobres" (LOPES, op. cit., 1989, p.96).
55 *ENFANCE*, op. cit., 1989, p.110.

idade suposta para o princípio da vida laboriosa. A partir de então, a República estará aberta à diversidade de talentos que a compõem, preparados que já estão para atuar como agricultores, artesãos e outras profissões. Os *ateliers* estarão abertos para que a aprendizagem específica de cada *metier* possa ocorrer pela prática do trabalho exercitado. Considera-se que até aí já foi cumprida a rigorosa dívida da República. As gerações sucessivas teriam, pois, assegurado o direito e o dever de tecer novas redes de sociabilidade política à luz do exemplo escolar. O novo homem fora esboçado. Cumpria tornar efetiva a equalização dos direitos públicos, agora por práticas e dispositivos comuns, capazes de oferecer complementaridade ao efeito totalizador produzido pela escola. O plano de Lepeletier, preocupado visivelmente com as implicações econômicas do projeto de formação das almas, deixa de priorizar a universalização progressiva das Luzes como rota da humanidade. Em Condorcet, nem todo o percurso da instrução seria universal, mas o princípio da universalização estaria postulado como uma meta. Nessa trilha, pelo projeto da Assembleia Legislativa, a dívida do Estado deveria ser compreendida como tributo à perfectibilidade da espécie; daí a necessidade de graduar as diferentes etapas da escolarização – que não sendo todas universais (e não sendo nenhuma obrigatória), seriam, com certeza, gratuitas. A ideia de abrir alternativas para a diversidade de talentos exigia, pelo olhar iluminista, que todo o processo pudesse ser percorrido por estudantes oriundos de quaisquer camadas sociais: isso teria por pressuposto a gratuidade. No projeto de Lepeletier, pelo contrário, haveria uma seleção prévia daqueles que numericamente teriam acesso aos níveis posteriores do ensino. Portanto, resumindo a dívida da República ao aprendizado primário,[56] as demais etapas da escolarização não seriam em princípio universalizáveis, até porque só "uma pequena, mas selecionada parcela" estaria vocacionada para o desenvolvi-

---

56 "Mas com isso a sociedade pagou a sua dívida rigorosa para com ela [a criança], ela lhe conservou tudo o que recebeu da natureza, chegando mesmo a aperfeiçoar seus dons enquanto pessoa ... O jovem aluno tem os hábitos físicos e morais necessários a todos os estados, ele possui os conhecimentos de utilidade comum para todas as profissões: em uma palavra, ele detém a preparação, o desenvolvimento geral de que precisava, seja para seu bem-estar particular, seja para constituir de maneira útil uma das porções elementares para compor a República" (Idem, ibid., p.110).

mento da cultura do espírito. Pensando assim, concluiria Lepeletier pela voz de Robespierre:

> Relegaremos, entretanto, a um abandono absoluto essas duas classes numerosas de jovens cidadãos artesãos e trabalhadores da terra? Ou não seria melhor que a sociedade lhes estendesse os cuidados de alguma cultura moral? Eis o que me pareceu concomitantemente útil e aplicável: a semana pertence ao trabalho, alterar isso seria absurdo e impossível; mas nos dias de repouso, em certas épocas a serem determinadas, é conveniente que a juventude retome os exercícios físicos. Algumas aulas, as festas, reuniões que lhes cativem a atenção, despertem sua curiosidade, excitem sua motivação. Dessa forma, as alegres impressões recebidas na infância não seriam mais apagadas: e sem roubar o tempo necessário ao trabalho, o repouso deixará de ser ocioso e o próprio prazer inscreverá suas instruções.[57]

O plano de Lepeletier inegavelmente fazia o debate pedagógico da Revolução adquirir novos contornos. Não se tratava mais exclusivamente de pensar o tema da instrução e da irradiação do conhecimento produzido, na mais viva tradição iluminista – que teria sua expressão mais concreta no *Rapport* de Condorcet. Não se tratava tampouco de reservar a escola para diminutas parcelas da população, como ocorria no dito Antigo Regime. Pelo contrário: com Lepeletier, dizia-se que os tempos estavam a exigir uma nova feição para o tema pedagógico e a educação deveria vir a se tornar instrumento revolucionário por excelência. A Revolução, obtida pela força, precisava consolidar suas conquistas mediante a adesão a um novo consenso social. Em Lepeletier, como nunca, estaria explicitado o substrato político da ação educacional. Por isso, deixa-se de falar em escola primária; tratava-se, mais do que isso, de organização das casas de educação nacional. É evidente que a repercussão desse plano, no mínimo, inquietou aquele plenário, pelo simples fato de ter efetuado considerável deslocamento para a reflexão político-pedagógica. As discussões – a favor ou contra – seriam extremamente apaixonadas.

Na sessão de 30 de julho de 1793 o cidadão Grégoire sobe à tribuna para pronunciar-se contra o projeto de Lepeletier. O deputado critica fundamentalmente a ideia de uma educação comum

---

57 Idem, ibid., p.111.

184 CARLOTA BOTO

radicada na perspectiva de formação integral, que, de um certo modo, usurparia a autonomia da família. A argumentação de Grégoire percorre três pontos de vista: o investimento financeiro que a implementação do projeto de Lepeletier exigiria, a sua viabilidade, em termos práticos, e os efeitos morais que suas premissas pedagógicas poderiam vir a acarretar. Em relação à questão das finanças, o deputado declara que não haveria "aritmética política" alguma capaz de possibilitar a três milhões de crianças francesas entre cinco e 11 ou 12 anos despesas anuais que cobrissem vestimentas, alimentação e todo o tipo de gastos cotidianos, além daqueles naturalmente previstos para a instrução. Contudo, a retirada da criança do ambiente familiar teria perverso efeito sobre a economia doméstica, do que resultaria a possibilidade de os pais se recusarem a enviar seus filhos à escola, já que não haveria ninguém para substituir o trabalho dessas crianças no campo ou em casa. Finalmente, Grégoire revela o foco de sua maior reticência:

> Passo a examinar os efeitos morais que resultam da educação comum e principiarei perguntando-lhes qual é o processo mais de acordo com a natureza: aquele de deixar as crianças no seio de suas famílias ou, o outro, de lhes fazer morar em casas comunitárias. A resposta não deixa dúvidas; a segunda possibilidade é artificial. A natureza é mais sábia do que nós; estejamos certos que, ao nos afastarmos de suas inspirações, nos distanciaremos da felicidade. Ora, pretendo provar que o sistema de subtrair as crianças das famílias para concentrá-las permanentemente em casas de educação comum é contrário à felicidade e à moralidade de pais e filhos. Entrem na cidade em uma casa sem crianças, é uma espécie de deserto. Vocês nunca observaram que as crianças são habitualmente um elo de amizade entre marido e mulher?[58]

Além disso – continua o parlamentar –, a criança em permanente contato com os pais inspirar-lhes-ia responsabilidade, afastando-os, portanto, dos excessos e dos vícios, em ato de recíproco controle. A vida familiar, como célula de agregação da estrutura social, estaria assim assegurada. Na relação aqui estabelecida entre

---

58 GUILLAUME, op. cit., MDCCCXCIV, t.2, p.175. Os discursos de Grégoire e Thibaudeau foram já descritos e analisados também por Dominique Julia em seu *Les trois couleurs du tableau noir*.

moralidade e felicidade, podemos encontrar pistas para interpretar o desenrolar daquela polêmica.

No mesmo dia 30 de julho de 1793, Léonard Bourdon, que era membro da Comissão de Instrução Pública, sai em defesa do plano lido por Robespierre, dizendo – para contrapor-se ao discurso de Grégoire – que as exíguas lições teóricas sobre moral na escola primária eram passíveis de ser, a um só golpe, esfaceladas, já que

> no resto do tempo, a criança rica tomará com seus parentes lições práticas de orgulho, de aristocracia, de despotismo; a criança pobre será, por seu turno, conduzida pela superstição e por preconceitos. A educação nacional se propõe – dizem-nos – a desenvolver as faculdades físicas, intelectuais e morais de cada indivíduo. Vejamos quem – escolas primárias ou casas de educação comum – ... atenderá melhor esse objetivo. Comparando umas com outras, sob diferentes aspectos, nós poderemos nos pronunciar. O primeiro inconveniente que apresentam as escolas primárias é que, independentemente de quantas delas existirem, elas nunca serão suficientemente próximas das diversas habitações espalhadas pelos campos. A criança que se situar a uma distância menor da escola poderá frequentá-la regularmente; a outra, que morar um pouco mais distante, será privada da mesma vantagem. Os pais pobres, encarregados de prover a alimentação e a diversão de seus filhos, procuram compensar essas despesas pelos serviços que tiram dos próprios filhos: durante o verão, eles lhes dão ocupações e não os enviam à escola; durante o inverno, os caminhos são ruins, eles também não mandam os filhos à escola.[59]

A primeiro de agosto de 1793, Thibaudeau, em seu discurso, manifestava as incertezas que certamente ocupavam o plenário da Convenção quanto ao julgamento daquele projeto que praticamente retirava da família sua competência educativa, justamente para os anos que seriam decisivos na formação da personalidade humana. O que preocupava as atenções dos parlamentares era, indubitavelmente, o excessivo poder que adquiriria o Estado quando a maior parcela do compromisso pedagógico fosse por ele assumida, por efeito de delegação da responsabilidade familiar. De fato o Estado poderia ser aparentemente mais imparcial, racional e eficiente para dirigir os negócios da educação. Mas seria isso suficiente ou recomendável? Onde ficariam a "piedade filial" e a "ternura

---

59 Idem, ibid., t.2, p.179.

186   CARLOTA BOTO

paternal" que "recíprocos cuidados" fazem nascer no seio da família?[60] No parecer de Thibaudeau, que – como remarca Mona Ozouf – acredita que o homem que havia sido regenerado pela Revolução não mais degeneraria,[61] não haveria sentido algum em submeter a célula familiar a uma crise que poderia levar a sua própria desagregação. Como é que, por exemplo, irmãos, vivendo em casas separadas, aprenderiam na infância o significado da fraternidade? O sentimento de família não resistiria a tão drástica provação. É, entretanto, com reverência e fraternidade que o deputado se refere a Lepeletier:

> Cidadãos: poder-se-ia dizer que foi o gênio de Lepeletier, e não seu coração, que lhe ditou esse projeto de educação; ele esqueceu-se que era pai, para se recordar exclusivamente de que era cidadão; mas não esperem que todos os franceses sejam capazes de tanto heroísmo, se é que se pode chamar de fraqueza essa entrega aos doces chamados da natureza.[62]

Para Mona Ozouf, a utopia do homem novo teria sido um dos mais capciosos sonhos da Revolução, e nela se teriam instalado também os paradoxos da democracia que se pretendia fundar.[63]

---

60 Idem, ibid., t.2, p.200.
61 Segundo Mona Ozouf – que criou essa chave conceitual do problema da regeneração – seria difícil separar as duas acepções distintas de regeneração, em termos de "famílias políticas", até porque os mesmos atores muitas vezes apresentavam esta ou aquela visão, em diferentes momentos da Revolução. Mas, no caso específico, a autora diz que "havia na Convenção temperamentos otimistas como Thibaudeau, que supunham que a regeneração estava já conquistada e pensavam que o homem novo não poderia mais degenerar, porque não foi ainda descoberta a possibilidade de levar o homem a desaprender seus conhecimentos, ou retroceder seus pensamentos. Havia temperamentos pessimistas, como Portiez, que acreditavam que uma geração bárbara pudesse suceder uma geração esclarecida e que os indivíduos, como os povos, entram em decadência. E havia temperamentos realistas, seguros de que não se pode confeccionar o homem particular" (OZOUF, op.cit., 1989b, p.148).
62 GUILLAUME, op. cit., MDCCCXCIV, t.2, p.201.
63 "De um tipo de regeneração para outro, qual pode ser a passagem? Uma das semelhanças concretas entre os dois tipos de regeneração é seguramente a ausência de relação dialética entre o antigo e o novo. Na primeira regeneração, o antigo é abolido por um só golpe, o novo é uma aparição que inaugura, para sempre, uma nova vida. No segundo caso, o antigo é, sem dúvida, presente sob a forma de traços esfumaçados ou obstáculos a se contornar ... Tanto num caso como no outro, o velho mundo não engendra o mundo novo ... O mundo antigo se esfumaçou pela simples irrupção da Luz" (OZOUF, op. cit., 1989b, p.154-5). Para Mona Ozouf,

A ESCOLA DO HOMEM NOVO   187

Mas havia no plenário quem defendesse os gestos considerados ditados pela natureza contra algumas das novidades inventadas pela Revolução. A natureza poderia ser tomada como a defesa do homem velho contra a evolução do mundo da cultura; poderia ser, em uma outra chave, percebida como o recurso do ser humano que deseja, em tempos de intensas mudanças, preservar algo de sua identidade ameaçada. Pela opinião do deputado Piette, que sobe à tribuna também na sessão de primeiro de agosto de 1793, podemos conferir:

> Em primeiro lugar, cidadãos, vocês conhecem essas doces afeições da alma ocasionadas a cada instante do dia pela presença, pelo espetáculo desses jogos inocentes das crianças que fazem o charme da vida dos casais. Mas será que Lepeletier nunca viu em nossos campos o quadro vivo, continuamente repetido, daquele infeliz trabalhador que, terminadas as fadigas da jornada, esquece-as, ao fim da tarde, quando chega na soleira de sua porta, e toma nos braços a criança que para ele corre? Ora bem: o projeto de educação de que aqui nós nos ocupamos não parece acreditar em todas essas alegrias; e quem de nós não as sentiu, ou como ator, ou como espectador? Mas ele faz mais, esse projeto, ele revolta a natureza, sobretudo quando recomenda a uma mãe, de quem nós conhecemos a infatigável ternura, abandonar a mercenários (porque o serão sempre, por mais sábias e bem regradas que sejam vossas instituições) ... uma criança que nem bem começou a balbuciar esse nome sagrado de "mãe", tão precioso para aquele que o porta, que o recebe, e sobretudo para o ser frágil e interessante que o profere. E estejam bem certos, cidadãos, tudo o que contraria, tudo o que ofende a natureza não será jamais executado.[64]

Nota-se, pela tônica do debate, que, quaisquer que fossem as disposições de espírito, havia, entre os homens da Revolução Francesa, essa ideia de garantir pela pedagogia as conquistas obtidas. Do mesmo modo como pretendiam demarcar novos espaços com as festas, novas imagens com a arte revolucionária, nova

---

de um certo modo, os homens da Revolução entendiam ser aquele o final desejado da história, embora não estivessem de acordo quanto à maneira como, de fato, o drama terminaria. Seja como for, a transformação é apreendida como algo valorizado substancialmente em relação ao passado, já que o futuro seria a perpetuação da "Luz".

64 GUILLAUME, op. cit., MDCCCXCIV, t.2, p.205.

188   CARLOTA BOTO

percepção do tempo com o novo calendário, a busca de formação do homem novo inscrevia-se nesse desejo de esculpir um futuro tal como ditava a utopia de cada um.[65] Entretanto, contraditoriamente, essa apologia do novo levava a que os sujeitos envolvidos por vezes temessem pela própria identidade do presente – até porque as imagens que eles tinham não eram ainda as imagens do futuro.[66] Invocavam, então, a natureza humana e punham-se a defender o existente. A história faria ver que o embate gestado no sinuoso percurso da Revolução na França legaria, também na matéria pedagógica, rastros indeclináveis para a posteridade pensar a si mesma.

---

65 Chegou a ser proposto ao Comitê de Instrução Pública da Convenção que se fizesse uma espécie de catálogo geral dos livros existentes em todas as bibliotecas nacionais para identificar "nossas riquezas literárias e depois fazer uma justa distribuição pelos diversos locais da República onde se estabelecerão casas de educação nacional" (idem, ibid., p.795). Uma comissão de sábios julgaria o conjunto de livros para selecionar aqueles que fossem considerados recomendáveis. O tema do livro, como vimos, percorre essa pedagogia da Revolução.

66 Repare-se aqui na argumentação de Fabre D'Églantine, em nome da comissão encarregada da confecção do novo calendário, no relatório que faz à Convenção: "A regeneração do povo francês, o estabelecimento da República prepararam necessariamente a reforma da era atual. Não podemos mais nos pautar pelos anos em que os reis nos oprimiam como um tempo que nos pertence. Os preconceitos do trono e da Igreja, as mentiras de um e de outro, contaminaram cada página do calendário de que nós nos servimos. Vocês reformaram esse calendário, vocês o substituíram por outro, em que o tempo é mensurado por cálculos mais exatos e mais simétricos; não é suficiente. Um longo hábito do calendário gregoriano introduziu na memória do povo um número considerável de imagens que foram durante muito tempo reverenciadas, e que são ainda hoje a fonte de seus erros religiosos; é portanto necessário substituir a essas visões de ignorância as realidades da razão, e ao prestígio sacerdotal a verdade da natureza. Tudo o que nós concebemos é pelas imagens: na análise mais abstrata, na combinação mais metafísica, nossa compreensão só se efetua mediante imagens, nossa memória só se apoia e repousa sobre imagens. Vocês devem portanto aplicá-las ao vosso novo calendário, se quiserem que o método e o conjunto desse #calendário penetrem com facilidade no entendimento do povo, gravando-se com rapidez em suas lembranças" (Idem, ibid., p.697).

5 A REVOLUÇÃO INCONCLUSA

> Não é suficiente para nós vivermos com nossos contemporâneos e dominá-los. Animados pela curiosidade e pelo amor próprio e procurando, por uma avidez natural, abarcar, ao mesmo tempo, o passado, o presente e o futuro, desejamos do mesmo modo viver com aqueles que nos seguirão e ter vivido com os que nos precederam. Daqui a origem e o estudo da História que, unindo-nos aos séculos passados pelo espetáculo de seus vícios e de suas virtudes, de seus conhecimentos e de seus erros, transmite os nossos aos séculos futuros. Diderot & D'Alembert, Discurso Preliminar, *Enciclopédia*, p.41.

A história das ideias pedagógicas no século XVIII francês perpassa o debate sobre a extensão do leque da cultura a parcelas até então excluídas do acesso ao conhecimento erudito. O movimento enciclopedista destaca-se, nessa direção, por pontuar a irradiação das recentes conquistas nos diferentes domínios do pensamento humano, desafiando, por tal razão, o universo mental de seu tempo. Seja pelo conteúdo dos verbetes, seja pela confluência dos mais notáveis intelectuais da época contribuindo para aquela iniciativa, o fato é que surge ali um olhar inusitado sobre o alcance e possibilidades do conhecimento partilhado no campo da educação, e os grandes impasses acerca do temário da escolarização evi-

190   CARLOTA BOTO

denciavam-se pela letra dos verbetes. Isso talvez ocorresse também quando se pensava o problema do povo, da nação, da cidadania.

Todo esse imaginário em efervescência vem à tona quando irrompe a Revolução. Esta, como destaca Furet,[1] agenciada com um jogo simbólico singular, extrapola suas fronteiras de espaço e de tempo, aparecendo aos olhos dos contemporâneos e, de certa forma, da posteridade, como rito de inauguração de uma sociedade que se pretendia substancialmente diversa. Querendo erguer a si própria pelo signo da distinção, a Revolução desde o princípio apresenta-se nos discursos e nos fatos como uma referência inaudita, tanto no âmbito da cidadania, quanto na acepção das políticas públicas. Nessa perspectiva, havia que se demarcar a distância do Antigo Regime mediante a criação institucional de um sujeito inteiramente novo. A escolarização representava, pois, instrumento privilegiado para capacitar as novas gerações para a transformação de valores, crenças, tradições e utopias. Tudo isso exigia a superação do obscurantismo, das superstições, dos dialetos regionais. Era necessário, aos olhos dos contemporâneos, espraiar pela escola as recentes conquistas da ciência naquele século de Luzes. Paralelamente, devia ocorrer a unificação linguística para o fortalecimento do Estado-nação. Só assim – supunha-se – a sociedade francesa, ainda sob a atmosfera iluminista, caminharia em direção à sua perfectibilidade.

Os revolucionários franceses propuseram-se à derrocada das tradições pelas transformações radicais nas práticas cotidianas e, fundamentalmente, nas representações simbólicas. Deste pressuposto, vários projetos pedagógicos esboçavam planos acerca dessa arquitetura da juventude transformada. O acesso ao conhecimento era condição e justificativa para a organização de um sistema escolar público sob controle governamental. Os revolucionários tomaram a escola como dispositivo estratégico de divulgação do saber acumulado historicamente, tendo em vista emancipar os tempos também pela rota da ciência. O imaginário iluminista é aqui radicalizado e, mesmo, ampliado. Porém, se havia consenso quanto ao papel da escola como instrumento para formação do cidadão, houve divergências significativas quanto aos critérios para essa cidadania em gestação. Vários projetos pedagógicos vieram à tona

---

1 FURET, 1989a.

nos diferentes períodos da Revolução, configurando modelos distintos de compreensão do lugar social da escola no movimento de transmissão e aquisição do conhecimento produzido.

Os diferentes discursos pedagógicos produzidos no decorrer do percurso revolucionário tinham todos a preocupação com o término da Revolução. Se a torrente das transformações ali produzidas não tivesse rapidamente um fim, a ordem social correria sérios riscos; era preciso terminar pela pedagogia o que começara pela política. É como se, pela percepção dos atores, houvesse uma nova sociabilidade a ser instituída para firmar nos costumes aquilo que fora previsto pelas palavras. À escola, reservava-se o papel de perpetuação dos princípios da igualdade e da fraternidade, que eram ainda apenas louváveis declarações de princípios. Entendia-se que aquilo que a força das armas não teria conseguido, a escolarização poderia obter. Depreendemos a força dessa imagem de escola por petições e requerimentos que podem ser lidos nos processos legislativos. Particularmente, a Assembleia Legislativa teria recebido inúmeras manifestações de professores, de pais e até dos próprios alunos, que falavam do que entendiam ser sua educação. Na agenda da transformação, situaríamos – por exemplo – a carta enviada por 28 jovens alunos à Assembleia Legislativa. Na ocasião, eles diziam:

> Nós não somos ainda cidadãos ativos no sentido da Constituição; nossa idade entre doze e quinze anos nos exclui desse título nos termos da lei; solicitamos, entretanto, da Assembleia Nacional o direito de petição por um objeto justo e candente ... O que fez a Revolução? Cumpriu o único e justo desejo de tornar-nos livres e iguais em direitos? Mas há catorze ou quinze séculos os franceses vivem tranquilos no opróbrio e na sujeição. Foi a força das baionetas? Mas o povo estava por toda a parte desarmado. O que faz essa Revolução? As Luzes e a instrução provocaram-na; as Luzes e a instrução estabeleceram-na e mantiveram-na. Mas as falhas das Luzes e da instrução podem sozinhas destruir seus salutares efeitos ... Antecipadamente nós consagramos à pátria nossa existência recém-começada... mas depois da vitória, o que restará para entreter o espírito público, naqueles dentre nós que sobreviverem ao nosso sucesso? Legisladores, se vocês não querem apenas transformar-nos em guerreiros, deem-nos as armas apropriadas à nossa dimensão; e se vocês desejarem que sejamos homens úteis, ofereçam-nos os meios para isso.[2]

---

2 GUILLAUME, MDCCCXCIV, p.435-6.

192   CARLOTA BOTO

Os meios evidentemente consistiam na educação nacional e nos projetos de decreto que estavam em curso naquele plenário. O desejo de finalizar a obra da Revolução e, com isso, de regrar o curso da história, perpassa o sonho da regeneração do povo pela via da instrução, como se o trabalho escolar pudesse agir no sentido de concluir o que já teriam feito os tempos da Revolução. Havia evidentemente a preocupação com a má influência que poderia ser exercida por professores contrarrevolucionários, já que com facilidade eles poderiam subjetivamente destruir as representações simbólicas necessárias à etapa revolucionária. É assim que podemos ler a petição de um professor de oratória de Riom que era acusado de induzir seus alunos e a vizinhança à leitura de jornais enquanto a pátria estava em perigo;[3] ou a carta de um pai de família que solicita do Parlamento a possibilidade de os professores de seus filhos voltarem a lecionar, já que eles haviam sido impedidos exclusivamente por razões de ordem política.[4] Na verdade, tratava-se de dois professores que se haviam recusado a prestar o juramento cívico exigido pelos oficiais do município, sendo por tal razão proibidos de ensinar. O pai de família atentava para a gravidade desse tipo de procedimento, que levava a que se fechassem nas aldeias as únicas escolas existentes, sem de fato colocar outras em seu lugar; o ensino para a liberdade e para a igualdade seria, aos olhos daquele pai, o verdadeiro prejudicado por tais medidas. Assim, contraditoriamente, a escola, tão alardeada pelos discursos políticos, não parecia de fato prioritária, a não ser como promessa de futuro.

De um certo modo, a preocupação com a escola vinha na esteira da preocupação com a leitura. Organizar a escolarização pública era, sim, esboçar um projeto de nação, mas era também organizar futuros leitores, conformando práticas daquilo que se poderia caracterizar como as leituras permitidas. A leitura, até certo ponto, vinha fugindo do controle escolar; e, para interagir com tal situação, havia que se garantir maior eficácia à escola no concernente ao ensino das primeiras letras. Acerca do lugar da

---

3 Idem, ibid., p.391.
4 Idem, ibid., p.403-5.

escola nas práticas de leitura do Antigo Regime, Darnton descreve incertezas:

> a maior parte das crianças ainda aprendia a ler ficando de pé na frente do mestre e recitando passagens de qualquer texto em que pudessem pôr as mãos, enquanto seus colegas de sala se debatiam com uma coleção variada de livrinhos nos bancos de trás. Alguns desses "livros escolares" ressurgiam à noite, no serão, pois eram sucessos populares da Bibliothèque Bleue. Assim, a leitura em volta da lareira tinha algo em comum com a leitura na sala de aula: era uma recitação de um texto já conhecido por todos. Ao invés de abrir panoramas ilimitados de novas ideias, ela provavelmente permanecia dentro de um circuito fechado, exatamente onde queria mantê-la a Igreja pós-tridentina. Provavelmente, porém, é a palavra central dessa afirmação. Podemos fazer apenas suposições sobre a natureza da pedagogia moderna em seus primórdios, lendo as raras cartilhas e as memórias ainda mais raras que sobreviveram desde aquela época. Não sabemos de fato o que acontecia na sala de aula. E, o que quer que acontecesse, é possível que os ouvintes-leitores camponeses interpretassem o catecismo, assim como as histórias de aventuras, segundo maneiras que nos escapam inteiramente.[5]

A preocupação pedagógica dos revolucionários franceses pode ser, portanto, lida partindo-se de diferentes registros, dentre os quais situaríamos o tema do aprendizado da leitura como uma dimensão reputada essencial para a formação da "opinião pública", tal como os artífices da Revolução entendiam a expressão. É como se o homem esclarecido pelo reconhecimento da palavra escrita pudesse se traduzir como o porta-voz autorizado do espírito da Revolução.[6] Mesmo o exame dos registros de Instrução Pública que tiveram lugar na Assembleia Legislativa e na Convenção Nacional pode ser elucidado quando pensamos suas intersecções com o pensamento iluminista a propósito do cultivo e multiplicação do conhecimento humano. Em Condorcet, vimos o explícito intuito de composição de obras didáticas para o uso dos professores e dos alunos no sentido de dirigir e desenvolver o espírito público. No

---

5 DARNTON, 1990, p.163.
6 Acerca do tema, indicamos o artigo de Mona Ozouf, intitulado "Le concept d'opinion publique au XVIIIe siècle", in OZOUF, op. cit., 1989b.

194 CARLOTA BOTO

entanto, tais obras deveriam vir em consonância com o estado atual do progresso das ciências, de maneira que nem conteúdos nem métodos de ensino poderiam ser postulados como absolutos.[7] No caso de Lepeletier, encontramos enfoque distinto, já que a sua proposta centra-se na elaboração de conteúdos determinados que deverão ser mantidos independentemente do curso do tempo e dos circuitos da história. Aqui, era como se, numa escatologia pré--agendada, a Revolução Francesa houvesse cumprido a vocação da França no destino infalível estipulado para o gênero humano. A história deixaria, assim, de ser episódica, passando a centrar-se sobre a rememoração e a comemoração do perfil revolucionário na confecção do homem novo. A educação projetada seria o arremate subjetivo de um desfecho que, objetivamente, já se cumprira. Por essa razão, os livros didáticos a serem indicados para as escolas primárias deveriam trazer elementos valorativos que, a todo momento, recompusessem pelo lastro simbólico, o imaginário de edificação da nacionalidade francesa. Por aí, sugere Lepeletier:

> princípios sumários da Constituição, de moral e de economia doméstica e rural; relato dos fatos mais importantes da história dos povos livres e da Revolução Francesa; este conjunto dividido em lições apropriadas a exercitar a memória das crianças e a nelas desenvolver o germe das virtudes civis e dos sentimentos republicanos.[8]

O que estava em jogo naquele momento era uma dupla concepção da escola como veículo de institucionalização do social. Além disso, uma dupla percepção da história e da caminhada das diferentes gerações pelo lastro do tempo. Nesse sentido, ambos os

---

7 "Serão compostos livros elementares que deverão ser ensinados nas escolas primárias. Esses livros serão redigidos de acordo com o melhor método de ensino que o progresso das ciências nos indica, e de acordo com os princípios de liberdade, de igualdade, de pureza de costumes e de dedicação à coisa pública, necessários em um Estado republicano. Além desses livros para os alunos, serão feitos outros que servirão de guias aos professores. Estes conterão os princípios sobre o método de ensinar, de formar a juventude para as virtudes cívicas e morais, as explicações e os desdobramentos dos objetos contidos nos livros elementares da escola" (CONDORCET, *ENFANCE*, 1989, p.34).
8 "Plan d'éducation nationale présenté à la Convention nationale par Maximilien Robespierre, le 13 juillet 1793" (*ENFANCE*, 1989, p.118).

projetos têm por suposto um certo desejo de regeneração social. Porém, para Condorcet, tal programa de concepção da nacionalidade democrático-liberal francesa teria de partir do direito à diferença como elemento fundante da própria acepção de democracia. É por isso que o seu projeto, que pretende universalizar pelo território da França a língua francesa, conta também com o direito de resistência das comunidades que não estariam ainda familiarizadas com esse idioma dominante. Respeitadas tais especificidades locais, mas sem abdicar da vontade política de engendrar a nacionalidade francesa, o texto da Assembleia Legislativa prevê o seguinte:

> O ensino público será por toda a parte dirigido de tal maneira que um dos seus principais benefícios seja que a língua francesa torne-se em pouco tempo a língua habitual de todas as partes da República. Para tanto, nos departamentos onde a língua alemã se conserva até o presente, ensinar-se-á a ler e a escrever tanto em francês como em alemão, e o resto do ensino nas escolas primárias dar-se-á nas duas línguas. Nas regiões onde se fala um idioma particular, ensinar-se-á a ler e a escrever em francês; em todas as outras especialidades da instrução, o ensino se dará ao mesmo tempo em língua francesa e no idioma do país, tanto quanto seja necessário para propagar rapidamente conhecimentos úteis. Nos lugares de 15 mil habitantes ou mais, onde a língua alemã é utilizada, os professores deverão ser capazes de ensinar nas duas línguas.[9]

Estando ausente do plano de Lepeletier, esta preocupação vem nitidamente ao encontro do projeto de unidade nacional, cujo êxito, indubitavelmente, seria tributário da eficácia dos dispositivos para engendrar novas formas de representação do social e mesmo de comunicação e de troca simbólica e econômica no território estatal. A unificação linguística era tida por pedra de toque nessa mística revolucionária de um Estado que, fundado, poderia instituir uma nação regenerada. Produzir a nação como sujeito da sua soberania era, em Condorcet, espraiar o conhecimento acumulado e unificar os registros de linguagem. Em Lepeletier, a nação já deveria ser emoldurada com um espírito do qual apenas os líderes teriam consciência *a priori*, mas que deveria, com a brevidade possível, ser multiplicado para produzir um efeito de uniformidade

---

9 CONDORCET, *ENFANCE*, op. cit., 1989, p.36-7.

196 CARLOTA BOTO

no corpo social organicamente metaforizado pela figura da totalidade. O Estado burguês, com o monopólio da violência legítima e com uma rede escolar agenciada para produzir o consenso, deveria estruturar, pela centralização simbólica, uma forma única e legítima de olhar para o mundo. Contudo, tratava-se do contrário e, concomitantemente, de uma outra versão do imaginário cristão, cuja escatologia supõe unidade e salvação das almas. O mundo que não é deste mundo, afinal, desce à Terra pela utopia jacobina de forjar o homem ressuscitado. A vida cotidiana da Revolução, impregnada dessa sensibilidade tão nova e tão ancestral, olha a si própria como um princípio. E creem eles, no princípio era o Verbo. Talvez a própria Festa da Federação Nacional em Julho de 1790 prenunciasse já o rito de inversão do sagrado que certamente mesclou o imaginário iluminista com o universo simbólico do legado cristão. Fraternidade e razão, o que aqui vemos é um grande otimismo para com o futuro prometido. Até pelos cantos cívicos, reconhece-se a trajetória de grandeza da França assegurada às gerações que estão por vir. Identifica-se, no desejo de aliar Iluminismo e Revolução, a celebração de uma existência imortalizada pela suposta racionalidade da República que mal começara. A República das Luzes teria inequivocamente a escola como seu templo:

> C'est à Minerve seule à consacrer l'audace/ Qu'elle apaise de Mars les féroces clameurs/ Vainement d'un empire il êut changé la face/ Il faut des lois, des arts, des vertus et des moeurs/ Seuls, d'un pouvoir durable, ils fondent l'assurance/ Animons le burin, la lyre, le pinceau/ Chassons comme des rois le vice et l'ignorance/ D'un peuple qui va naître éclairons le berceau.[10]

Nesse deslocamento e revelação do sagrado, a Revolução Francesa, obcecada pelo novo, elege um referencial inédito para as representações mentais a respeito da escola. Alterada a concep-

---

10 GUILLAUME, MDCCCXCIV, t.2, p.789. Talvez a canção da Festa da Federação Nacional seja ainda mais significativa dessa sacralização do evento revolucionário: *"Ah! ça ira / Suivant la maxime de l'Evangile / Ah! ça ira / Du législateur tout s'accomplira / Celui qui s'élève, on l'abaissera / Celui qui s'abasse, on l'élèvera / Ah! ça ira / Le vrai catechisme nous instruira / Et l'affreux fanatisme s'éteindra / Pour être à la loi docile / Tous français s'exercera, / Ah! ça ira/ Malgré les mutins tout reússira.* N.8, "Ah! ça ira" (Chantée à la fête de la Fédération Nationale en juillet 1790). (MARTY, 1988, p.98).

ção de homem pelo ritmo convulsionado que faz ver o existente como "Antigo regime", os revolucionários procuravam outras diretrizes para referenciar o cotidiano. Dissolvidas, pelo lastro do imaginário, todas as demarcações teórico-institucionais, os atores da Revolução pretendem concomitantemente terminá-la e perpetuá--la. Terminar, como tarefa urgente para a obtenção do controle de um enredo que parecia querer escapar pelas mãos; mas perpetuar, como um mito, aquela Revolução que deveria, a cada instante, ser refeita em todos os semblantes da pátria refundada. O ofício da escola e da educação passava por essa recordação mítica das origens. Ao produzir e reproduzir o social, a prática pedagógica permitiria ver os inquietantes paradoxos de uma transformação que – hesitante entre a permanência e a ruptura – elegeu a tessitura do homem novo como sua finalidade primeira; nem que fosse apenas para pontuar e recordar as origens. É assim que, das Luzes à Revolução, e consideradas todas as inflexões que o pensamento pedagógico sofreria entre girondinos e jacobinos, há no percurso uma tonalidade paradigmática que será retomada, como num eterno retorno, nos debates educacionais que ainda mobilizam o velho homem contemporâneo.

BIBLIOGRAFIA

A ENCICLOPÉDIA: textos escolhidos. Lisboa: Estampa, 1974.

AGULHON, M. *1848 – o aprendizado da República*. São Paulo: Paz e Terra, 1991.

ALAIN, É. C. *Reflexões sobre educação*. São Paulo: Saraiva, 1978.

ALENGRY, F. *Condorcet: guide de la Révolution Française*. Genève: Slatkine Reprints, 1971.

ARASSE, D. *A guilhotina e o imaginário do terror*. São Paulo: Ática, 1989.

ARENDT, H. *Entre o passado e o futuro*. 2.ed. São Paulo: Perspectiva, 1979.

_____. *Da revolução*. São Paulo: Ática, 1988.

ARIÈS, P. *História social da família e da criança*. 2.ed. Rio de Janeiro: Zahar, 1981.

ARIÈS, P., DUBY, G. *História da vida privada*. São Paulo: Companhia das Letras, 1991. v.II, III, IV e V.

AZANHA, J. M. P. *Experimentação educacional*: uma contribuição para sua análise. São Paulo: EDART, 1975.

_____. *Educação*: alguns escritos. São Paulo: Editora Nacional, 1987.

_____. *Uma ideia da pesquisa educacional*. São Paulo: Edusp, 1992.

BACZKO, B. *Lumiéres de l'utopie*. Paris: Payot, 1978.

200 CARLOTA BOTO

BACZKO, B. Former l'homme nouveau: utopie e pedagogie pendant la Révolution Française. *LIBRE*: Politique, Antropologie, Philosophie, v.8, p.89-132, 1980.

_____. *Les imaginaires sociaux:* mémoires et espoirs collectifs. Paris: Payot, 1984.

BADINTER, E. *Palavras de homens (1790-1793)*. Rio de Janeiro: Nova Fronteira, 1991.

BARNARD, H. C. *Education and the French Revolution*. London: Cambridge University Press, 1969.

BARNAVE, A. *De la révolution et de la constitution*. Grenoble: Presses Universitaires de Grenoble, 1988.

BARROS, R. S. M. de. *Meditação sobre Rousseau*. São Paulo: Centro Regional de Pesquisas Educacionais, 1963.

BASTIDE, P. *La doctrine de l'éducation universelle dans la philosophie d'Auguste Comte*. Paris: PUF, 1957. 2v.

BLANCHARD, M. E. *Saint-Just et cie.:* la Révolution et les Mots. Paris: Libr. A. G. Nizet, 1980.

BLOCH, M. *Introdução à história*. 4.ed. Sintra: Europa-América, s.d.

BOBBIO, N. *A teoria das formas de governo*. 4.ed. Brasília: Universidade de Brasília, 1985.

BOLLÈME, G. *O povo por escrito*. São Paulo: Martins Fontes, 1988.

BONACCHI, G., GROPPI, A. (Org.) *O dilema da cidadania*. Direitos e deveres das mulheres. São Paulo: Editora UNESP, 1995.

BOSC, Y. et al. *Les voix de la Révolution*. Paris: La Documentation Française, 1990.

BOURDIEU, P. *A economia das trocas simbólicas*. 2.ed. São Paulo: Perspectiva, 1982.

BRAUDEL, F. *História e ciências sociais*. 4.ed. Lisboa: Presença, s.d.

BUISSON, F. *Condorcet*. Paris: Félix Alcan, 1929.

BURKE, E. *Reflexões sobre a Revolução em França*. Brasília: Editora Universidade de Brasília, 1982.

BURKE, P. *Cultura popular na Idade Moderna*. São Paulo: Companhia das Letras, 1989.

_____. *Sociology and History*. 2.ed. London: George Allen & Unwin, 1981.

CAHEN, L. *Condorcet et la Révolution Française*. Genève: Slatkine, 1970.

CARR, E. H. *Que é história?* Rio de Janeiro: Paz e Terra, 1982.

A ESCOLA DO HOMEM NOVO 201

CARVALHO, M. M. C. *Molde nacional e forma cívica*: higiene, moral e trabalho no projeto da Associação Brasileira de Educação (1924-1931). São Paulo, 1986. Tese (Doutorado em História e Filosofia da Educação) – Faculdade de Educação, Universidade de São Paulo.

_____. *A escola e a República*. São Paulo: Brasiliense, 1989.

CATROGA, F. Os inícios do positivismo em Portugal: o seu significado político-social. *Rev. História das Ideias (Coimbra)*, v.I, 1977.

_____. *O republicanismo em Portugal*: da formação ao 5 de outubro de 1910. Coimbra: Faculdade de Letras, 1991a.

_____. Política, história e revolução. *Antero de Quental. Revista de história das ideias (Coimbra)*, v.13, 1991b.

CHARTIER, R. *Lectures et lecteurs dans la France d'Ancien Regime*. Paris: Ed. Seuil, 1987.

_____. *A história cultural:* entre práticas e representações. Rio de Janeiro: Bertrand Brasil, Difel, 1990.

CHARTIER, R. et al. *La correspondance:* les usages de la lettre au XIXe siècle. Paris: Arthème Fayard, 1991.

CHAUNU, P. *La civilisation de l'Europe des lumières*. Paris: Flammarion, 1982.

CHAUSSINAND-NOGARET, G. *A queda da Bastilha:* o começo da Revolução Francesa. Rio de Janeiro: Zahar, 1989.

CHOPPIN, A. *Manuels scolaires: histoire et actualité*. Paris: Hachette, 1992.

CLAUSSE, A. *A relatividade educativa*: esboço de uma história e de uma filosofia da escola. Coimbra: Almedina, 1976.

COGGIOLA, O. (Org.) *A Revolução Francesa e o seu impacto na América Latina*. São Paulo: Nova Stella, Edusp, CNPq, 1990.

COMPAYRÉ, G. *Histoire critique des doctrines de l'éducation en France depuis le XVIe siècle*. Paris: Hachette, 1879. v.2.

CONDORCET, C. *Instrução pública e organização do ensino*. Porto: Livraria Educação Nacional, 1943.

_____. *Oeuvres*. Nouvelle impression de l'édition de Paris 1847-1849. Stuttgard: Bad Cannstatt, 1968. v.7.

_____. *Esquisse d'un tableau historique des progrès de l'esprit humain*. Paris: Flammarion, 1988.

CONSTANT, B. *De la force du gouvernement actuel de la France et de la necessité de s'y rallier (1796) et des reations politiques des effects de la Terreur (1797)*. Paris: Flammarion, 1988.

CRAMPE-CASNABET, M. *Condorcet, lecteur des lumières.* Paris: PUF, 1985.

DARNTON, R. *Boemia literária e revolução.* São Paulo: Companhia das Letras, 1987.

_____. *O lado oculto da Revolução.* Mesmer e o final do Iluminismo na França. São Paulo: Companhia das Letras, 1988.

_____. *O beijo de Lamourette:* mídia, cultura e Revolução. São Paulo: Companhia das Letras, 1990.

DAUXOIS, J. *Charlotte Corday.* Paris: Albin Michel, 1988.

DAVIS, N. Z. *Culturas do povo;* sociedade e cultura no início da França moderna. São Paulo: Paz e Terra, 1990.

DE CERTEAU, M. *A escrita da história.* Rio de Janeiro: Forense Universitária, 1982.

DE CERTEAU, M. et al. *Une politique de la langue.* La Révolution Française et les patois. Paris: Gallimard, 1975.

DEBESSE, M., MIALARET, G. (Org.) *Tratado das ciências pedagógicas:* história da pedagogia. São Paulo: Companhia Editora Nacional, Edusp, 1974. v.2.

DECLARAÇÃO dos direitos do homem e do cidadão. *Expresso,* 1º.7.1989.

DESCARTES, R. *Discurso do método.* Lisboa: Europa-América, s.d.

DIDEROT, D. *Oeuvres Philosophiques de Diderot.* Paris: Garnier, 1956.

DIDEROT, D., D'ALEMBERT, J. *Enciclopédia ou dicionário raciocinado das ciências das artes e dos ofícios.* Por uma sociedade de letrados. São Paulo: Editora UNESP, 1989.

DILTHEY, G. *Historia de la pedagogia.* Buenos Aires: Losada, 1960.

DURKHEIM, É. *Éducation et sociologie.* Paris: Felix Alcan, 1922.

_____. *A evolução pedagógica.* Porto Alegre: Artes Médicas, 1995.

EDUCADORES del mundo. Ano internacional de la alfabetización, v.3, 1990.

ELIAS, N. *A sociedade de corte.* Lisboa: Estampa, 1987.

_____. *O processo civilizador.* 2.ed. Rio de Janeiro: Zahar, 1994. v.I e II.

ENCYCLOPEDIE ou dictionnaire raisonné des sciences, des arts et des métiers, par une société des gens de lettres. Compact edition. Paris: Pergamon Press, s.d. 4v.

ENFANCE (*Paris*), t.42, n.4, 1989.

FAUSTO, B. Soberania popular e desigualdade social. *Folha de S.Paulo,* p.3, 9.5.1993.

FEBVRE, L. *Combates pela história*. 2.ed. Lisboa: Presença, s.d.

_____. *Martinho Lutero, um destino*. Lisboa: Asa, 1994.

FORQUIM, J.-C. *Escola e cultura*: as bases sociais e epistemológicas do conhecimento escolar. Porto Alegre: Artes Médicas, 1989.

FOUCAULT, M. *L'ordre du discours*. Paris: Gallimard, 1971.

_____. *A arqueologia do saber*. 2.ed. Rio de Janeiro: Forense Universitária, 1986.

_____. *Vigiar e punir*: história da violência nas prisões. 9.ed. Petrópolis: Vozes, 1991.

FURET, F. *A oficina da história*. Lisboa: Gradiva, s.d.

_____. *Ensaios sobre a Revolução Francesa*. Lisboa: A Regra do Jogo, 1978.

_____. *Marx e a Revolução Francesa*. Rio de Janeiro: Zahar, 1986.

_____. *Pensando a Revolução Francesa*. São Paulo: Paz e Terra, 1989.

FURET, F., OZOUF, M. *Dicionário crítico da Revolução Francesa*. Rio de Janeiro: Nova Fronteira, 1989.

GINZBURG, C. *Mitos, emblemas e sinais: morfologia e história*. São Paulo: Companhia das Letras, 1989.

GRANGER, G. G. *La mathematique sociale du Marquis de Condorcet*. Paris: PUF, 1956.

GUÉRIN, D. *Bourgeois et bras nus*: 1793-1795. Paris: Gallimard, 1973.

GUILLAUME, M. J. (Publiés et annotés par) *Procés-verbaux du Comitê d'Instruction Publique de l'Assemblée Législative*. Paris: Imprimerie Nationale, MDCCCXCIV.

_____. (Publié et annotés par) *Procès-verbaux du Comité d'Instruction Publique de la Convention Nationale*. Tome Deuxième. Paris: Imprimerie Nationale, MDCCCXCIV.

GUSDORF, G. *La révolution galiléenne*. Tome I et II. Paris: Payot, 1969.

_____. *Les principes de la pensée au siècle des lumières*. Paris: Payot, 1971.

HOBBES, T. *Leviatã ou matéria, forma e poder de um Estado eclesiástico e civil*. 3.ed. São Paulo: Abril Cultural, 1983. (Os Pensadores).

_____. *Do cidadão*. São Paulo: Martins Fontes, 1992.

HOBSBAWM, E. J. *A era das revoluções*. 3.ed. Rio de Janeiro: Paz e Terra, 1981.

_____. *Revolucionários*. Rio de Janeiro: Paz e Terra, 1982.

_____. *Nações e nacionalismos desde 1780*: programa, mito e realidade. São Paulo: Paz e Terra, 1990.

204   CARLOTA BOTO

HUNT, L. (Org.) A *nova história cultural*. São Paulo: Martins Fontes, 1995.

JULIA, D. *Les trois couleurs du tableau noir: La Révolution*. Paris: Belin, 1981.

KANT, I. *Fundamentação da metafísica dos costumes*. 2.ed. São Paulo: Abril Cultural, 1984. (Os Pensadores II).

————. *A paz perpétua e outros opúsculos*. Lisboa: Edições 70, 1990.

KANTOROWICZ, E. H. *The King's Two Bodies – A Study in Medieval Political Theology*. Princeton, New Jersey: Princeton University Press, 1970.

LEFEBVRE, G. *O grande medo de 1789*. Rio de Janeiro: Campus, 1979.

LEFORT, C. *A invenção democrática*: os limites do totalitarismo. 2.ed. São Paulo: Brasiliense, 1987.

————. *Pensando o político*: ensaios sobre democracia, revolução e liberdade. Rio de Janeiro: Paz e Terra, 1991.

————. *História e memória*. 3.ed. Campinas: Unicamp, 1994.

LE GOFF, J. *La nouvelle histoire*. Paris: Editions Complexe, 1988.

LE MONDE. De la Révolution Française. Paris: n.3 e 7, mars/juil., 1989.

LOCKE, J. *Segundo Tratado sobre o Governo*: ensaio acerca do entendimento humano. 3.ed. São Paulo: Abril Cultural, 1983. (Os Pensadores).

LOPES, E. M. T. *Origens da educação pública*: a instrução na revolução burguesa do século XVIII. São Paulo: Loyola, 1981.

LÖWITH, K. *O sentido da história*. Lisboa: Edições 70, 1991.

MANACORDA, M. A. *História da educação*: da Antiguidade aos nossos dias. São Paulo: Cortez Autores Associados, 1989.

MARROU, H.-I. *Sobre o conhecimento histórico*. Rio de Janeiro: Zahar, 1978.

MARTY, G. e G. *Dictionnaire de chansons de la révolution*. Paris: Tallandier, 1988.

MARX, K., ENGELS, F. *A ideologia alemã*. Lisboa: Avante, 1981.

————. *Obras escolhidas*. Lisboa: Avante, 1982. v.1.

MAYER, A. J. A *força da tradição*. A persistência do Antigo Regime. São Paulo: Companhia das Letras, 1987.

MERLEAU-PONTY, M. *Les aventures de la dialectique*. Paris: Gallimard, 1955.

MESSER, A. *Historia de la pedagogia*. Barcelona: Labor, 1930.

A ESCOLA DO HOMEM NOVO   205

MICHELET, J. *História da Revolução Francesa*; da Queda da Bastilha à Festa da Federação. São Paulo: Companhia das Letras, 1989.

MONTAIGNE, M. *Pedantismo ou da educação das crianças*. 2.ed. São Paulo: Abril Cultural, 1980. (Os Pensadores).

MOONEY, C. et al. *A Revolução Francesa e a Igreja*. São Paulo: Vozes, 1989.

MORNET, D. *Les origines intellectuelles de la Révolution Française (1715-1787)*. 5.ed. Paris: Presses Universitaires de France, 1973.

MOTA, C. G. Europeus no Brasil na época da Independência: um estudo. *Anais do Museu Paulista*, tomo XIX, 1965.

_____. *Nordeste, 1817*. São Paulo: Perspectiva, Edusp, 1972.

MOTA, C. G. (Org.) *Brasil em perspectiva*. 5.ed. São Paulo: Difusão Europeia do Livro, 1974.

_____. *Ideia de Revolução no Brasil (1789-1801)*. 2.ed. São Paulo: Cortez, 1989a.

_____. (Org.) Revolução Francesa: 200 anos depois. São Paulo: *Revista do Gabinete de Leitura Ruy Barbosa*, n.3, agosto 1989b.

NAGLE, J. *Educação e sociedade na Primeira República*. São Paulo: EPU, MEC, 1976.

NASCIMENTO, M. M. *Opinião pública e revolução*. São Paulo: Edusp, 1989.

NOGUEIRA, M. A. *As desventuras do liberalismo*. Rio de Janeiro: Paz e Terra, 1984.

NÓVOA, A. M. S. *Le temps des professeurs*. Lisboa: Clássica Editora, 1991. 2.v.

OZOUF, M. *La fête revolutionnaire (1789-1799)*. Paris: Gallimard, 1976.

_____. *L'école de la France*: essais sur la Révolution, l'utopie et l'enseignement. Paris: Gallimard, 1989a.

_____ *L'homme régénéré*: essais sur la Révolution Française. Paris: Gallimard, 1989b.

PÉRONNET, M. *Revolução Francesa em 50 palavras-chaves*. São Paulo: Brasiliense, 1988.

PETITAT, A. *Produção da escola/produção da sociedade*: análise sócio--histórica de alguns momentos decisivos da evolução escolar no Ocidente. Porto Alegre: Artes Médicas, 1994.

PINA, A. M. F. *De Rousseau ao imaginário da Revolução de 1820*. Lisboa: INIC, 1988.

PROUST, J. *L'Encyclopedie*. Paris: Librairie Armand Colin, 1965.

206 CARLOTA BOTO

PROUST, J. *Diderot et l'Encyclopedie.* Paris: Librairie Armand Colin, 1967.

RANCIÈRE, J. *A noite dos proletários:* arquivos do sonho do operário. São Paulo: Companhia das Letras, 1988.

RÉMOND, R. *O século XIX (1815-1914).* São Paulo: Cultrix, 1989.

REVOLUÇÃO FRANCESA e a Península Ibérica. (A). Coimbra: Instituto de Teoria e História das Ideias, Faculdade de Letras, Universidade de Coimbra, 1988.

RIBEIRO, M. M. de B. T. A memória da Revolução Francesa nos movimentos revolucionários de 1848 em Portugal e no Brasil. *Rev. de História das Ideias (Coimbra),* v.11, 1989.

RIBEIRO, R. J. *Ensaios antigos.* São Paulo, 1991. Tese (Livre-Docência) – Faculdade de Filosofia, Letras e Ciências Humanas, Universidade de São Paulo. (Mimeogr.).

RICOEUR, P. *Interpretação e ideologia.* 3.ed. Rio de Janeiro: Francisco Alves, 1988.

ROBINET, J.-B. *Condorcet, sa vie, son oeuvre (1743-1794).* Genève: Slatkine Reprints, 1968.

ROCHE, D. *Les républicains des lettres.* Paris: Arthème Fayard, 1988.

ROMANO, R. *Corpo e cristal:* Marx romântico. Rio de Janeiro: Guanabara, 1985.

ROSANVALLON, P. *L'état en France:* de 1789 à nos jours. Paris: Éditions du Seuil, 1990.

ROUANET, S. P. *O espectador noturno:* a Revolução Francesa através de Rétif de la Bretonne. São Paulo: Companhia das Letras, 1988.

ROUSSEAU, J. J. *Lettre à D'Alembert.* Contrat Social ou principe du droit publique. Paris: Garnier, s.d.

_____. Émile ou de l'Éducation. *Oeuvres complètes.* Paris: Editions du Seuil, 1971.

ROUSSEAU. *Do contrato social.* 3.ed. São Paulo: Abril Cultural, 1983. (Os Pensadores).

SABORIT, I. T. *Religiosidade na Revolução Francesa.* Rio de Janeiro: Imago, 1989.

SAINT-JUST, L. A. de. *Oeuvres choisies.* Paris: Gallimard, s.d.

_____. *O espírito da Revolução.* São Paulo: Editora UNESP, 1989.

SCHAFF, A. *História e verdade.* 2.ed. São Paulo: Martins Fontes, 1983.

SENNET, R. *O declínio do homem público:* as tiranias da intimidade. São Paulo: Companhia das Letras, 1988.

SNYDERS, G. *La pedagogie en France aux XVIIe et XVIIIe siècles.* Paris: Presses Universitaires de France, 1965.

———. *Escola, classe e luta de classes.* 2.ed. Lisboa: Moraes, 1981.

———. *La joie à l'école.* Paris: PUF, 1986.

SOBOUL, A. *A Revolução Francesa.* Lisboa: Livros Horizonte, 1979. 2v.

———. *Portraits de révolutionnaires.* Paris: Messidor, Editions Sociales, 1986.

———. *1789: l'an 1 de la liberté.* 3.ed. Paris: Messidor, Editions Sociales, 1988.

SOLÉ, J. *A Revolução Francesa em questão:* novas perspectivas. Portugal: Europa-América, s.d.

SQUEFF, E. *A música na Revolução Francesa.* Porto Alegre: L&PM, 1989.

STAROBINSKI, J. *J. J. Rousseau:* la transparence et l'obstacle. 2.ed. Paris: Gallimard, 1971.

———. *1789: os emblemas da razão.* São Paulo: Companhia das Letras, 1988.

TOCQUEVILLE, A. de. *O Antigo Regime e a Revolução.* 3.ed. São Paulo: Hucitec, 1989.

———. *Lembranças de 1848:* as jornadas revolucionárias em Paris. São Paulo: Companhia das Letras, 1991.

TRAGTENBERG, M. *Sobre educação, política e sindicalismo.* São Paulo: Cortez, 1982.

TULARD, J. et al. *Histoire et dictionnaire de la Révolution Française (1789-1799).* Paris: Robert Laffont, 1987.

VEYNE, P. *Como se escreve a história.* Porto: Edições 70, 1983.

———. *Acreditavam os gregos em seus mitos?* São Paulo: Brasiliense, 1984.

VIAL, F. *La doctrina educativa de J. J. Rousseau.* Buenos Aires: Ed. Labor, 1931.

———. *Condorcet et l'éducation démocratique.* Genève: Slatkine Reprints, 1970.

VOVELLE, M. *Breve história da Revolução Francesa.* Lisboa: Presença, 1986.

———. *A Revolução Francesa contra a Igreja:* da razão ao ser supremo. Rio de Janeiro: Zahar, 1989.

SOBRE O LIVRO

Coleção: Encyclopaideia
Formato: 14 x 21 cm
Mancha: 25 x 44 paicas
Tipologia: ITC New Baskerville 10.5/13
Papel: Pólen 80 g/m² (miolo)
Cartão Supremo 250 g/m² (capa)
1ª edição: 1996

EQUIPE DE REALIZAÇÃO

Produção Gráfica
Edson Francisco dos Santos (Assistente)

Edição de Texto
Fábio Gonçalves (Assistente Editorial)
Fernanda Spinelli Rossi (Preparação de Original)
Ada Santos Seles (Revisão)
Oitava Rima Prod. Editorial (Atualização Ortográfica)

Editoração Eletrônica
Oitava Rima Prod. Editorial

Projeto Visual
Lourdes Guacira da Silva Simonelli

Impressão e acabamento